高等院校移动商务管理系列教材

# 移动物流
# Mobile Logistics

（第二版）

张 铎 ◎ 主编

经济管理出版社

图书在版编目（CIP）数据

移动物流/张铎主编．—2 版．—北京：经济管理出版社，2017.1
ISBN 978-7-5096-4824-7

Ⅰ．①移… Ⅱ．①张… Ⅲ．①电子商务—应用—物流 Ⅳ．①F252-39

中国版本图书馆 CIP 数据核字（2016）第 316356 号

组稿编辑：勇　生
责任编辑：勇　生　王　聪
责任印制：杨国强
责任校对：超　凡

出版发行：经济管理出版社
　　　　　（北京市海淀区北蜂窝 8 号中雅大厦 A 座 11 层　100038）
网　　址：www.E-mp.com.cn
电　　话：(010) 51915602
印　　刷：玉田县昊达印刷有限公司
经　　销：新华书店
开　　本：720mm×1000mm/16
印　　张：19.25
字　　数：356 千字
版　　次：2017 年 4 月第 2 版　2017 年 4 月第 1 次印刷
书　　号：ISBN 978-7-5096-4824-7
定　　价：40.00 元

·版权所有　翻印必究·

凡购本社图书，如有印装错误，由本社读者服务部负责调换。
联系地址：北京阜外月坛北小街 2 号
电话：(010) 68022974　　邮编：100836

# 编委会

主　任：张世贤
副主任：杨世伟　勇　生
编委会委员（按照姓氏拼音字母排序）：
　　　　陈　飔　高　闯　洪　涛　吕廷杰　柳永坡　刘　丹
　　　　秦成德　沈志渔　王　琦　叶蜀君　勇　生　杨国平
　　　　杨学成　杨世伟　张世贤　张润彤　张　铎

# 专家指导委员会

主　任：杨培芳　中国信息经济学会理事长、教授级高级工程师，工业和信息化部电信经济专家委员会秘书长，工业和信息化部电信研究院副总工程师

副主任：杨学成　北京邮电大学经济管理学院副院长、教授

委　员（按照姓氏拼音字母排序）：

安　新　中国联通学院广东分院院长、培训交流中心主任
蔡亮华　北京邮电大学教授、高级工程师
陈　禹　中国信息经济学会名誉理事长，中国人民大学经济信息管理系主任、教授
陈　飚　致远协同研究院副院长，北京大学信息化与信息管理研究中心研究员
陈国青　清华大学经济管理学院常务副院长、教授、博士生导师
陈力华　上海工程技术大学副校长、教授、博士生导师
陈鹏飞　北京嘉迪正信（北京）管理咨询有限公司总经理
陈玉龙　国家行政学院电子政务研究中心专家委员会专家委员，国家信息化专家咨询委员会委员，国家信息中心研究员
董小英　北京大学光华管理学院管理科学与信息系统系副教授
方美琪　中国人民大学信息学院教授、博士生导师，经济科学实验室副主任
付虹蛟　中国人民大学信息学院副教授
龚炳铮　工业和信息化部电子六所（华北计算机系统工程研究所）研究员，教授级高级工程师
郭东强　华侨大学教授
高步文　中国移动通信集团公司辽宁有限公司总经理
郭英翱　中国移动通信集团公司辽宁有限公司董事、副总经理
何　霞　中国信息经济学会副秘书长，工业和信息化部电信研究院政策与经济研究所副总工程师，教授级高级工程师
洪　涛　北京工商大学经济学院贸易系主任、教授，商务部电子商务咨询专家

## 移动物流

**专家指导委员会**

| 姜奇平 | 中国信息经济学会常务理事，中国社会科学院信息化研究中心秘书长，《互联网周刊》主编 |
| --- | --- |
| 赖茂生 | 北京大学教授、博士生导师 |
| 李 琪 | 西安交通大学电子商务研究所所长、教授、博士生导师 |
| 李正茂 | 中国移动通信集团公司副总裁 |
| 刘 丹 | 北京邮电大学经济管理学院副教授 |
| 刘腾红 | 中南财经政法大学信息与安全工程学院院长、教授 |
| 柳永坡 | 北京航空航天大学副教授 |
| 吕廷杰 | 北京邮电大学经济管理学院院长、教授、博士生导师 |
| 马费成 | 武汉大学信息管理学院教授、博士生导师 |
| 秦成德 | 西安邮电大学教授 |
| 乔建葆 | 中国联通集团公司广东省分公司总经理 |
| 沈志渔 | 中国社会科学院工业经济研究所研究员、教授、博士生导师 |
| 汪 涛 | 武汉大学经济与管理学院教授、博士生导师 |
| 王 琦 | 北京邮电大学副教授 |
| 王立新 | 北京邮电大学经济管理学院MBA课程教授，中国移动通信集团公司、中国电信集团公司高级营销顾问 |
| 王晓军 | 北京邮电大学继续教育学院副院长 |
| 谢 华 | 中国联通集团公司人力资源部人才与培训处经理 |
| 谢 康 | 中山大学管理学院电子商务与管理工程研究中心主任、教授 |
| 谢进城 | 中南财经政法大学继续教育学院院长、教授 |
| 徐二明 | 中国人民大学研究生院副院长、教授、博士生导师 |
| 徐升华 | 江西财经大学研究生部主任、教授、博士生导师 |
| 杨国平 | 上海工程技术大学继续教育学院副院长、教授 |
| 杨培芳 | 中国信息经济学会理事长、教授级高级工程师，工业和信息化部电信经济专家委员会秘书长，工业和信息化部电信研究院副总工程师 |
| 杨世伟 | 中国社会科学院工业经济研究所教授，中国企业管理研究会副理事长 |
| 杨学成 | 北京邮电大学经济管理学院副院长、教授 |
| 杨学山 | 工业和信息化部副部长、党组成员 |
| 叶蜀君 | 北京交通大学经济管理学院金融系主任、教授、博士生导师 |
| 张华容 | 中南财经政法大学工商管理学院副院长、教授、博士生导师 |
| 张继平 | 中国电信集团公司副总经理、教授级高级工程师 |
| 张润彤 | 北京交通大学经济管理学院信息管理系主任、教授、博士生导师 |
| 张世贤 | 中国社会科学院工业经济研究所研究员、教授、博士生导师 |

# 前　言

　　随着移动互联网的深入渗透，我们的生活、工作和娱乐的移动化趋势越来越明显，移动商务成为不可阻挡的商业潮流。尤其是"互联网+"战略正在推动数字经济与实体经济的深度融合，"大众创业，万众创新"方兴未艾，我们有理由相信，移动商务终将成为商业活动的"新常态"。

　　在这样的背景下，有必要组织力量普及移动商务知识，理清移动商务管理的特点，形成移动商务管理的一整套理论体系。从2014年开始，经济管理出版社广泛组织业内专家学者，就移动商务管理领域的重点问题、关键问题进行了多次研讨，并实地调研了用人单位的人才需求，结合移动商务管理的特点，形成了一整套移动商务管理的能力素质模型，进而从人才需求出发，围绕能力素质模型构建了完整的知识树和课程体系，最终以这套丛书的形式展现给广大读者。

　　本套丛书有三个特点：一是课程知识覆盖全面，本套丛书涵盖了从移动商务技术到管理再到产业的各个方面，覆盖移动商务领域各个岗位能力需求；二是突出实践能力塑造，紧紧围绕相关岗位能力需求构建知识体系，有针对性地进行实践能力培养；三是案例丰富，通过精心挑选的特色案例帮助学员理解相关理论知识并启发学员思考。

　　希望通过本套丛书的出版，能够为所有对移动商务管理感兴趣的人士提供一份入门级的读物，帮助大家理解移动商务的大趋势，形成全新的思维方式，为迎接移动商务浪潮做好知识储备。

　　本套丛书还可以作为全国各个大、专院校的教材，尤其是电子商务、工商管理、计算机等专业的本科生和专科生，相信本套丛书将对上述专业的大学生掌握本专业的知识提供非常有利地帮助，并为未来的就业和择业打下坚实的基础。除此之外，我们也期待对移动商务感兴趣的广大实践人士能够阅读本套丛书，相信你们丰富的实践经验必能与本套丛书的知识体系产生共鸣，帮助实践人士更好地总结实践经验并提升自身的实践能力。这是一个全新的时代，希望本套丛书的出版能够为中国的移动商务发展贡献绵薄之力，期待移动商务更加蓬勃的发展！

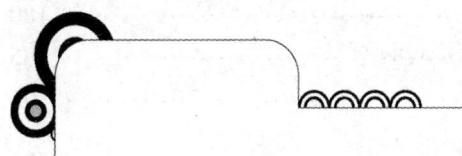

# 目　录

**第一章　移动商务与物流的关系** …………………………………… 1
　　第一节　移动商务对物流活动的影响 ………………………………… 2
　　第二节　物流对移动商务的影响 ……………………………………… 8
　　第三节　移动商务物流信息服务平台 ………………………………… 13

**第二章　物流基础理论** ………………………………………………… 23
　　第一节　物流概述 ……………………………………………………… 25
　　第二节　物流系统 ……………………………………………………… 41
　　第三节　物流要素 ……………………………………………………… 52

**第三章　物流模式** ……………………………………………………… 65
　　第一节　第三方物流 …………………………………………………… 68
　　第二节　国际物流 ……………………………………………………… 73
　　第三节　配送与配送中心 ……………………………………………… 80
　　第四节　新型物流 ……………………………………………………… 84

**第四章　物流管理** ……………………………………………………… 95
　　第一节　企业物流 ……………………………………………………… 97
　　第二节　物流企业管理 ………………………………………………… 107
　　第三节　物流管理的核心内容 ………………………………………… 123
　　第四节　物流标准化 …………………………………………………… 131

**第五章　物流信息技术** ………………………………………………… 145
　　第一节　条码技术 ……………………………………………………… 148
　　第二节　无线射频（RFID）技术 ……………………………………… 166
　　第三节　电子数据交换（EDI）技术 …………………………………… 171

第四节　自动跟踪技术 …………………………………… 180
　　第五节　移动商务网络信息技术 ………………………… 185
　　第六节　物联网 …………………………………………… 191

第六章　物流信息管理　201
　　第一节　物流信息系统 …………………………………… 204
　　第二节　现代物流信息系统的规划设计 ………………… 224
　　第三节　移动物流信息化 ………………………………… 232
　　第四节　物流信息系统教学模拟实验 …………………… 237

第七章　移动物流发展　253
　　第一节　物流服务市场的划分 …………………………… 255
　　第二节　有效客户响应（ECR） …………………………… 259
　　第三节　电子订货系统（EOS） …………………………… 264
　　第四节　协同商务（CC） …………………………………… 274

参考文献 ……………………………………………………… 285

# 第一章 移动商务与物流的关系

## 学习目的

**知识要求** 通过本章的学习，掌握：

- 移动商务与物流的关系
- 物流对移动商务的影响
- 移动商务物流信息服务平台的概念

**技能要求** 通过本章的学习，能够：

- 了解移动商务与物流
- 熟悉物流对移动商务的影响
- 分析移动商务对物流系统的作用
- 掌握移动商务物流信息服务平台的功能

## 学习指导

1. 本章内容包括：移动商务与物流，移动商务与物流的相互作用，移动商务物流信息服务平台。
2. 学习方法：结合案例了解现在物流技术对移动商务的影响，移动商务的发展。
3. 建议学时：6学时。

# 移动物流

## 引导案例

### 物流若跟不上移动商务，阿里巴巴8小时送货终究是梦

有3G的地方就一定存在网购行为，阿里巴巴是否能实现快速的物流配送，这其实也是现在移动商务最关心的问题之一。中国幅员辽阔，很多地域会有较为复杂的地形情况，路途的问题成为"8小时制"要面对的首要困难，8小时制基本不可能实现。比如四川少数民族地区、云南少数民族地区、贵州少数民族地区，甚至是韶关山区的山路，送一个快件来回就会耗费一天的时间。同时，网络是无线的，路途是需要用交通工具走出来的，所以路途永远跟不上网络的发展。因为通信业比物流业的成本低，所以可以这样说，有3G的地方就一定存在网购行为，但是倘若物流业跟不上移动商务的普及速度，"阿里巴巴物流8小时送货"就只是一个梦。

目前，阿里巴巴仓储未来将针对东北、华北、华东、华南、华中、西南和西北七大区域选择中心位置进行仓储设施投资，其中华北的京津地区、华东的长三角地区和华南的深广珠地区将是优先考虑的区域。这三个区域的开发体量设定在100万平方米。淘宝网首席财务官张勇表示，阿里巴巴投资仓储不会涉及硬件和作业层面的管理，即不会有卡车，不会管仓库里的东西，这些都需要合作伙伴来做，阿里巴巴会做的是仓库作业需要的信息。阿里巴巴集团在物流方面的战略，除了主导建设全国仓储网络外，另外一个重要方面就是此前宣布过的淘宝的大物流计划，其中包括淘宝物流宝平台、物流合作伙伴体系以及物流服务标准体系。淘宝物流宝平台是一个与物流相关的信息流平台。

资料来源：中国电子商务研究中心，www.100EC.cn，2011-01-31。

**问题：**

1. 简述物流技术对移动商务的影响。
2. 简述物流技术对移动商务的重要性。

## 第一节　移动商务对物流活动的影响

近几年来，随着电子商务和通信技术的发展，移动信息技术正在迅速地改变着人们的生活。手机终端或者无线设备带来的快餐服务不仅带给年轻人新型的概念和思考空间，也给企业提供了一个24小时客户个性化服务的移动平台。如何通过移动信息平台开展 B2B 或 B2C 商务，这是当前企业和用户面临的考验。在此商务完成过程中，物流业需要重新思考自己的技术发展和管理需求，进而满足移动商务特点的需要。

## 一、移动商务与物流的关系

10 年前，当手机还是奢侈品时，有谁能想到今天，手机不仅成为生活中通信的必需品，而且还将替代电脑成为最便捷、最有效的互联网终端。有数据表明，随着移动互联网时代的来临，直接促进了智能操作系统的进步，加快了智能手机、平板电脑等移动终端产业的高速发展。美国最大的风险投资机构 KPCB 的数据显示，全球智能手机出货量已经高于台式电脑出货量。笔记本电脑出货量的速度飞速增长，2011 年全球智能手机出货量已达到 4.13 亿部，超过台式电脑与笔记本电脑出货量的总和。由图 1-1 可见，再过两年，智能手机的使用将远远领先于其他互联网终端。

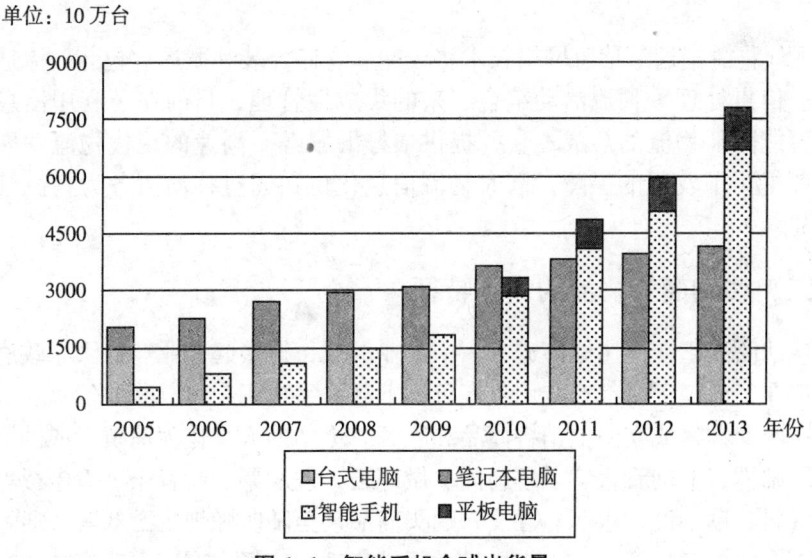

图 1-1 智能手机全球出货量

资料来源：KPCB 制图；互联网消费调研中心（ZDC）。

移动商务是通过无线手持设备进行的买卖交易和提供的服务，如智能手机或 PDA（个人数字助理）。移动商务被认为是下一代的电子商务。使用者通过移动终端直接进入 Internet，这种通信技术是基于无线应用协议（WAP）。为了开发移动商务市场潜力，手机生产商，如诺基亚、爱立信、摩托罗拉也都在积极发展嵌入WAP功能的手机,这种智能手机可以提供传真、邮件和电话等综合服务。

当前,无线硬件设备和软件开发的迅速、安全和广泛的发展,移动商务作为一个数字商务交易的完成方式已经远远超越了传统的无线电子商务,这是一个广大的探索空间。移动商务正在影响下面的行业:

(1) 金融服务。
(2) 电信。
(3) 零售服务。
(4) 信息服务。

在企业管理方面,移动技术也正改变着企业管理模式。根据一项调查显示,韩国、日本和中国分别有72%、45%和45%的企业高级管理者认为,移动管理的最大优势在于实现实时商务,提高效率,并将员工从办公桌上解放出来,降低员工在公司的工作时间。在南亚地区,印度、马来西亚和菲律宾分别有47%、47%和41%的企业高级管理者认为,移动管理也改变了企业客户服务质量。

现代物流指通过信息网络技术将运输、仓储、装卸搬运、包装、流通加工配送、信息处理等物流活动综合起来的集成性管理,目的在于利用信息的同时尽可能降低物流的总成本,并提供最好的服务。高速的现代物流发展为移动商务提供了发展的保障,同时物流信息化也在通过移动商务为物流管理进行服务。

## 二、移动商务物流的基本特征

移动商务正在迅速地渗透每一个行业领域,连接起企业、社团、政府和个人。现在,许多手机都有应用程序可供下载,手机用户可以获取信息、寻找机会,在网上购物或在网上销售商品和服务。更多的人是作为消费者或浏览者收发电子邮件、上网看报、了解新闻、做广告、炒股票、听音乐、看电影。还可以查资料、读小说、求职、寻友、购买商品甚至随时随地玩游戏等。通过无线终端,有的商家生意红红火火,扩大了销售额、市场占有率,改变了传统的坐在电脑前单击鼠标的方式,选择了随时随地掏出手机购买成交,坐等商家送货上门。移动商务物流的基本特征是:

1. 信息化

物流信息化是电子商务的必然要求,对移动商务而言更加重要。物流信息化表现为物流信息的商品化、物流信息收集的数据库化和代码化、物流信息处理的电子化和计算机化、物流信息传递的标准化和实时化、物流信息存储的数字化等。因此，条码技术（Bar Code）、射频识别技术（RFID）、数据库技术（Database）、电子订货系统（Electronic Ordering System，EOS）、电子数据交换技术（Electronic Data Interchange，EDI）、快速反应（Quick Response，QR）及有效的客户反映（Effective Customer Response，ECR）、企业资源计划（Enterprise Resource Planning，ERP）等技术与观念在我国的物流系统中将会得到普遍的应用。信息化是一切的基础，没有物流的信息化，任何先进的技术设备都不可能应用于物流领域，信息技术及计算机技术在物流系统中的应用将会彻底改变世界物流的面貌。

2. 自动化

自动化的基础是信息化，自动化的核心是机电一体化，自动化的外在表现是无人化，自动化的效果是省力化，另外，还可以扩大物流作业能力、提高劳动生产率、减少物流作业的差错等。物流自动化的设施非常多，如条码/语音/射频自动识别系统、自动分拣系统、自动存取系统、自动导向车、货物自动跟踪系统等。这些设施在发达国家已普遍用于物流作业流程中，而在我国，由于物流业起步晚、发展水平低，自动化技术的普及还需要相当长的时间。物流自动化程度越高，物流现代化管理水平也就越高。物流自动化带给移动商务的贡献也就越大。

3. 网络化

物流领域网络化的基础也是信息化，这里所说的网络化有两层含义：一是物流配送系统的计算机通信网络，包括物流配送中心与供应商或制造商的联系要通过计算机网络通信，另外与下游顾客之间的联系也要通过计算机网络通信，比如物流配送中心向供应商提出订单这个过程，就可以使用计算机通信方式，借助于增值网（Value Added Network，VAN）上的电子订货系统（EOS）和电子数据交换技术（EDI）来自动实现，物流配送中心通过计算机网络收集下游客户的订货过程也可以自动完成。二是组织的网络化，即所谓的企业内部网（Intranet）。这一过程需要有高效的物流网络支持，当然物流网络的基础是信息、计算机网络。

移动通信技术、移动网络技术的广泛应用，为物流网络化夯实了基础，搭建起了更为广阔的运营环境。

移动商务的主要特点是灵活、简单、方便。它能完全根据消费者的个性化需求和喜好定制，设备的选择，以及提供服务与信息的方式完全由用户自己控制。通过移动商务，用户可随时随地获取所需的服务、应用、信息和娱乐。所以移动商务下物流要求也就更高，例如，要求配送中心要根据消费要求"多品种、小批量、多批次、多周期"的灵活组织和物流实施。对物流水平更是要求多功能化、信息化和全球化。

### 三、移动商务物流发展制约因素

移动商务是电子商务在无线网络中的延伸,是现代商务的发展方向。移动Internet和移动电子商务的出现,代表了新一代信息技术的发展方向。基于电子商务物流发展制约因素,移动商务物流发展限制因素可以总结为硬条件和软条件。

1. 硬条件

硬条件包括交通运输基础建设、物流设施设备、物流集运能力以及信息技术应用水平等。最近几年,我国在基础建设和信息技术方面有了长足的进步,物流企业都在积极加强物流信息系统建设,国家也投入大量资金建设道路、港口和集运中心。但在经济全球化的压力下,我国的硬件设施与信息系统尚未形成无缝链接,信息系统之间尚未实现数据共享,这些都将制约移动商务物流发展。

2. 软条件

软条件指的是物流服务意识与服务质量。大多数企业因为管理手段和物流装备比较落后,不能提供物流服务的准确性与及时性。例如,通过手机购物,从搜索、订购到支付,最后是配送,形成了一条龙服务体系,其中任何一个关节的失误都会影响消费者的下一次购物。虽然大多数产品都可以运到目的地,但是由于运输时间的拖延、服务质量的下降等,造成了制约移动商务物流发展的另一个重要因素。

### 四、移动商务物流的广泛应用

物流是移动商务的基础和必要条件,移动商务技术同时也为物流管理提供了更加现代化的方法和手段。直白地说,通过手机、PDA(个人数字助理)等无线终端,可以方便地解决车辆和人的定位,解决货物的放置和监控,随时跟踪查询货物运送状态,提高客户化管理水平。管理层可以随时掌握配送资源情况,保障及时调度,运筹帷幄,而且可以随时了解配送人员的工作行程,对其工作效率进行科学性研究。在发货时,无线终端设备直接采集物流单元上的条码后,通过无线网络发送至后台数据库,大大降低了物流配送过程中的打印纸张成本,又不用另行购买数据采集器,有效地降低了物流成本,提高了物流服务质量。

### 五、对物流时效性的要求

移动商务的优势之一就是在电子商务的基础上大大简化了业务流程,降低了企业运作成本。现代企业要在竞争中取胜，不仅需要生产适销对路的产品、采取正确的营销策略以及强有力的资金支持，更需要加强"品质经营"，即强调"时效性"，其核心在于服务的及时性、产品的及时性、信息的及时性和决策反馈的及时性。这些都必须以强有力的物流能力作为保证。例如，目前 TNT 天地华宇物流公司开发了国内第一款手机自助客户服务应用软件，通过 GPS 可以找到距离最近的物流门店，输入始发地、目的地和货物的重量等信息，系统可以自动计算物流价格；输入订单号，可以直接查看货物的当前状态和历史记录。

## 六、对物流环节的影响

传统的物流活动在其运作过程中，不管其是以生产为中心，还是以成本为中心或以利润为中心，其实质都是以商流为中心，从属于商流活动，而物流的运动方式是紧紧伴随着商流来运动。而在移动商务下，物流的运作是更加紧密地以物流信息为中心的，这些信息不仅决定着物流的运动方向，而且决定着物流的运作方式。在实际运作过程中，通过网络上的信息传递，可以有效地实现对物流的实时控制，实现物流的合理化。

UPS 总裁兼首席执行官吉姆·凯里在解释传统供应链与电子供应链的区别时说，电子供应链改变了传统供应链的运行方向。在传统供应链中，供应商是将货物沿着供应链向最终用户的方向"推动"。这样的系统需要在仓库里储存货物，尽管这种做法并不合算。而电子供应链主张的是只及时生产顾客所需的产品，而不需在仓储上耗费巨资。

## 七、移动商务物流的发展策略

所谓物流技术，是指与物流要素活动有关的、实现物流目标的所有专业技术的总称。传统的概念主要是指物资运输技术或者物资流通技术，也就是说物流技术是各种流通物资从生产者转移给消费者时，实现各种流通形态的停顿与流动功能所需要的材料、机械、设施等硬件环境和计划、运用、评价等软件技术。

现代物流技术包括各种操作方法、管理技能等，如流通加工技术、物品包装技术、物品标识技术、物品实时跟踪技术等。物流技术也包括物流规划、物流评价、物流设计、物流策略等。在计算机网络技术的应用普及后，尤其是移动商务的飞速发展，物流技术中又综合了许多现代技术，如 GIS（地理信息系统）、GPS（全球定位系统）、EDI（电子数据交换）、Bar Code（条码）等。

## 第二节 物流对移动商务的影响

### 一、物流是移动商务的支点

所谓移动商务（M-Commerce）就是移动电子商务，是指通过智能手机、PDA（个人数字助理）或者平板电脑等移动终端依托无线互联网进行的电子商务活动。移动电话和互联网是当前信息产业发展的两大热点，二者融合产生的新增长点即移动无线互联网。移动商务的应用范围很广，可通过电子订票、自动售货机支付，也可通过无线移动设备实现各种商品和服务的在线选购和支付，以及金融交易和其他银行业务等。没有了连线的羁绊，移动商务真正消除了信息获取的时空限制。商务活动的便捷、更好的个性化商业服务以及更为安全的网上支付将吸引越来越多的用户加入移动商务中。

无论是移动的 B2B 还是 B2C，都要解决一个重要的环节，就是物品从供货方到采购方的流动，在没有限制的商务活动中，相信交易双方都不希望看到物流的过程影响到商务交易。所以物流在移动商务中具有举足轻重的地位和作用，是移动商务中保证交易成功的关键。

物流是移动商务的支点，可以从下面三点分析得到：

1. 物流能力是核心竞争力

物流系统的价值最早是在第二次世界大战中得到认识的，至今共经历了七次价值发现。所谓第七次价值发现是在 1997 年东南亚爆发经济危机之后，人们在分析和总结东南亚各国和各地区的情况时发现，以物流产业为重要支柱产业的新加坡、中国香港有较强的抵御经济危机的能力。这个发现完善了现代物流的定义。从此，人们意识到物流不仅对于微观企业有着特别的意义，对于国家的经济发展也有非常重要的意义，物流发展水平已成为一个国家综合国力的重要体现。

第七次价值发现对于国家和企业来说都有着重要的启迪和借鉴作用。深圳市已决定投资 1600 亿元规划 16 万平方公里土地，开发以综合物流中心基地为核心的新型产业开发区，从而在 21 世纪通过开发物流产业形成新的经济增长点。著名家电企业海尔集团已充分认识到物流对企业生存的决定性作用，早在 1999 年 9 月就特别成立了物流推进本部，着力进行海尔集团的物流重组和物流改革，并把物流能力定位为海尔集团的核心竞争力，从而达到以最低的物流总成本向客户提供最大附加值服务的战略目标。

2. 现代物流为基点

用"成也配送，败也配送"来形容移动商务与物流的关系是再恰当不过的了。在人们可以通过手机实现网上订货、网上支付的同时，也无可奈何地抱怨网上订了货、账单也被划掉，可是货却迟迟不来。随着物流技术和信息化的提高，问题都在随之解决着。正如海尔集团物流推进本部的周行先生所说，电子商务是信息传送保证，物流是执行保证。没有物流，电子商务只能是一张空头支票。

移动商务将成为电子商务的下一代，现有电子商务企业已经拥有互联网渠道和传统渠道，整合移动渠道已经成为必须解决的问题，在未来电子商务的发展中，如果没有现代物流体系作为移动商务的支点，恐怕移动商务什么事也干不了。

3. 物流服务为保障

随着经济的发展，独立物流供应商（第三方物流企业）开始出现，传统的以产品运作为基础的物流服务质量的定义发生了变化。新的服务如包装、第三方物料管理、条码附加、物流信息系统建设，都极大丰富了物流服务的含义。物流服务的观念已经得到了很大的改进，从过去只关注时间、地点的观念发展到了新实效、新价值的增加。

现在，物流服务定义为："以满足顾客需要、保证顾客满意度及赢取企业赞誉为目的的活动。"这个定义从简单的产品运作层次上升到了营销层次。然而，这个关于物流服务的概念依然是从物流供应商并非顾客的角度出发进行定义。可以想象，移动商务的产生是从最终客户角度出发的，如何提供高质量的物流服务，我们也要从最终客户这个角度去思考。如果考察服务的质量及顾客满意度，只是根据物流的执行者对自身提供的服务做出的评价，必然缺乏科学性。只有高水平、高质量的物流服务，才能保障移动商务的顺利开展。

## 二、物流现代化是移动商务的基础

移动商务给移动设备的制造商、移动通信的服务商以及物流企业等提供全新的机会。移动商务意味着所有交易都是通过移动终端设备与移动通信网络连接完成的，通过信息、服务和物品的交换链，实现了价值的转移。一个移动商务的交易可以被定义为通过以电子商务架构下无线交换网络的应用，利用移动设备区完成商业价值的任何形式的交易。所以电子商务通过快捷、高效的信息处理手段可以比较容易地解决信息流（信息交换）、商流（所有权转移）和资金流（支付）的问题，在移动商务下变得更加方便、灵活。移动设备的好处就是个性化，无处不在和随时随地地进行着信息价值的转化。移动银行、移动信息应用平台、移动商务交易平台，这些都是移动商务下的新概念、新应用和新服务。标志着商务活动结束的是商品及时配送到用户手中，因此物流系统的效率高低是完成移动商务的关键，而物流效率的高低很大部分取决于物流现代化的水平。

在移动商务中要明确什么是信息流、商流、资金流和物流。信息流既包括商品信息的提供、促销行销、技术支持、售后服务等内容，也包括诸如询价单、报价单、付款通知单、转账通知单等商业贸易单证，还包括交易方的支付能力、支付信誉等。商流是指商品在购、销之间进行交易和商品所有权转移的运动过程，具体是指商品交易的一系列活动。资金流主要是指资金的转移过程，包括付款、转账等过程。物流是指物质实体（商品或服务）的流动过程，具体指运输、储存、配送、装卸、保管、物流信息管理等各种活动。

物流现代化中最重要的部分是物流信息化，物流的信息化是完成移动商务的基本要求，是企业信息化的重要组成部分，表现为物流信息的商品化、物流信息收集的数据化和代码化、物流信息处理的电子化、物流信息传递的标准化和实时化、物流信息储存的数字化等。物流信息化能更好地协调生产与销售、运输、储存等环节的联系，对优化供货程序、缩短物流时间及降低库存都具有十分重要的意义。

## 三、物流是移动商务实施的关键

手机逐步从传统的语音通信工具变成人们日常生活的重要组成部分，尤其是经济生活的中心。信息化的物流也必将成为物流发展的一种趋势。由于智能手机用户的快速普及、新一代移动通信及安全技术的不断成熟，用户渴望更加便捷的商务方式。移动商务有以下四个特点：

1. 无处不在

手机或者PDA（个人数字助理）容易携带，人人都可以更有效地利用空余时间间隙来从事商业活动。无论是在旅游还是在用餐，用户可以随时随地利用移动设备来从事商业交互活动，如商务洽谈、下订单等。

2. 以个性为中心

这里所说的是智能无线终端，它们可以为用户提供相应的个性化服务。知道互联网用户的地理位置，给移动商务带来有线电子商务不可比拟的优势。

3. 便利性

移动商务的无线接入方式更具便利性，使人们免受日常烦琐事务的困扰。例如，消费者在排队或陷于交通阻塞时，可以进行网上娱乐或通过移动商务来处理一些日常事务。消费者的舒适体验将带来生活质量的提高。移动服务的便利性使顾客更忠诚。

**4. 可识别性**

与 PC 机的匿名接入不同的是，移动电话利用内置的 ID 来支持安全交易。通过 GPS 技术，服务提供商可以十分准确地识别用户。

移动商务的这些特点使得信息流、商流更加流畅和准确，资金流更加有保障，因为它们都是基于标准化的电子数据交换，而关键的最后一个环节就是物流。没有快速、准确和标准化的物流，移动商务又如何能够完成？

## 四、物流是移动商务的重要组成部分

移动商务是 21 世纪无线网络技术的产物，由于其自身的特点已广泛引起了人们的注意，但是人们对移动商务所涵盖的范围却没有统一、规范的认识。仍如传统电子商务过程一样，移动商务中的任何一笔交易，都包含着几种基本的"流"，即信息流、商流、资金流和物流。

无论是在电子商务方式下，还是在移动商务方式下，生产都是商品流通之本，而生产的顺利进行需要各类物流活动支持。生产的全过程从原材料的采购开始，便要求有相应的供应物流活动，将所采购的材料到位，否则，生产就难以进行；在生产的各工艺流程之间，也需要原材料、半成品的物流过程，即所谓的生产物流，以实现生产的流动性；部分余料、可重复利用的物资的回收，就需要所谓的回收物流；废弃物的处理则需要废弃物物流。可见，整个生产过程实际上就是系列化的物流活动合理化、现代化的物流，通过降低费用从而降低成本、优化库存结构、减少资金占用、缩短生产周期，保障了现代化生产的高效进行。相反，缺少了现代化的物流，生产将难以顺利进行，那么无论电子商务是多么便捷的贸易形式，仍将是无米之炊。

在移动商务下，要提升整体竞争力来应对市场全球化和经济一体化的挑战，整合企业物流管理是企业竞争战略的重要手段。物流服务整合对于企业以及整个供应链上的企业联盟大幅度降低成本具有极为重要的意义。在传统的企业管理中，从产品设计、采购、生产、出厂，再经过一个个配送、批发环节，直至把产品交到顾客手中，整个生产周期和流通周期拉得很长。这不仅意味着无法迅速满足不断出现的新的市场需求，而且意味着在整个生产周期和流通周期资金的大量占用。著名管理大师德鲁克早就指出，配送、流通是工业的黑色地带，是可以大量节省成本的地方。

所以，在移动商务中，物流是其不可或缺的一部分。

## 五、移动商务与物流企业应用

移动商务的应用已经开始影响着物流的业务流程与业务发展。同样，移动商务下物流的新型应用也促进了电子商务的发展。

B2E 模式（企业与员工模式）主要用在对物流企业内部的管理和办公应用方面，目的是借助移动管理工具提升其管理水平。与员工紧密交流是企业管理与运作的核心部分，在这个双向交流过程中，信息的流动、员工工作表现和企业运作都在提高。通过建立物流企业移动办公系统，可以实现移动查询所有来自 OA 系统的待办工作，接收各种工作指令和物流调度，进行工作任务完成情况反馈，可以实现物流企业的作业自动排班和调度命令发布；针对物流企业的仓库分散和危险品储藏的业务需求，对物流仓储的无线数据传输和无线监控报警系统来实现对仓库的有效管理。

随着移动商务的应用，精细服务是在个性服务基础上的高水平服务，这种服务也是面对所有客户，不带歧视性，不带特惠性，强调在恰当的时间，以正确的货物状态和适当的货物价格，伴随准确的商品信息，将商品送到准确的地点。无线网络终端提供了下面的用途。

（1）电子地图：高素质的全国地图、灵活定制界标、无级缩放、平滑移动。

（2）可视化调度：实时、准确配载货物，调度车辆；跟踪每一行程的停靠状态与订单执行状态；自动更新行程信息；为了降低车辆的空驶率，降低运输成本，移动接收配货信息和调度信息，实现返程自动配货。

（3）车辆（组）状况跟踪记录：卫星定位跟踪车辆位置、车辆行程历史记录、货物状况（到达、装货、装完、离开、等待、休息、卸货、卸完）的相应信息、车辆动态（停车/装卸货/休息）、卡车/拖车状况、司机和驾驶状况、交通状况等。

（4）紧急情况特急反馈：突发事件、交通意外、自然灾害报警。

（5）匹配终端设备：如条码扫描仪，进行移动库存管理。

## 六、移动商务物流配送

电子商务物流配送是指物流配送企业采用网络化的计算机技术和现代化的硬件设备、软件系统及先进的管理手段，针对客户的需求，根据用户的订货要求，进行一系列分类、编码、整理、配货等理货工作，按照约定的时间和地点将确定数量和规格要求的商品传递到用户的活动及过程。这种新型的物流配送模式带来了流通领域的巨大变革，越来越多的企业开始采用电子商务物流配送模式。移动商务下的物流配送指的是在电子商务物流配送的基础上，结合了无线通信网络的特点，利用无线移动终端对物流配送进行实时管理与实时监控，全天 24 小时都可与 ERP 系统进行数据分享。在此过程中大大提高了配送服务的质量，减少了配送的错误，见表 1-1。

表 1-1 电子商务的物流配送与移动商务的物流配送优势比较

| 电子商务 | 移动商务 |
| --- | --- |
| 用户链接 Internet 查询信息 | 用户通过手机无线搜寻 |
| 实现配送的适时控制 | 实现配送的实时控制 |
| 配送决策处理加快 | 与企业高层互动下完成配送 |
| 数据采集器上传信息 | 手机无线网络采集数据并上传 |
| 企业延迟告知紧急事务 | 企业第一时间处理紧急事务 |
| 运输成本降低 | 运输成本大大降低 |

## 第三节　移动商务物流信息服务平台

### 一、移动商务物流信息服务平台的意义

近些年来，我国物流行业得到了快速的发展。一方面是由于我国经济的持续高速增长而带动了整个物流行业的前进；另一方面得益于越来越多的企业开始重视物流等相关领域的发展。随着电子商务及移动互联网的信息化应用能力的提升，移动平台作为工具被引入商贸活动中，产生了移动商务。B2B 作为企业与企业之间的电子商务已经日益深入企业实际操作应用中，如何将移动平台应用到企业中必然成为今后企业间电子商务发展的趋势。

随着 3G 时代的到来，移动互联网与传统互联网平台之间的差距正在逐步缩小，整个行业正在从垄断走向开放，从传统的接入和通道等基础建设过渡到发展内容和追求应用，这将使得移动商务快速地走入百姓生活。可以看出，如果还持续对移动商务物流的研究方向都是把物流放在从属地位，是配合移动商务发展的一个环节，肯定是不行的。所以将物流放在移动商务中的主角地位，这也是本书提出移动商务物流信息服务平台的意义。

## 二、移动商务物流信息服务平台的结构

本书所要探讨的基于移动商务的物流信息服务平台既包括了传统的电子商务平台的概念，即提供一个网上交易物流服务信息的场所，又对这种传统的电子平台进行提升，抽象出了一个面向各个企业、能够提供涉及供应链管理等各方面的物流信息服务平台。利用移动技术和无线互联网的特性融入物流信息服务平台中。

商业物流软件的使用模式一般情况下是一对多，即完成一家企业（软件购买者）和它有业务往来的相关企业的物流信息传递过程；而物流信息服务平台则是多对多，即这种平台能够支持多家企业和它们各自业务往来的相关企业群的物流信息服务过程。

当今企业的发展主要是依靠对于信息的处理和分析能力，这种以提供物流信息服务（包括基础服务和增值服务）为主要盈利方式的移动商务平台，因为移动技术保证了信息的采集、跟踪和实时更新，所以物流信息服务平台将是今后发展的一个新热点。

## 三、移动商务物流信息服务平台的功能与作用

建设移动商务物流信息服务平台，首先需要确定平台的层次结构、功能与应用层面等总体性问题。物流信息服务平台的需要主要是实现物流信息资源的整合与共享，现代物流系统运行的优化及推动物流标准等。

### （一）提供专业化的物流信息服务

移动商务物流信息服务平台能够帮助中小企业建设自己的 LIS（Logistic Information System），这样在建立供应链时，可以减轻核心企业在帮助供应链中合作企业（主要是中小企业）提高信息化水平的负担。一些小企业甚至可以没有自己独立的 LIS，完全将企业的 LIS 建到平台上，让物流信息服务商来代理。这样，服务商可以发挥规模优势，充分利用资源，为用户提供高质量的专业化信息服务。物流供应链成员间的信息化水平不一致，以致出现瓶颈，物流信息平台可以疏通这些瓶颈，尤其是整个链的水平都比较低时，甚至没有电子化的供应链，可以利用 PLISP 搭建自己的电子供应链平台，将物流供应链中企业的物流信息化的业务外包给平台，使得供应链的调整有更大的灵活性，使核心企业不会因为要考虑合作企业的物流信息化水平而退避三舍、分散精力。

### （二）促进了物流信息资源的共享

物流信息共享可以分为三个层次：协作企业间物流共享、基础性物流信息共享、物流信息产品和设施设备的共享。第一层是企业间协调信息的共享；第

二层是对公用信息的共享，提高决策的准确性；第三层是对平台外接的应用系统的共享，包括硬件信息设施设备（如 GPS 系统）和软件（如 GIS、物流软件、优化模型等）。商务物流信息服务平台提供了这三个层次的物流信息资源的共享水平，节约了企业的投资，增强了对于各个企业的信息支持。

### （三）推进物流信息的标准化

物流信息标准化的问题是物流服务提供商所面临的一个很棘手的问题。由于各个系统间接口和信息格式的不统一，大量的人力、财力都耗费于此。因此，国外一些专业的物流信息服务提供商开始积极倡导并参与物流信息标准化的进程中。

## 四、移动商务物流信息服务平台的整合

这里主要探讨一下现有物流信息服务平台的形式；各种形式的平台分别有哪些功能；相对应于每种平台形式，谁又是有意愿的服务提供者。

因为国内的物流信息服务平台建设还处于探索阶段，而且规模较小，所以本书介绍的都是国外比较成熟的物流信息服务平台。下面按照平台的形式依次进行介绍。

### （一）网上市场（E-Market Place）

网上市场是传统意义上的电子商务服务平台，相关的物流服务需求信息在此平台进行公开，并在达成共识的基础上双方进行交易。此类交易平台是通过拥有丰富的物流服务信息，来吸引那些在服务需求信息上存在局限的公司，平台可以通过自动匹配，来促使双方交易的成交。一旦双方交易完成，平台的提供者可以收取适当的费用，这就类似于现实生活中的中介公司。

这种物流信息服务平台主要的核心业务是电子市场和相应的增值服务，因此进入门槛比较低，可以以服务中间商（Intermediaries）的身份提供此类信息服务，对于网上市场这类的信息服务平台，如果仅仅为客户提供一个电子交易市场，可以想象这种形式是毫无竞争力的，而且随着客户要求的提高，这种形式也不能够满足客户的需求。因此，如何更好地使客户的需求得到满足、如何更好地促进客户的交易是此类平台需要花费精力思考的问题。因此，在设计此类平台的功能上，不仅要提供最基础的功能，更要在增值的信息服务功能上有所突破。

### （二）专业化物流信息服务平台

专业化物流信息服务平台是指为众多企业提供涉及物流某一领域的专业化的信息服务平台，如运输信息服务平台、仓储信息服务平台等。

这种专业化物流信息的服务平台，因为涉及了很多具体的相关内容和细

节，因此它的提供者一般是一些物流软件公司，在此领域上经验比较丰富的物流信息服务中间商，或者是规模比较大的第三方物流公司。

在这种平台功能的设计上，功能完备、对于细微之处的考虑都是很重要的方面。由于此种服务平台专业性强，除了基本功能和决策支持功能大类外，很难概括出相同的子功能。

**（三）集成供应链的物流信息服务平台**

近些年来，供应链一体化的解决方案一直被大型公司和企业所倡导和应用。随着全球市场的不断扩大、信息技术的不断发展和商业节奏的不断加快，在全球范围内对顾客的快速响应、效率的提高、成本的下降成为企业发展的几大挑战。为此，需要对从供应者到最终用户的整个供应链的全球可视性来有效地做出计划，需要快速准确的决策支持系统以对市场和供应链的变化实时响应。

一些大公司开始使用开放的系统技术结构以形成整个企业的连续的物流过程，实现跨越多个地点、包括供应者和顾客、涵盖在库和在途库存的整个供应链的无缝一体化。这种供应链一体化的物流信息过程全面地解决了企业在各方面所需求的服务，提高整个过程的可视化程度，并且大大提高了企业运行的效率，进而从一定意义上降低了成本。但是，由于这种方案初期的投资巨大，所以只有在大型企业中才有所应用。而集成供应链的物流信息服务平台则通过网络平台可以对很多企业提供供应链集成化信息服务，这就降低了整体的使用成本，从而使得一些中小型企业在此方面的应用也成为了可能。

## 五、移动商务物流信息服务平台的运营

实现信息资源的充分共享与交换，是当前物流信息化的核心与关键，物流信息服务平台的建立，可以推动现代化物流配送中心的建立，进一步完善物流产业的管理模式，物流企业可以在该区域内实现异构数据格式的转换，按统一的数据标准流转，实现信息共享，节约社会资源。企业可以通过平台实现信息发布、查询，减少物流信息流转环节，降低运营费用。通过平台还可以实现与信息化程度高的大企业内部系统的集成，而那些不具备全面开展信息化的中小企业，通过会员方式加入平台，能以较低成本共享物流业内信息资源，拓宽其业务范围；政府相关部门利用物流公共信息平台，在宏观决策上可以进行科学的预测分析、规划，进而制定相关的政策法规。在行业管理上可以通过平台及时获得企业信息、需求总量、供给能力、运输方式的运营状况等，以便及时进行有针对性的调控，通过这样一个公共信息平台，采购商、供应商、物流服务商、承运人、金融服务等各机构都可以进行不同系统数据信息的交流和整合，最终降低成本，提高物流运作效益。

# 移动物流

## 本章案例

### 信息系统跟进的"宅急送模式"

快递行业是个典型的技术含量少、信息系统建设滞后的行业。还在几年前，人们邮递包裹、信件，还都依靠处在行业垄断地位的"邮老大"、"铁老大"，私营快递业务的兴起也不过几年的时间。那时人们眼中的快递，不过是个体力活，为人跑跑腿，完成信件、物品空间上的位移，是个劳动密集型的行业。但是当社会分工越来越细化，一辆车、一台电脑，甚至一块手表的元器件都可能来自世界很多个不同国家和地区，此时，"快递"作为联系生产、销售各个节点的脉络，其作用就凸显出来了，快递也正是在这个时候走上飞速发展道路的。

业务翻番地增长，人员也在不断地增加，但是，人员的增加与业务的增长不成比例，企业仍然摆脱不了低效的工作状态。先知先觉的宅急送老总陈平，较早地发现问题的严重性，意识到阻碍业务流程不畅的，不在物流，不是因为人手不够；而在信息流，由于货物信息不能及时传递，使物流等信息流造成的。拿快递业普遍存在的瓶颈环节——入库补录来说，当司机取回客户委托的物品时，在入库之前，要对司机手中的单据核实，并录入公司的业务系统，这时瓶颈就产生了，司机经常需要排队等待录入，这段时间对于司机是空闲的，虽然还有几单货物要发送或收取，但他不能走开。这个问题只能靠先进的信息技术解决，引入 PDA 和 GPRS，使司机在运货的途中，利用手持终端 PDA 录入货物信息，并通过 GPRS 传到公司的业务系统，完成专门的补录人员的录入工作。这只是业务流程上的一环，仅这一点，信息技术、信息化手段的重要性已体现得非常充分了。

宅急送的信息系统是典型的业务趋导型，信息系统跟进公司业务的发展。宅急送在业务发展的同时，形成了自己的模式，信息系统的建设也具有了宅急送的特色。

### 一、"MRM 移动平台"演绎节约之道

公司信息部副总监赵明在提到上"MRM 移动平台系统"时说："随着业务、市场、客户之间的联系越来越密切，合作以及商务关系日趋频繁，这种仅仅依赖于计算机系统的信息化已经不能满足信息不断腾飞的趋势。移动通信技术的引进和发展给信息传递提供了新的方式，公司领导也逐渐意识到只有做到移动信息化才能补充满足当前信息化的要求。"

MRM 主要通过网络运营商（联通、移动）开放式的网关接口技术实现和业务应用层的逻辑开发，用来实现短信自动收发、短信群发等功能，并实现不

同网络之间的短信传递功能（包括移动、联通）。该方案一次性投入非常少，不需要投入终端的购买，使用现有人员的手机即可实现。开发工具可以使用现有的开发工具，不需要再购买。宅急送企业短消息应用架构是将短消息应用到企业领域，其应用架构可分为以下三个层面。

（1）接入平台：通过无线网络或者有线网络完成短消息的协议适配和接收发送。无线接入方式采用 GSM/CDMA 空中接口，通过调用移动/联通短信网关接口函数将短消息发送到短消息中心或网关；有线接入方式利用互联网或专线直接接入移动/联通短消息中心或网关服务器。有线接入方式需要投入专线及相应设备。

（2）应用支撑平台：介于应用系统和接入平台之间，向应用系统提供基本的通用短消息服务。这些服务包括短消息单发、短消息群发、短消息定时发送、短消息用户的鉴权和用户管理、短消息负载平衡和流量控制等。这些服务和具体应用需求独立，但却是所有应用系统必不可少的功能。

（3）应用系统：包括各种面向应用的系统。这些系统有企业办公系统（OA）、邮件系统、财务系统、MIS、CRM、采购、仓储、网站等，还包括其他应用密切相关的应用系统。这些系统利用应用服务层提供的短消息服务接口，专注于各自的应用逻辑。

目前，这个平台使用效果非常好，公司员工可以通过这个平台，实现人工辅助调度下达提送货任务，任务短信发送到司机派送员手机上作为操作指令；对于客户，实现了 CRM 系统对客户支持服务的及时反馈功能；公司内部员工之间的信息传递与交互也方便快捷多了。赵明补充道："利用这个平台主要解决了两个问题：首先，解决了原来由于口述命令失误或不明造成的司机派送的延迟、失误，现在由系统直接向司机传达命令，并以短信的形式保存，杜绝了相互之间扯皮的现象。其次，为公司节省了一笔通信费用，拿司机来说，平均每条命令的完成双方共需 0.1 元多，相对以前的通信费便宜是显而易见的。"

**二、PDA 助力解决"信息前置"难题**

现在，司机可以在取货后，在发往仓库的路途中，通过 PAD 录入货物信息。一般取货司机都配有两人，这样在开车的途中就可以完成对所持货物的基本信息的录入，并通过 GPRS 传输给服务器。不仅省去了补录环节，而且解决了由补录一环而导致的整个业务环节的瓶颈问题。

1. 宅急送运用 PDA 的主要业务描述

（1）把客户端系统开发集成到 PDA 端：司机取货时，通过手写系统或键盘输入系统把工作单信息录入 PDA 保存，工作单信息通过无线广域网络实时传回中央服务器，彻底解决信息前置难题。

（2）把工作单信息下载到 PDA 端：司机取货前，把工作单信息下载到 PDA 中，取货时核对，司机取货随时远程从中央服务器下载业务通知信息，彻底解决信息前置难题。

2. PDA 解决方案产生的效能

（1）省去补录人员，减少人员成本，减低管理成本。

（2）完善监控操作环节，减少人工监控成本；提高环节信息周转速度，提升操作效能，降低操作管理成本。

（3）省去电子签单设备投入，省去签单人员，降低公司人员管理成本。

（4）提升企业门户形象，起到市场化广告效应。

3. 相关技术

（1）PDA（手持数据采集终端）：是集微型计算机、扫描器于一体的智能化条码采集、信息处理设备。应用手持数据采集终端的新型盘点方式，可以加强物流配送管理、加快周转、准确掌握环节情况、及时组织配送货物、对库存减低死货存放和企业内部流通费用起到不可替代的作用。现在它主要应用于现代物流配送管理。

（2）GPS（全球定位系统）：应用该系统可以达到对车辆的实时跟踪定位，结合条码技术的应用可以实现对车辆和货物的动态信息追踪和管理。当这些信息被及时上传到互联网上后，可大大增加公司业务的透明度，为客户提供更准确、更快速的信息服务。

（3）Bar Code（条码技术）：可以大大提高信息的采集、录入速度和准确性。结合 GPS 系统和无线 GPRS 网络等现代化通信手段的应用，再配备高端采集设备 PDA，可实现与调度中心等公司内部之间以及与互联网之间的实时、即时的信息交换。

### 三、开放的网络平台铺就扩张之路

宅急送的业务遍及全国，除了以干线连接的华北、华东、华南物流基地以及其覆盖的地区主要城市外，还辐射到很多偏远的区域内物流的网点。但不管哪个网点，其都要使用同一个统一的宅急送的系统平台。对于信息化程度高的地区，其一般有一套自己的系统，这种情况，由总公司负责与其系统进行对接。然而，在宅急送的所有营业点中，不是每个都盈利的，拿新疆的配送站来说，由于业务量很少，仅站点自身的盈利远远不能维持其继续运营。即使这样，为了公司整体的业务覆盖面，这些网点是坚决不能撤掉的。像这些地区其信息化一般是不发达的，在购置了一定的基本硬件后，公司允许其免费使用宅急送的系统。

除了公司自有业务的增长外，为了抵御外国资本的吞食，公司将物流平台开放,也加大了公司的业务量。作为快递行业内的老大,宅急送老总陈平,在接连的华宇、大田便卖给外资后,仍然坚持民族企业大旗不倒,并于前不久公开宣布,为国内同行业企业送货不赚钱,一方面维护本土企业,抵御外资侵蚀;另一方面,使公司快递网络的利用率增加了,给公司的信息建设提出了更高的要求。

宅急送是以较低的业务准入门槛,完成了其低成本市场迅速扩张的道路。在市场扩张的过程中,如果没有打通网络建设的瓶颈,不通过先进的信息化的手段,单纯依靠电话、传真、纸质单据等传统方式,要实现公司业务量几何倍数的增长,几乎是不可能的。可以说,在公司的发展过程中,完善的网络建设是公司业务扩张的基础。

为了保证网络的良好运行,公司在网络安全上,对所有的服务器加固了安全设置,以防止外界对系统的恶意入侵。2005年底,为了解决南北电信网络之间瓶颈问题,对总公司兆维机房的现有服务器网络IP地址进行了更换,缓解了南方大部分地区的营业厅所不能正常登录MIS、OA等应用系统的问题。

**四、信息系统整合势在必行**

宅急送公司组织结构是总公司、分公司、营业所、营业厅四级结构,并分布在全国各地。另外,公司分支机构达300多家,客户分布也非常分散,所以公司的采购管理、营销管理、客户服务管理、货物物流配送、办公管理、财务管理以及决策支持就显得尤为重要。信息流是继物流和资金流之后的更为重要的企业命脉所在,因此,如何协调和理顺企业的信息流转通道和速度,就成为宅急送在行业竞争中成败的关键所在。宅急送把这个拥有统一平台、实现公司信息流互联互通的系统称为"新型ERP",它以公司现有的MIS系统作为切入点,用3~5年的时间,将相互关联的信息实现其在结构协作、数据流向上的统一,为公司整体搭建一个统一的平台。通过对MIS系统的重组集成,为未来新型ERP系统的导入打下基础,可以将现有的大量由人工进行的业务操作,比如报表统计、车辆调度、库存管理、客户资源管理等工作交由系统辅助完成,可大幅度提高工作效率。

资料来源:安彦敏.信息系统跟进"宅急送模式" 助力快递信息化[J].中小企业IT采购,2006(23).

➡ **问题讨论:**

1. PDA助力解决的主要问题有哪些?
2. "MRM移动平台"主要包括哪些内容?

## 本章小结

随着电子商务和通信技术的发展，移动信息技术正在快速改变着人们的生活。手机终端或者无线设备带来的快餐服务不仅带给年轻人新型的概念和思考空间，也给企业提供了一个 24 小时客户个性化服务的移动平台。如何通过移动信息平台开展 B2B 或 B2C 商务，这是当前企业和用户面临的考验。在此商务完成过程中，物流业需要重新思考自己的技术发展和管理需求，进而满足移动商务特点的需要。

移动商务时代，由于企业的运作方式发生了一些变化，物流业也随之向集成化、电子化方向发展，而在这一方向发展起到关键作用的将是那些提供专业化物流信息服务的服务商。他们提供的专业化、集成化、平台化的物流信息服务将给各个企业提供不同的解决方案，这也将最终促使各个企业走向物流信息化的道路。

## 本章复习题

1. 为什么说物流是移动商务的重要组成部分？
2. 移动商务物流的基本特征有哪些？
3. 为什么说现代物流是移动商务的基础？
4. 移动商务下物流的特点是什么？
5. 移动商务下物流的广泛应用有哪些方面？
6. 什么是移动商务物流公共平台的意义？

# 第二章 物流基础理论

## 学习目的

**知识要求** 通过本章的学习，掌握：

- 物流的概念
- 现代物流的主要特征
- 物流的要素
- 物流系统的模式

**技能要求** 通过本章的学习，能够：

- 了解物流的价值
- 熟悉物流的概念
- 分析物流系统的作用
- 掌握现代物流的特点

## 学习指导

1. 本章内容包括：物流概述，物流系统，物流要素。
2. 学习方法：结合案例了解物流的概念，物流系统的作用和物流基本要素。
3. 建议学时：8学时。

# 移动物流

## 引导案例

### 湖南白沙物流　信息化管理正当时

以管理信息化促进管理现代化、科学化，构建一个纵向贯穿企业管理层次、横向连接全面业务流程的现代烟草物流管理信息系统。这使得湖南白沙物流有限公司（以下简称"白沙物流"）在物流信息化建设方面走在了行业前列。

早在2006年，白沙物流就全面实施了信息化管理战略，从管理观念入手，利用信息化对企业结构、管理制度进行变革，挖掘先进的管理理念，应用先进的信息化技术整合生产、经营和管理资源，形成了自己的一套信息化管理理念。

### 一、控制环节成本　建立低成本配送模式

信息系统通过控制物流运行中的各个环节来达到控制总成本的目的。

白沙物流认为，成本控制应从源头抓起，按照基于物流活动的成本要素进行成本分析，将成本细化到各个项目，做到从制度上严格监管，从技术上严格实施，控制每一个环节的成本。

对白沙物流而言，建立一个低成本的配送模式，是实现企业效益最大化、效率最高化、综合成本最低化的关键所在。白沙物流在原有配送系统的基础上，以满足自身需求为目的，通过自主创新，研发出集线路优化、GPS/GIS导航监控和配送业务分析为一体的需求牵引系统。该系统基于线路优化技术，根据当日订单需求量，按照配送区域内的客户、订单结构及货物量，以配送线路最优、装载率最高、费用最省为原则，确定每日送货线路、安排配送车辆、配送人员，合理分配卷烟销售淡季和旺季的出车量。通过淡旺季对送货车辆的调配，每年可减少送货成本近100万元。

### 二、流程精细化管理　建立高效运营模式

信息系统对白沙物流的整个生产流程实现了精细化管理，高效率地完成仓储卸货、补货、分拣和配送等工作，对在生产环节中产生的各项费用、停机时间、维修时间进行全程监督和考核，梳理、完善、改进作业流程，做到流程最简、效率最高。同时，白沙物流采用量化分解后的指标作为评定效率的依据，推进全面效率管理。

全面效率管理以效率提升为核心，以全员参与为基础，以决策质量、运作模式、管理方法为主要改进点，通过自上而下和自下而上的运作方式，使全员能够及时发现和分析日常工作中存在的效率问题，并采取有效的改进措施，促进企业从粗放式管理向精细化管理转变，有效提升了企业的整体效率。由2008年的每小时30000条提高至2009年的每小时45000条，全面效率管理的实施

大大提升了白沙物流的分拣效率。

### 三、创新型情绪管理　完善配送安全体系

在物流配送中，确保配送车辆安全是工作的重中之重。一般的安全管理通常只考虑影响安全的显性因素，即能看得到的安全隐患、故障、驾驶人员自身素质等因素，而忽视了一些隐性因素，如驾驶员的个人情绪等。

为完善物流配送安全体系，白沙物流总结多年配送安全管理经验，把情绪管理纳入安全管理体系的管理范畴。在直接从驾驶员自身获取信息的同时，把信息的来源范围向驾驶员的家人、朋友及其直接客户扩展，站在安全的角度，过滤、综合这些信息，以达到全面了解驾驶员情绪的目的。2009年，白沙物流共排查各类安全隐患16起，其中通过管理信息系统发现的隐患占一半以上，未发生一起重大安全事故。

白沙物流的信息化建设经验告诉我们，信息化建设不是构建一套信息系统、购置几台服务器、搭建一个网络就可以完成的，它是一个稳步推进、逐步完善的过程；信息化管理不是简单的文件电子化、单纯把手工记录变成电脑记录，而是一种管理方式的变革。

资料来源：www.jctrans.com，2011-04-05。

➡ 问题：
1. 现代物流管理对企业提升竞争力有何意义？
2. 物流活动如何能为企业创造价值？

# 第一节　物流概述

## 一、物流概念

物流（Physical Distribution）源于国外，最早出现于美国，1915年阿奇·萧在《市场流通中的若干问题》中就提到物流一词，并指出："物流是与创造需求不同的一个问题。"1935年，美国销售协会阐述了实物分配（Physical Distribution, PD）的概念："实物分配是包含于销售之中的物质资料和服务在从生产场所到消费场所的流动过程中所伴随的种种经济活动。"德国人R.尤尼曼认为："物流学是研究对系统（企业、地区、国家、国际）的物料流（Material Flow）及有关的信息流（Information Flow）进行规划与管理的科学理论。"日本学者林周二对物流的定义比较详细，他认为："物流是包含物质资材

的废弃与还原,连接供给主体与需求主体,克服空间与时间距离,并且创造一部分形质效果的物理性经济活动,具体包括运输、保管、包装、装卸搬运、流通加工等活动以及有关的信息活动"。

第二次世界大战中,围绕战争供应,美国军队建立了"后勤"(Logistics)理论,并将其用于战争活动中。其中所提出的"后勤"是指将战时物资生产、采购、运输、配给等活动作为一个整体进行统一布置,以求战略物资补给的费用更低、速度更快、服务更好。后来"后勤"一词在企业中广泛应用,又有商业后勤、流通后勤的提法,这时的后勤包含了生产过程和流通过程的物流,因而是一个包含范围更广泛的物流概念。

第二次世界大战以后,西方经济进入大量生产、大量销售的时期,降低流通成本的矛盾引人注目,实物分配(PD)的概念更为系统化。日本的物流概念是1956年直接从英文的Physical Distribution翻译过来的,1956年日本派团考察美国的流通技术,引进了物流的概念。20世纪50年代PD的概念在日本被译为"物的流通",日本著名学者、被称为"物流之父"的平原直就用"物流"这一更为简捷的表达方式代替"物的流通",之后迅速地被广泛使用。

因此,物流概念从1915年提出起(Physical Distribution),经过70多年的时间才有定论(Logistics理论),现在欧美国家把物流称作Logistics的多于称作Physical Distribution的。近20年来,Logistics逐渐取代PD,成为物流科学的代名词。这是物流科学走向成熟的标志。Logistics包含生产领域的原材料采购、生产过程中的物料搬运、厂内物流、流通过程中的物流、销售物流(Physical Distribution),可见Logistics的外延更为广泛。

当然,我国还有些学者将Logistics一词译为后勤学,但多数学者仍将其译为物流或物流学。目前国内外对物流的定义很多,较有代表性的有以下几个:

(1)"物流是一个控制原材料、制成品、产成品和信息的系统。"

(2)"从供应开始经各种中间环节的转让及拥有而达到最终消费者手中的实物运动,以此实现组织的明确目标。"

(3)"物流是指物质实体从供应者向需求者的物理移动,它由一系列创造时间价值和空间价值的经济活动组成,包括运输、保管、配送、包装、装卸、流通加工及物流信息处理等多项基本活动,是这些活动的统一。"

《物流术语》的国家标准已经颁布实施,国家标准中对于"物流"的定义为:"物流(Logistics):物品从供应地向接收地的实体流动过程。根据实际需要,对运输、储存、装卸、搬运、包装、流通加工、配送、信息处理等基本功能实施的有机结合"。

## 二、传统物流与现代物流

传统物流一般是指商品在空间上与时间上的位移，以解决商品生产与消费的地点差异与时间差异。传统物流主要包括运输、包装、仓储加工配送等。物流可以分为两大类，即宏观物流与微观物流。宏观物流亦称社会物流，即社会再生产各过程之间、国民经济各部门之间以及国与国之间的实物流通。随着生产力的发展，生产专业化程度的提高，使得商品货物在国民经济各部门、各企业之间交换关系越来越复杂，社会物流的规模也越来越大。宏观物流的状况，直接影响国民经济的效益。微观物流亦称企业物流。具体地讲，可分为供应物流、生产物流、销售物流、回收物流、废弃物物流等。微观物流的状况直接影响一个企业的经济效益。

进入20世纪90年代，传统物流已向现代物流转变，整体物流概念是一个较为现代化的流通领域概念，也就是通常所说的现代物流。现代物流包括运输的合理化、仓储自动化、包装标准化、装卸机械化、加工配送一体化、信息管理网络化等。现代物流具有如下特征：

1. 物流反应快速化

物流服务提供者对上游和下游的物流、配送需求的反应速度越来越快，前置时间越来越短，配送间隔越来越短，物流配送速度越来越快，商品周转次数越来越多。

2. 物流功能集成化

现代物流着重于将物流与供应链的其他环节进行集成，包括物流渠道与商流渠道的集成、物流渠道之间的集成、物流功能的集成、物流环节与制造环节的集成等。

3. 物流服务系列化

现代物流强调物流服务功能的恰当定位与完善、系列化。除了传统的储存、运输、包装、流通加工等服务外，现代物流服务在外延上向下扩展至市场调查与预测、采购及订单处理，向下延伸至配送、物流咨询、物流方案的选择与规划、库存控制策略建议、货款回收与结算、教育培训等增值服务；在内涵上则提高了以上服务对决策的支持作用。

4. 物流作业规范化

现代物流强调功能、作业流程、作业、动作的标准化与程式化，使复杂的作业变成简单的易于推广与考核的动作。

5. 物流目标系统化

现代物流从系统的角度统筹规划一个公司整体的各种物流活动，处理好物流活动与商流活动及公司目标之间、物流活动与物流活动之间的关系，不求单个活动的最优化，但求整体活动的最优化。

  6. 物流手段现代化

  现代物流使用先进的技术、设备与管理为销售提供服务，生产、流通、销售规模越大、范围越广，物流技术、设备及管理越现代化。计算机技术、通信技术、机电一体化技术、语音识别技术等得到普遍应用。世界上最先进的物流系统运用了 GPS（全球定位系统）、卫星通信、射频识别装置（RF）、机器人，实现了自动化、机械化、无纸化和智能化。

  7. 物流组织网络化

  为了保证对产品促销提供快速、全方位的物流支持，现代物流需要有完善、健全的物流网络体系，网络上点与点之间的物流活动保持系统性、一致性，这样可以保证整个物流网络有最优的库存总水平及库存分布，运输与配送快速、机动，既能铺开又能收拢。分散的物流单体只有形成网络才能满足现代化生产与流通的需要。

  8. 物流经营市场化

  现代物流的具体经营采用市场机制，无论是企业自己组织物流，还是委托社会化物流企业承担物流任务，都以"服务—成本"的最佳配合为总目标，谁能提供最佳的"服务—成本"组合，就找谁服务。国际上既有大量自办物流相当出色的"大而全"、"小而全"的例子，也有大量利用第三方物流企业提供物流服务的例子，比较而言，物流的社会化、专业化已经占主流，即使是非社会化、非专业化的物流组织也都实行了严格的经济核算。

  9. 物流信息电子化

  由于计算机信息技术的应用，现代物流过程的可见性（Visibility）明显增加，物流过程中库存积压、延期交货、送货不及时、库存与运输不可控等风险大大降低，从而可以加强供应商、物流商、批发商、零售商在组织物流过程中的协调和配合以及对物流过程的控制。

## 三、物流与流通

### （一）流通在社会经济生活中的地位

  1. 流通是联结生产和消费的纽带

  现代社会经济生活是一个极为庞大、极为复杂的系统。人类为了满足生活和生产的需要，不断地消费着各种各样的物质资料；同时也有无数的工厂或其他制造系统不停顿地生产和制造人类所需要的物质。消费者如果不能得到所需要的物资，社会经济生活将会发生紊乱。生产者只有将产品转移给消费者才能实现产品的使用价值，同时可以获得收益，使劳动组织者的各种劳动消耗得到补偿，并且才能有条件组织再生产。因此，在生产与消费之间必须建立通畅的渠道，这就是流通的任务，所以流通被称为联结生产和消费的纽带，如图2-1所示。

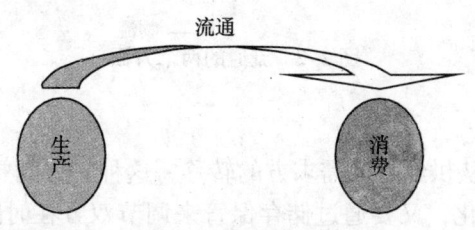

图 2-1 流通的作用

流通作为一种经济形式而存在是伴随着商品生产和商品交换的历史而产生和发展的。在商品经济的初级阶段，由于产品的品种、数量很少，生产者和消费者往往通过比较直接的渠道建立交换关系，流通的形态是初级的。

2. 流通对生产的反作用

生产决定流通，生产方式的性质决定流通的性质，生产的发展水平决定流通的规模和方式。生产是流通的物质基础，没有生产，就没有源源不断地供给市场的商品，当然也就没有流通。

反之，流通也对生产有反作用，一方面，流通的状况制约着生产的规模、范围和发展速度。由于生产方的产品要进入市场，只有通过流通领域到达消费者（用户）手中，产品才能实现其使用价值。生产者不能收回必要的补偿，也就失去了再生产的条件，销售不出去的产品生产的越多，生产者蒙受的损失就越大，这是明显的道理。另一方面，生产的原材料也要通过流通领域从市场获取，流通渠道不畅，不能及时得到原材料，生产也会陷入困境。或者在流通领域由于某种原因导致原材料价格上涨，将使产品成本随之上升，生产者也会在经营方面产生困难。

（二）流通的内容

流通过程要解决两个方面的问题：一是产成品从生产者所有转变为用户所有，解决所有权的更迭问题；二是要解决对象物从生产地转移到使用地以实现其使用价值，也就是实现物的流转过程。对于前者称为商流，对于后者称为物流，其关系如图2-2所示。

1. 商流

对象物所有权转移活动称为商流。商流的研究内容是商品交换的全过程，具体包括市场需求预测、计划分配与供应，以及货源组织、订货、采购调拨、销售等。其中既包括贸易决策，也包括具体业务及财物的处理。

```
流通 ─┬─ 商流
      └─ 物流
```

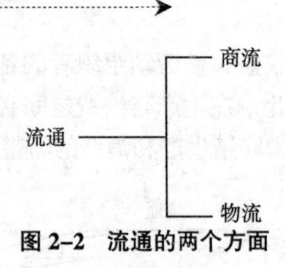

图 2-2 流通的两个方面

#### 2. 物流

物流是指实物从供给方向需求方的转移,这种转移既要通过运输或搬运来解决空间位置的变化,又要通过储存保管来调节双方在时间节奏方面的差别。物流中的"物"泛指一切物质资料,有物资、物体、物品的含义;物流中的"流"泛指一切运动形态,有移动、运动、流动的含义,特别是把静止也作为一种形态。物流系统中的"物"不改变性质、尺寸、形状。也就是说,物流活动和加工活动不同,不创造"物"的形质效用,但是它克服了供给方和需求方在空间维度和时间维度方面的距离,创造了空间价值和时间价值,在社会经济活动中起着不可缺少的作用。

#### 3. 商流和物流的关系

商流和物流都是流通的组成部分,二者结合才能有效地实现商品由供方向需方的转移过程。商流和物流关系密切,相辅相成。

一般在商流发生之后,即所有权的转移达到交易之后,货物必然要根据新货主的需要进行转移,这就导致相应的物流活动出现。物流是产生商流的物质基础,商流是物流的先导;二者相辅相成,密切配合,缺一不可。只有在流通的局部环节,在特殊情况下,商流和物流可能独立发生,一般而言,从全局来看商流和物流总是相伴发生的。

### (三)商物分离

尽管商流和物流的关系非常密切,但是它们各自具有不同的活动内容和规律。在现实经济生活中,进行商品交易活动的地点,往往不是商品实物流通的最佳路线必经之处。如果商品的交易过程和实物的运动过程路线完全一致,往往会发生实物流路线的迂回、倒流、重复等不合理现象,造成资源和运力的浪费。商流一般要经过一定的经营环节来进行业务活动;物流则不受经营环节的限制,它可以根据商品的种类、数量、交货要求、运输条件等,使商品尽可能由产地通过最少环节,以最短的物流路线,按时保质地送到用户手中,以达到降低物流费用、提高经济效益的目的。

#### 1. 商物分离的模式

对于商物分离的原则,以下通过图 2-3 进一步加以说明,图 2-3(a)表示商流和物流合一的流通网络，图 2-3（b）表示商物分离的流通网络。在图中每一圆圈称为网络的节点，在节点处发生货物的发送、停止、存放或者信息的发生、终结、处理、加工等活动。节点之间的实线箭头表示实物的流动，虚线箭头表示信息流，这些节点和虚实线及箭头就构成了网络。

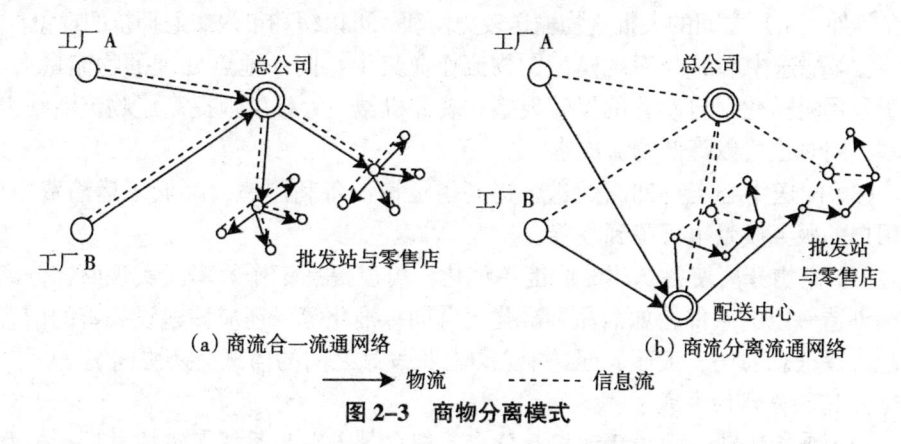

（a）商流合一流通网络　　（b）商流分离流通网络

──▶ 物流　　------ 信息流

图 2-3　商物分离模式

图 2-3（a）的网络比较简单，总公司从工厂购得商品送至批发站，批发站再将商品分别送到各零售店，信息流和物流完全一致。图 2-3（b）的网络是商物分离的模式。其运作过程如下：

（1）零售店对批发站以电话方式订货，订货信息通过电话回路或计算机网络传达给总公司的信息中心，信息中心确认库存商品可以满足订货需要时，向配送中心下达出库指示。

（2）配送中心根据要求向零售店按计划回路配送的方式进行送货。同时配送中心将商品出入库的有关数据传达给总公司的信息中心，商品库存量的减少数据和在库状况记入信息中心的数据库。

（3）在库存量减少到一定水平时，总公司对工厂下达向配送中心补充货物的指令或发出订货的指令，以保证配送中心功能的实施。

2. 商物分离的特点和优点

商物分离的特点是：

（1）保管方面。取消总公司仓库和营业仓库分散保管方式而代之以配送中心集中保管。

（2）输送方面。原先是从工厂仓库至总公司仓库，再到批发站仓库，最后到零售店，是商物一致的三段输送。而在商物分离模式中是由工厂仓库至配送中心，然后直接送至零售店的两段输送。

（3）配送方面。原先是分别向各零售店送货，现改为回路配送。

(4)信息系统方面。不再由总公司、批发站和工厂分头处理，而是以信息中心集中处理方式，用现代化通信系统进行各环节的控制。

商物分离的优点是：

(1)为了营业方便，公司批发站一般设在都市的繁华地区，而配送中心可以设在郊外。工厂之间的大批货物输送较为便利，可以缓和市内交通拥挤的现象。

(2)配送中心的仓库规模大，物流作业集中。同一地点处理的物流量大，便于采用机械化、自动化的保管设施和装卸机械，大幅度地提高了物流活动生产率，同时也可以降低物流成本。

(3)配送中心实行回路配送，提高了运输设备利用率，降低了运输费用，对用户的服务质量也可得到改善。

(4)商物分离使各部门的职能单纯化，可以提高工作效率。实现商物分离必须创造一定的条件，如商品标准化、合同标准化等，还应该建设完善的信息系统，保证总公司、工厂、配送中心以及批发站之间的信息交换协同统一。

3. 商物分离的方式

(1)订货活动与配送活动相互分离，把自备卡车与委托运输或共同运输联系在一起，降低运输费用并压缩固定费用开支。

(2)把在同一系统的负责一定范围的物流据点合并，加强物流管理一元化，压缩流通库存，减少交叉运输，便于工厂大批量运货，提高物流系统效率。

(3)减少物流中间环节，流通路线可以实施从工厂经流通中心到顾客手中，甚至由工厂直接运货给顾客。如玻璃工厂流通中心，可以按各营业点的订货信息直接送货到用户并代为安装，可大大提高效率。

## 四、物流的分类

社会经济领域中的物流活动无处不在，对于各个领域的物流，虽然其基本要素都存在且相同，但由于物流对象不同，物流目的不同，物流范围、范畴不同，形成了不同的物流类型。这些类型的划分为开展物流研究提供了较大的方便，下面分别予以介绍。

按作用的层次和作用的环节，物流可分为社会物流、行业物流和企业物流，其中企业物流又可以进一步细分为企业供应物流、企业生产物流、企业销售物流、企业回收物流、企业废弃物流等。

(一)按作用的层次和作用的环节分

1. 社会物流

社会物流是指超越一家一户的以一个社会为范畴面向社会为目的的物流，它是指流通领域所发生的物流，是全社会物流的整体，所以又称为大物流或宏观物流。这种社会性很强的物流往往是由专门的物流承担人承担的，社会物流的范畴是社会经济大领域。社会物流的一个标志是：它是伴随商业活动（贸易）发生的，也就是说，物流过程和所有权的更迭是相关的。

就物流科学的整体而言，可以认为主要研究的对象是社会物流。社会物资流通网络是国民经济的命脉，流通网络分布是否合理、渠道是否畅通至关重要。必须进行科学管理和有效控制，采用先进的技术手段，保证高效率、低成本运行，以期获得巨大的经济效益和社会效益。物流科学对宏观国民经济的重大影响是物流科学受到高度重视的主要原因。

2. 行业物流

同一行业的企业是市场上的竞争对手，但实际物流领域中常常互相协作，共同促进行业物流系统的合理化。例如，日本的建设机械行业提出的行业物流系统化的具体内容有：各种运输手段的有效利用；建设共同的零部件仓库，实行共同集中配送；建立信息及设备共享的共同流通中心；建立技术中心，共同培养操作人员和维修人员；统一建设机械的规格；等等。又如，在大量消费品方面采用统一传票、统一商品规格、统一法规政策、统一托盘规格、统一陈列柜和包装模数化等都是行业物流合理化的结果。

3. 企业物流

企业是社会提供产品或某些服务的经济实体。一个工厂，要购进原材料，经过若干工序的加工，形成产品销售出去。一个运输公司依据客户的要求将货物运送到指定地点。在企业经营范围内由生产或服务活动所形成的物流系统称为企业物流。从企业角度研究与之有关的物流活动，是具体的、微观的物流活动的典型领域。企业物流又可以区分为以下具体的物流活动。

（1）企业供应物流。企业为保证本身生产的节奏，不断组织原材料、零部件、燃料、辅助材料供应的物流活动，这种物流活动对企业生产的正常、高效进行起着重大作用。企业供应物流不仅是一个保证供应的目标，而且还是在以最低成本、最少消耗、最大的保证来组织供应物流活动的限定条件下，因此，就带来很大的难度。企业竞争的关键在于如何降低这一物流过程的成本，这可以说是企业物流的最大难点。为此，企业供应物流必须解决有效的供应网络问题、供应方式问题、零库存问题等。

（2）企业生产物流。企业生产物流是指企业在生产工艺中的物流活动。这种物流活动是与整个生产工艺过程伴生的，实际上已构成了生产工艺过程的一部分。企业生产过程的物流大体为：原料、零部件、燃料等辅助材料从企业仓库或企业的"门口"开始，进入生产线的开始端，再进一步随生产加工过程一个环节一个环节地流动，在流动的过程中，本身被加工，同时产生一些废料、余料，直到生产加工终结，再流至产成品仓库，便终结了企业生产物流过程。

（3）企业销售物流。企业销售物流是企业为保证本身的经营效益，不断伴随销售活动，将产品所有权转给用户的物流活动。在现代社会中，市场是一个完全的买方市场，因此，销售物流活动便带有极强的服务性，以满足买方的需求，最终实现销售。在这种市场前提下，销售往往以送达用户并经过售后服务才算终止，因此，销售物流的空间范围很大，这便是销售物流的难度所在。

（4）企业回收物流。企业在生产、供应、销售的活动中总会产生各种边角余料和废料，还有作为包装容器的纸箱、塑料筐、玻璃瓶等，这些东西回收是需要伴随物流活动的，而且，在一个企业中，回收物品处理不当，往往会影响整个生产环境，甚至影响产品质量，也会占用很大空间，造成浪费。目前我国冶金生产每年有 3000 万吨的废钢铁作为炼钢原料使用，也就是说，我国钢产量中有 30%以上是由回收的废钢铁重熔冶炼而成的。

（5）企业废弃物流。企业废弃物流是指对企业排放的无用物进行运输、装卸、处理等的物流活动。生产和流通系统中所产生的无用废弃物，如开采矿山时产生的土石、炼钢生产中的钢渣、工业废水以及其他一些无机垃圾等。这些废弃物如不妥善处理，不仅没有再利用的价值，而且会污染环境，有些还会妨碍生产的持续开展。正是对这类物资的处理才产生了废弃物流。一般来说，废弃物流没有经济效益，但社会效益较大。

**（二）按物流活动作用的空间范围分**

1. 区域物流

所谓区域物流，有不同的划分原则。首先，按行政区域划分，如西南地区、河北地区等；其次，按经济圈划分，如苏（州）（无）锡常（州）经济区、黑龙江边境贸易区；最后，按地理位置划分，如长江三角洲地区、河套地区等。

2. 国内物流

国家或相当于国家实体，是拥有自己的领土和领空的政治经济实体。它所制定的各项计划、法令政策都应该是为其自身的整体利益服务的。物流作为国民经济的一个重要方面，也应该纳入国家总体规划的内容。我国的物流事业是社会主义现代化事业的重要组成部分，我国物流系统的发展必须从全局着眼，对于部门分割、地区分割所造成的物流障碍应该清除。在物流系统的建设投资方面也要从全局考虑，使一些大型物流项目能尽早建成，为社会主义经济服务。国家整体物流系统化的推进，必须发挥政府的行政作用，具体来说有以下四个方面：

（1）物流基础设施的建设，如公路、高速公路、港口、机场、铁道的建设，以及大型物流基地的配置等。

（2）制定各种交通政策法规，如铁道运输、卡车运输、海运、空运的价格规定以及税收标准等。

(3) 与物流活动有关的各种设施、装置、机械的标准化，这是提高全国物流系统运行效率的必经之路。物流活动中各种票据的标准化、规格化也是重要的内容。

(4) 物流新技术的开发、引进以及对物流技术专门人才的培养。

3. 国际物流

当前世界的发展主流是国家与国家之间的经济交流越来越频繁，任何国家不投身于国际经济大协作的交流之中，本国的经济技术就得不到良好的发展。工业生产社会化和国际化，出现了许多跨国公司，一个企业的经济活动范畴可以遍布各大洲。国家之间、洲际之间的原材料与产品的流通越来越发达，因此，国际物流的研究已成为物流研究的一个重要分支。

## 五、物流术语

### (一) 基本概念

1. 物品（Article）

经济活动中涉及实体流动的物质资料。

2. 物流（Logistics）

物品从供应地向接收地的实体流动过程。根据实际需要，将运输、储存、装卸、搬运、包装、流通加工、配送、信息处理等基本功能实施有机结合。

3. 物流活动（Logistics Activity）

物流诸功能的实施与管理过程。

4. 物流作业（Logistics Operation）

实现物流功能时所进行的具体操作活动。

5. 物流模数（Logistics Modulus）

物流设施与设备的尺寸基准。

6. 物流技术（Logistics Technology）

物流活动中所采用的自然科学与社会科学方面的理论、方法，以及设施、设备、装置与工艺的总称。

7. 物流成本（Logistics Cost）

物流活动中所消耗的物化劳动和活劳动的货币表现。

8. 物流管理（Logistics Management）

为了以最低的物流成本达到用户所满意的服务水平，对物流活动进行的计划、组织、协调与控制。

9. 物流中心（Logistics Center）

从事物流活动的场所或组织，应基本符合以下要求：

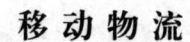

(1) 主要面向社会服务。
(2) 物流功能健全。
(3) 完善的信息网络。
(4) 辐射范围大。
(5) 少品种、大批量。
(6) 存储/吞吐能力强。
(7) 物流业务统一经营、管理。

10. 物流网络（Logistics Network）
物流过程中相互联系的组织与设施的集合。

11. 物流信息（Logistics Information）
反映物流各种活动内容的知识、资料、图像、数据、文件的总称。

12. 物流企业（Logistics Enterprise）
从事物流活动的经济组织。

13. 物流单证（Logistics Documents）
物流过程中使用的所有单据、票据、凭证的总称。

14. 物流联盟（Logistics Alliance）
两个或两个以上的经济组织为实现特定的物流目标而采取的长期联合与合作。

15. 供应物流（Supply Logistics）
为生产企业提供原材料、零部件或其他物品时，物品在提供者与需求者之间的实体流动。

16. 生产物流（Production Logistics）
生产过程中，原材料、在制品、半成品、产成品等，在企业内部的实体流动。

17. 销售物流（Distribution Logistics）
生产企业、流通企业出售商品时，物品在供方与需方之间的实体流动。

18. 回收物流（Returned Logistics）
不合格物品的返修、退货以及周转使用的包装容器从需方返回到供方所形成的物品实体流动。

19. 废弃物流（Waste Material Logistics）
将经济活动中失去原有使用价值的物品，根据实际需要进行收集、分类、加工、包装、搬运、储存等，并分送到专门处理场所时形成的物品实体流动。

20. 绿色物流（Environmental Logistics）
在物流过程中抑制物流对环境造成危害的同时，实现对物流环境的净化，使物流资料得到最充分利用。

21. 企业物流（Internal Logistics）

企业内部的物品实体流动。

22. 社会物流（External Logistics）

企业外部的物流活动的总称。

23. 军事物流（Military Logistics）

用于满足军队平时与战时需要的物流活动。

24. 国际物流（International Logistics）

不同国家（地区）之间的物流。

25. 第三方物流（Third-party Logistics）（TPL）

由供方与需方以外的物流企业提供物流服务的业务模式。

26. 定制物流（Customized Logistics）

根据用户的特定要求而为其专门设计的物流服务模式。

27. 虚拟物流（Virtual Logistics）

以计算机网络技术进行物流运作与管理，实现企业间物流资源共享和优化配置的物流方式。

28. 增值物流服务（Value-added Logistics Service）

在完成物流基本功能基础上，根据客户需要提供的各种延伸业务活动。

29. 供应链（Supply Chain）

生产及流通过程中，涉及将产品或服务提供给最终用户活动的上游与下游企业，所形成的网链结构。

30. 条码（Bar Code）

由一组规则排列的条、空及字符组成的，用以表示一定信息的代码。

31. 电子数据交换（Electronic Data Interchange，EDI）

通过电子方式，采用标准化的格式，利用计算机网络进行结构数据的传输和交换。

32. 有形消耗（Tangible Loss）

可见或可测量出来的物理性损失、消耗。

33. 无形消耗（Intangible Loss）

由于科学技术进步而引起的物品贬值。

（二）作业术语

1. 运输（Transportation）

用设备和工具，将物品从一地点向另一地点运送的物流活动。其中包括集货、分配、搬运、中转、装入、卸下、分散等一系列操作。

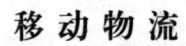

2. 联合运输（Combined Transport）

一次委托，由两家以上运输企业或用两种以上运输方式共同将某一批物品运送到目的地的运输方式。

3. 直达运输（Through Transport）

物品由发运地到接收地，中途不需要换装和在储存场所停滞的一种运输方式。

4. 中转运输（Transfer Transport）

物品由生产地运达最终使用地，中途经过一次以上落地并换装的一种运输方式。

5. 甩挂运输（Drop and Pull Transport）

用牵引车拖带挂车至目的地，将挂车甩下后，换上新的挂车运往另一个目的地的运输方式。

6. 集装运输（Containerized Transport）

使用集装器具或利用捆扎方法，把裸装物品、散粒物品、体积较小的成件物品，组合成为一定规格的集装单元进行的运输。

7. 集装箱运输（Container Transport）

以集装箱为单元进行货物运输的一种货运方式。

8. 门到门（Door-to-Door）

承运人在托运人的工厂或仓库整箱接货，负责运抵收货人的工厂或仓库整箱交货。

9. 整箱货（Full Container Load，FCL）

一个集装箱装满一个托运人同时也是一个收货人的工厂或仓库整箱交货。

10. 拼箱货（Less than Container Load，LCL）

一个集装箱装入多个托运人或多个收货人的货物。

11. 储存（Storing）

保护、管理、储藏物品。

12. 保管（Storage）

对物品进行保存及对其数量、质量进行管理控制活动。

13. 物品储存（Article Reserves）

储存起来以备急需的物品。有当年储存、长期储存、战略储备之分。

14. 库存（Inventory）

处于储存状态的物品。广义的库存还包括处于制造加工状态和运输状态的物品。

15. 经常库存（Cycle Stock）

在正常的经营环境下，企业为满足日常需要而建立的库存。

16. 安全库存（Safety Stick）

为了防止由于不确定性因素（如大量突发性订货、交货期突然延期等）而准备的缓冲库存。

17. 库存周期（Inventory Cycle Time）

在一定范围内，库存物品从入库到出库的平均时间。

18. 前置期（或提前期，Lead Time）

从发出订货单到收到货物的时间间隔。

19. 订货处理周期（Order Cycle Time）

从收到订货单到将所订货物发运出去的时间间隔。

20. 货垛（Goods Stack）

为了便于保管和装卸、运输，按一定要求分门别类堆放在一起的一批物品。

21. 堆码（Stacking）

将物品整齐、规则地摆放成货垛的作业。

22. 搬运（Handing/Carrying）

在同一场所内，对物品进行水平移动为主的物流作业。

23. 装卸（Loading and Unloading）

物品在指定地点以人力或机械装入运输设备或卸下。

24. 单元装卸（Unit Loading and Unloading）

用托盘、容器或包装物将小件或散装物品集成一定质量或体积的组合件，以便利用机械进行作业的装卸方式。

25. 包装（Package/Packaging）

为在流通过程中保护物品、方便储运、促进销售，按一定技术要求而采用的容器、材料及辅助物等的总体名称。也指为了达到上述目的而采用容器、材料和辅助物的过程中施加一定技术方法等的操作活动。

26. 销售包装（Sales Package）

又称内包装，是直接接触商品进入零售网点和消费者或用户直接见面的包装。

27. 定牌包装（Packing of Nominated Brand）

买方要求卖方在出口商品/包装上使用买方指定的牌名或商标的做法。

28. 中性包装（Neutral Packing）

在出口商品及其内外包装上都不注明生产国别的包装。

29. 运输包装（Transport Package）

以满足运输储存要求为主要目的的包装。它具有保障产品的安全，方便储运装卸，加速交接、点验等作用。

30. 托盘包装（Palletizing）

以托盘为承载物，将包装件或产品堆码在托盘上，通过捆扎、裹包或胶粘等方法加以固定，形成一个搬运单元，以便用机械设备搬运。

31. 集装化（Containerization）

用集装器具或采用捆扎方法，把物品组成标准规格的单元货件，以加快装卸、搬运、储存、运输等物流活动。

32. 散装化（Containerization）

用专门机械、器具进行运输、装卸的散装物品在某个物流范围内，不用任何包装，长期固定采用吸扬、抓斗等机械、器具进行装卸、运输、储存的作业方式。

33. 直接换装（Cross Docking）

物品在物流环节中，不经过中间仓库或站点，直接从一个运输工具换载到另一个运输工具的物流衔接方式。

34. 配送（Distribution）

在经济合理区域范围内，根据用户要求，对物品进行拣选、加工、包装、分割、组配等作业，并按时送达指定地点的物流活动。

35. 共同配送（Joint Distribution）

由多个企业联合组织实施的配送活动。

36. 配送中心（Distribution Center）

从事配送业务的物流场所或组织，应基本符合下列要求：主要为特定的用户服务；配送功能健全；完善的信息网络；辐射范围小；多品种、小批量；以配送为主，储存为辅。

37. 分拣（Sorting）

将物品按品种、出入库先后顺序进行分门别类堆放的作业。

38. 拣选（Order Picking）

按订单或出库单的要求，从储存场所选出物品，并放置指定地点的作业。

39. 集货（Goods Collection）

将分散的或小批量的物品集中起来，以便进行运输、配送的作业。

40. 组配（Assembly）

配送前，根据物品的流量、流向及运输工具的装载质量和容积，组织安排物品装载的作业。

41. 流通加工（Distribution Processing）

物品在从生产地到使用地的过程中，根据需要施加包装、分割、计量、分拣、刷标志、拴标签、组装等简单作业的总称。

42. 冷链（Cold Chain）

为保持新鲜食品及冷冻食品等的品质，使其在从生产到消费的过程中，始终处于低温状态的配有专门设备的物流网络。

43. 检验（Inspection）

根据合同或标准，对标的物品的品质、数量、包装等进行检查、验收的总称。

## 第二节　物流系统

### 一、物流系统的作用

物流系统是由运输、储存、包装、装卸、搬运、配送、流通加工、信息处理等各环节所组成的，它们也称为物流的子系统。作为系统的输入是输送、储存、搬运、装卸、包装、物流情报、流通加工等环节所消耗的劳务、设备、材料等资源，经过处理转化，变成全系统的输出，即物流服务。整体优化的目的就是要使输入最少，即物流成本最低，消耗的资源最少，而作为输出的物流服务效果最佳。作为物流系统服务性的衡量标准可以列举如下：

（1）对用户的订货能很快进行配送。
（2）接受用户订货时商品的在库率高。
（3）在运送中交通事故、货物损伤、丢失和发送错误少。
（4）保管中变质、丢失、破损现象少。
（5）具有能很好地实现运送、保管功能的包装。
（6）装卸搬运功能满足运送和保管的要求。
（7）能提供保障物流活动流畅进行的物流信息系统，能够及时反馈信息。
（8）合理的流通加工，以保证生产费、物流费之和最少。

这些系统之间存在着"效益悖反"，因而物流系统就是以成本为核心，按最低成本的要求，使整个物流系统化。也就是说，物流系统就是要调整各个分系统之间的矛盾，把它们有机地联系起来，使之成为一个整体，使成本变为最小，以追求和实现部门的最佳效益。这些制约关系如下：

（1）物流服务和物流成本间的制约关系。要提高物流系统的服务水平，物流成本往往也要增加。比如采用小批量即时运货制，要增加费用。要提高供货率即降低缺货率，必须增加库存即增加保管费。其相互制约关系如图2-4所示。

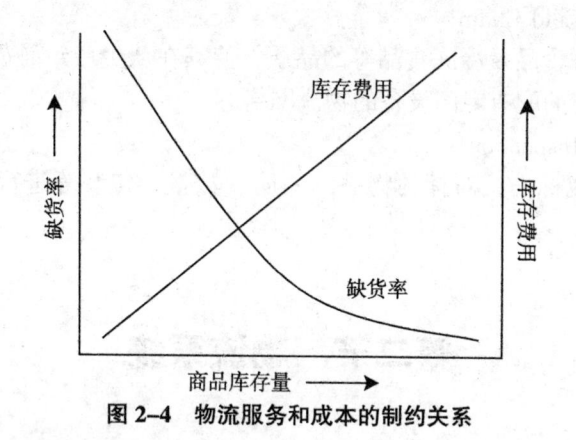

**图2-4 物流服务和成本的制约关系**

（2）构成物流服务子系统功能之间的约束关系。各子系统的功能如果不均匀，物流系统的整体能力将受到影响。如搬运装卸能力很强，但运输力量不足，会产生设备和人力的浪费；反之，如搬运装卸环节薄弱，车、船到达车站、港口后不能及时卸货，也会造成巨大的经济损失。

（3）构成物流成本的各个环节费用之间的关系。如为了降低库存采取小批量订货，则因运输次数增加而导致费用上升，运费和保管费之间有制约关系。

（4）各子系统的功能和所耗费用的关系。任何子系统功能的增加和完善必须投入资金。如信息系统功能的增加，必须购置硬件和开发计算机软件。增加仓库的容量和提高进出库速度，就要建设更大的库房并实现机械化、自动化。在实际中必须考虑在财力许可的范围内改善物流系统的功能。

如上所述的制约关系不胜枚举，在物流合理化过程中必须有系统观念，对这些相互制约的关系给予充分的注意。

## 二、物流系统的模式

系统是相对外部环境而言的，并且和外部环境的界限往往是模糊过渡的，所以严格地说，系统是一个模糊集合。

外部环境向系统提供劳动力、手段、资源、能量、信息，称为"输入"。系统以自身所具有的特定功能，将"输入"进行必要的转化处理活动，使之成为有用的产成品，供外部环境使用，称为系统的"输出"。输入、处理、输出是系统的三要素。如一个工厂输入原材料，经过加工处理，得到一定产品作为输出,这就称为生产系统。

外部环境因资源有限、需求波动、技术进步以及其他各种变化因素的影响,对系统加以约束或影响,称为环境对系统的限制或干扰。此外,输出的成果不一定是理想的,可能偏离预期目标,因此,要将输出结果的信息返回给输入,以便调整和修正系统的活动,这称为反馈。根据以上关系,系统的模式如图2-5所示。

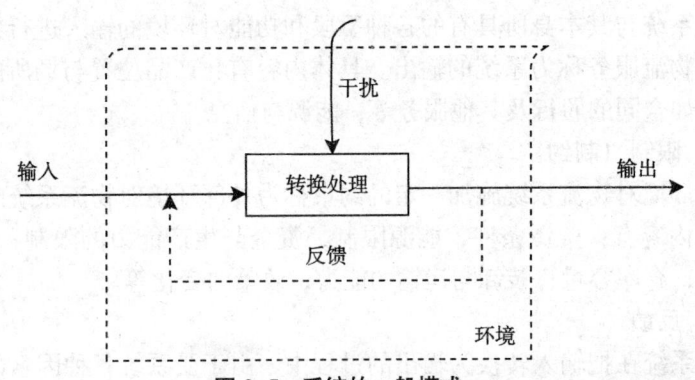

图2-5 系统的一般模式

物流系统同样具备输入、处理(转换)、输出、限制(制约)、反馈等功能,如图2-6所示。

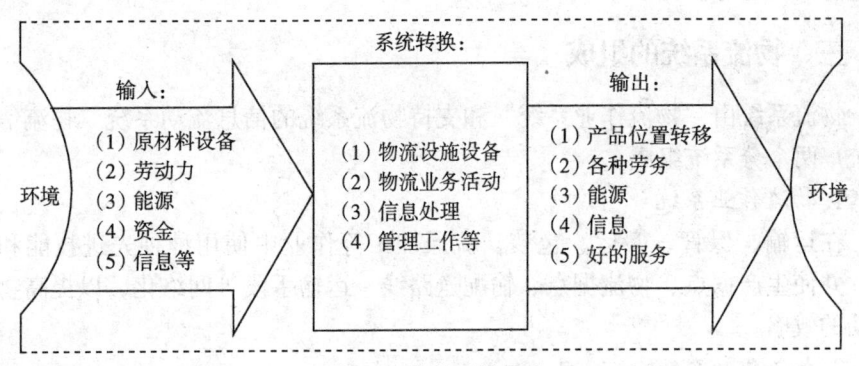

图2-6 物流系统模式

结合物流系统的性质,具体内容简述如下:

**(一) 输入**

输入也就是通过提供资源、能源、设备、劳动力等手段对某一系统发生作用,统称为外部环境对物流系统的输入。包括原材料、设备、劳动力、能源等。

## (二) 处理（转换）

它是指物流本身的转化过程。从输入到输出之间所进行的生产、供应、销售、服务等活动中的物流业务活动称为物流系统的处理或转换。具体内容有：物流设施设备的建设；物流业务活动，如运输、储存、包装、装卸、搬运等；信息处理及管理工作。

## (三) 输出

物流系统与其本身所具有的各种手段和功能对环境的输入进行各种处理后所提供的物流服务称为系统的输出。具体内容有：产品位置与场所的转移；各种劳务，如合同的履行及其他服务等；能源与信息。

## (四) 限制（制约）

外部环境对物流系统施加一定的约束称为外部环境对物流系统的限制和干扰。具体内容有：资源条件，能源限制，资金与生产能力的限制；价格影响，需求变化；仓库容量；装卸与运输的能力；政策的变化等。

## (五) 反馈

物流系统在把输入转换为输出的过程中，由于受系统各种因素的限制，不能按原计划实现，需要把输出结果返回给输入，进行调整，即使按原计划实现，也要把信息返回，以对工作做出评价，这称为信息反馈。信息反馈的活动包括：各种物流活动分析报告；各种统计报告数据；典型调查；国内外市场信息与有关动态等。

## 三、物流系统的组成

物流系统由"物流作业系统"和支持物流系统的信息流动系统（物流信息系统）两个分系统组成。

1. 物流作业系统

在运输、保管、搬运、包装、流通加工等作业中使用种种先进技能和技术，并使生产据点、物流据点、输配送路线、运输手段等网络化，以提高物流活动的效率。

2. 物流信息系统

在保证订货、进货、库存、出货、配送等信息通畅的基础上，使通信据点、通信线路、通信手段网络化，提高物流作业系统的效率。

物流系统化目的在于追求部门最佳效益，道理十分简单，但在这个问题上由于认识不足往往引起了许多问题。前文我们谈到，物流系统是以尽可能低廉的价格，提供尽可能优良服务的机制。这里，这种"尽可能优良的物流服务"，正是物流系统化的前提条件。即在物流服务水平决定之后，物流的方式也会随之改变。

不仅物流各部门和各功能之间存在"效益悖反"，物流成本与物流服务之间也存在"效益悖反"。一般来说，提高物流服务，物流成本即上升，成本与服务之间受"收获递减法则"的支配。

一般来说，物流服务与成本的关系有以下四个方面：

（1）在物流服务不变的前提下考虑降低成本。不改变物流服务水平，通过改变物流系统来降低物流成本，这是一种尽量降低成本来维持一定服务水平的办法，亦即追求效益的办法。

（2）为提高物流服务，不惜增加物流成本。这是许多企业提高物流服务的做法，是企业在特定顾客或其特定商品面临竞争时所采取的具有战略意义的做法。

（3）积极的物流成本对策，即在成本不变的前提下提高服务水平。在给定成本的条件下提高服务质量。这是一种追求效益的办法，也是一种有效地利用物流成本性能的办法。

（4）用较低的物流成本，实现较高的物流服务。这是增加销售、增加效益，具有战略意义的办法。

以上办法，企业究竟如何选择，应通盘考虑下述各方面的情况后再做决定。通盘考虑商品战略和地区销售战略；通盘考虑流通战略和竞争对手；通盘考虑物流成本、物流系统所处的环境，以及物流系统负责人所采用的方针；等等。

实现物流系统化应遵循以下三个原则：

（1）应充分考虑企业的经营方针、销售战略、生产战略、行业环境、商业范围、商品特性、流通渠道、竞争对手以及与全社会有关的环境保护、节能问题、劳动力状况等社会环境。

（2）企业还应从物流所处的环境，企业的物流观念以及物流与采购、生产、销售等部门的关系等层面加以把握。企业应清楚地了解物流体制，特别是物流部门的现状、物流据点（库存据点、配送据点）怎样运输、信息的情况如何等。

（3）企业应明确物流在企业内所占的地位、作用以及经营决策层的方针。为实现物流系统化，企业需要标准化、规模化、计划化、一体化、信息化、简单化，为彻底消除浪费，提高效率，特别要注意提高物流活动的软件、硬件两个方面的"标准化"程度，并使其呈螺旋形提高。企业容易把物流系统化看成是物流专业人员参加的底层活动的物流改良运动，这其实是一种改良主义的观点，即IE观点、"工业工程"的观点。为了实现物流系统化，应该从革新的角度建立一种有效的、理想的物流机制。

## 四、物流系统化的目标与内容

物流是指从生产供应到消费资料废弃的一个范围很广的系统。这里主要就其中有关从生产到消费的范畴来研究所谓物流系统化问题，即把物流的各个环节（子系统）联系起来看成一个物流大系统进行整体设计和管理，以最佳的结构、最好的配合，充分发挥其系统功能、效率，实现整体物流合理化。

### （一）物流系统化的目标

1. 服务性（Service）

在为用户服务方面要求做到无缺货、无货物损伤和丢失等现象，且费用便宜。

2. 快捷性（Speed）

要求把货物按照用户指定的地点和时间迅速送到。为此可以把物流设施建在供给地区附近，或者利用有效的运输工具和合理的配送计划等手段。

3. 有效地利用面积和空间（Space Saving）

虽然我国土地费用比较低，但也在不断上涨。特别是对城市市区面积的有效利用必须加以充分考虑。应逐步发展立体化设施和有关物流机械，以达到空间的有效利用。

4. 规模适当化（Scale Optimization）

应该考虑物流设施集中与分散的问题是否适当，机械化与自动化程度如何合理利用，情报系统的集中化所要求的电子计算机等设备的利用等。

5. 库存控制（Stock Control）

库存过多则需要更多的保管场所，而且会产生库存资金积压，造成浪费。因此，必须按照生产与流通的需求变化对库存进行控制。

上述物流系统化的目标简称为"5S"，要发挥以上物流系统化的效果，就要进行研究，把从生产到消费过程的货物量作为一贯流动的物流量看待，依靠缩短物流路线，使物流作业合理化、现代化，从而降低其总成本。

### （二）物流系统设计要素

在进行研究中需要以下几个方面的基本数据：

（1）所研究商品（Products）的种类、品目等。

（2）商品的数量（Quantity）多少，年度目标的规模、价格。

（3）商品的流向（Route），生产厂、配送中心、消费者等。

（4）服务（Service）水平，速达性、商品质量的保持等。

（5）时间（Time），即不同的季度、月、周、时业务量的波动、特点。

（6）物流成本（Cost）。

以上 P、Q、R、S、T、C 称为物流系统设计有关基本数据的六个要素。这些数据是物流系统设计中必须具备的。

### (三) 物流系统化的特点

**1. 大量化**

随着消费的多样化，产品的多品种化，多数顾客往往要求频繁地订货预约，迅速交货。在接受订货的企业中，因为要尽可能地使发货的批量变大，采取最低限额订购制，以期降低成本。

大型超市、百货店，从制造厂或批发商那里进货，把向各店铺个别交货的商品，由中间区域设置的配送中心集中起来，再大批量地送往各店铺，并按照顾客的订货量，采用减价供货制。

**2. 共同化**

主要在同一地区或同一业种的企业中，谋求物流共同化的情况比较多，尤其在大城市，由于交通过密，运输效率大大降低，积极参加共同配送的企业越来越多，各种销售业，面向百货店、大型超市的共同配送的例子不胜枚举。不少小规模的企业，也共同出资建立"共同配送中心"，全面地使装卸、保管、运输、信息等物流功能协作化。

**3. 短路化**

过去，很多企业的商品交易过程是按照制造厂→一次批发→二次批发→零售商→消费者的渠道进行的，商品经由的各个阶段都有仓库。现在，销售物流可以不经由中间阶段，而直接把商品从制造厂送至二次批发或零售商，甚至直接送到客户手里，使物流路线缩短，减少了商品的移动速度，压缩了库存量。

**4. 自动化**

企业在过去的运输、装卸、配送、保管、包装等物流功能中，引进了各种机械化、自动化的技术。在运输等方面，由于运用托盘、集装箱而发展起来的单位载荷制，以及提高货物分拣机械化水平的技术；在保管方面，由于高层货架仓库发展为自动化仓库，大大提高了保管的效率。

**5. 信息化**

物流系统中的信息系统是指企业从订货到发货的信息处理结构。在企业活动中，信息是控制生产和销售系统相结合的物流作业系统的组成部分，因此，物流信息的系统化、效率化是物流系统化必不可少的条件。

在我国，由于物流业起步较晚，观念滞后，加之硬件老化、体制落后，难以形成信息化、规模化的现代物流模式。虽然近年来关于物流的理论探讨和实践经验颇多，但很少有人将其与电子商务结合起来进行，探讨如何卓有成效地在电子商务中开展物流活动。然而，随着电子商务在我国的推广，传统的物流模式已难以满足新型商务活动的需求,如何将传统的物流模式转化为电子商务下的新型物流模式已成为我们面临的一个崭新课题。

## 五、物流系统分析

### (一) 物流系统分析的概念

物流系统是多种不同功能要素的集合。各要素相互联系、相互作用,形成众多的功能模块和各级子系统,使整个系统呈现多层次结构,体现出固有的系统特征。对物流系统进行系统分析,可以了解物流系统各部分的内在联系,把握物流系统行为的内在规律性。

物流系统分析是从系统的最优出发,在选定系统目标和原则的基础上,分析构成系统的各级子系统的功能和相互关系,以及系统同环境的相互影响;运用科学的分析工具和方法,对系统的目的、功能、环境、费用和效益进行充分的调研、收集、比较、分析和数据处理,并建立若干替代方案和必要的模型,进行系统仿真试验;把试验、分析、计算的各种结果同早先制订的计划进行比较和评价,寻求使系统整体效益最佳和有限资源配备最佳的方案,为决策者的最后决策提供科学依据和信息。

物流系统分析的目的在于通过分析比较各种替代方案的有关技术经济指标,得出决策者形成正确判断所必需的资料和信息,以便获得最优系统方案。物流系统分析的目的如图 2-7 所示。

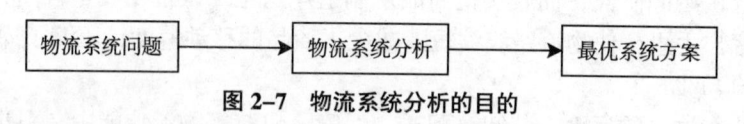

物流系统问题 → 物流系统分析 → 最优系统方案

图 2-7 物流系统分析的目的

物流系统分析所涉及的问题范围很广,如搬运系统、系统布置、物流预测、生产—库存系统等。由于系统分析需要的信息量大,为了准确地收集、处理、分析、汇总、传递和储存各种信息,要应用多种数理方法和计算机技术,这样才能分析比较实现不同系统目标和采用不同方案的效果,为系统评价和系统设计提供足够的信息和依据。

在说明物流系统分析在系统建立过程中的作用之前,先来看一下物流系统分析所处的位置是很有必要的。

由图 2-8 可知,整个系统的建立过程可以分为物流系统规划、物流系统设计和物流系统实施三个阶段。

第一阶段为物流系统规划阶段。在此阶段中,主要的任务是定义物流系统的概念,明确建立物流系统的必要性,在此基础上明确目的和确定目标。同

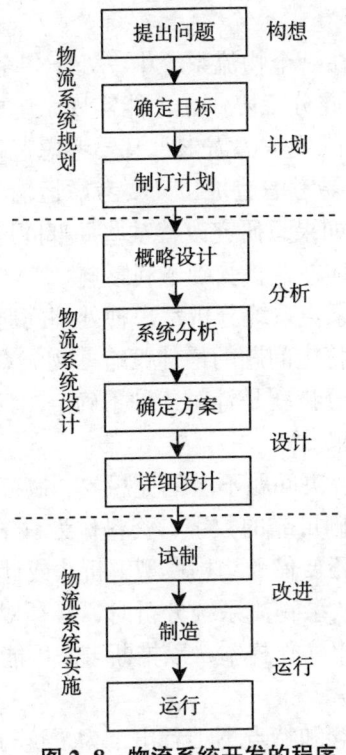

```
物流系统规划 ┤ 提出问题     构想
              确定目标
              制订计划     计划
              - - - - - -
物流系统设计 ┤ 概略设计
              系统分析     分析
              确定方案
              详细设计     设计
              - - - - - -
物流系统实施 ┤ 试制
              制造         改进
              运行         运行
```

图 2-8　物流系统开发的程序

时，提出物流系统应具备的环境条件和约束条件。

　　第二阶段为物流系统设计阶段。在此阶段中，首先是对物流系统进行概略设计，其内容主要是制订各种替代方案。其次进行物流系统分析，分析的内容包括目的、替代方案、费用、效益、模型和评价标准等。在物流系统分析的基础上确定物流系统设计方案，据此对物流系统进行详细设计。

　　第三阶段为物流系统实施阶段。在此阶段中，首先，对物流系统设计中一些与系统有关的关键项目进行试验和试制，在此基础上进行必要的改进；其次，正式投入运行。

　　由此可见，物流系统分析在整体系统建立过程中处于非常重要的地位，它起到承上启下的作用，特别当物流系统中存在着不确定因素或相互矛盾的因素时更需要通过物流系统分析来保证，只有这样，才能避免技术上的大量返工和经济上的重大损失。

　　1. 物流系统分析的特点

　　物流系统分析是以系统整体效益为目标，以寻求解决特定问题的最优策略为重点，运用定性分析方法和定量分析方法，给决策者以价值判断，以求得有利的决策。

（1）以整体为目标。在一个物流系统中，处于各个层次的物流分系统都具有特定的功能及目标，彼此分工协作，才能实现系统整体的共同目标。比如，在物流系统布置设计中，既要考虑需求，又要考虑运输、储存、设备选型等；在选择厂（库）址时，既要考虑造价，又要考虑运输、能源消耗、环境污染、资源供给等因素。因此，如果只研究改善某些局部问题，而其他分系统被忽略或不健全，则物流系统整体效益将受到不利影响。

（2）以特定问题为对象。系统分析是一种处理问题的方法，有很强的针对性，其目的在于寻求解决特定问题的最佳策略。物流系统中的许多问题都含有不确定因素，而物流系统分析就是针对这种不确定的情况，研究解决问题的各种方案及其可能产生的结果。

（3）运用定量方法。解决问题不应单凭想象、臆断、经验和直觉。在许多复杂的情况下，需要有精确可靠的数字、资料作为科学决断的依据。有些情况下利用数字模型有困难，还要借助结构模型解析法或计算机模型。

（4）凭借价值判断。从事物流系统分析时，必须对某些事物作某种程度的预测，或者用过去发生的事实作样本，以推断未来可能出现的趋势或倾向。

2. 物流系统分析的要素

从物流系统分析的概念和特点不难看出，为了进行物流系统分析，通常应考虑下列五个要素：

（1）目标。目的和要求是物流系统分析的首要工作，正确获得决定最优。系统方案所需的各种有关信息，要充分了解建立系统的目的和要求。系统的目的和要求既是建立系统的依据，也是系统分析的出发点。

（2）替代方案。替代方案是选优的前提，没有足够数量的方案就没有优化。在分析阶段，可以制定若干能达到已经确定的目的和要求的系统替代方案。例如，建立一个车间物流搬运系统，可以采用辊道、输送机、叉车或无人搬运车等不同的替代方案。

（3）模型。建立各种模型，可以在尚未建立系统之前就能预测系统的有关功能和相应的技术参数，作为系统设计的基础或依据。另外，根据需要建立的模型，可以用来预测各替代方案的性能、费用和效益，以利于方案的分析和比较。在物流系统中，多采用数字模型和逻辑模型，以确定各要素之间的定量关系和逻辑关系。图2-9是描述企业生产经营活动的逻辑模型，体现出从原材料转变为成品、从成品储存到销售过程，以及整个过程核算之间的逻辑关系。

（4）费用和效益。建立一个大系统，需要有大量的投资费用，而一旦系统建成后可以获得一定的效益。一般来说，效益大于费用的设计方案是可取的，

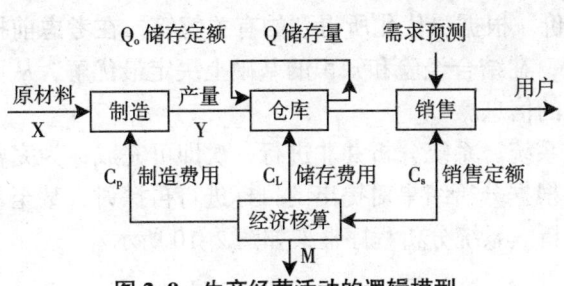

图 2-9　生产经营活动的逻辑模型

反之是不可取的。总之，在多数情况下，费用和效益的分析与比较是决定方案取舍的一个重要因素。

（5）评价标准。所谓评价标准就是确定各种替代方案优先选用顺序的标准。评价准则一般根据系统的具体情况而定，但准则都要求具有明确性、可计量性和适当的灵敏度。

（二）物流系统分析的过程

系统分析没有固定的方法和程序，大致可以按照下面的过程进行。

（1）界定问题的范围。进行系统分析，首先，要明确问题的性质，界定问题的范围。通常，问题是在一定的外部环境作用和系统内部发展的需要中产生的，这不可避免地带有一定的本质属性并限定了其存在范围。只有明确了问题的性质范围后，系统分析才能有可靠的起点。其次，要研究问题要素、要素间的相互关系以及同环境的关系等，把问题界限进一步划清。

（2）确定目标。为了解决问题，要确定具体的目标。目标通过某些指标来表达，标准则是衡量目标达到的尺度。系统分析是针对所提出的具体目标而展开的，由于实现系统功能的目的是靠多方面因素来保证的，因此系统目标也必然有若干个。如物流系统的目标包括物料费用、服务水平，即以低的物流费用获得好的服务水平，以确保物流系统整体效益最大。总目标是通过各子系统的功能活动来实现的。

（3）收集资料，提出方案。建立模型或拟订方案都必须有资料作为依据，方案的可行性论证更需要有精确可靠的数据，为系统分析做好准备。收集资料通常多借助于调查、实验、观察、记录以及引用外国资料等方式。

（4）建立模型。所谓建立模型就是找出说明系统功能的主要因素及其相互关系。由于表达方式和方法的不同，模型有图式模型、模拟模型、数字模型之分。通过模型的建立，可确认影响系统功能和目标的主要因素及其影响程度。

（5）系统的最优化。系统的最优化是运用最优化的理论和方法，对若干替代方案的模型进行仿真和优化计算，求出几个替代解。

（6）综合评价。根据最优化所得到的有关解答，在考虑前提条件、假定条件和约束条件后，在结合经验和知识的基础上决定最优解，从而为选择最优系统方案提供足够的信息。

对于复杂的系统，系统分析并非进行一次即可完成；为完善修订方案中的问题，有时需要根据分析结果对提出的目标进行再探讨，甚至重新界定问题范围后再做系统分析。系统分析程序框架如图 2-10 所示。

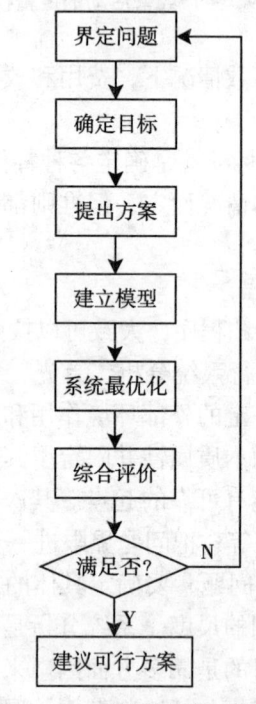

图 2-10　系统分析程序框架

## 第三节　物流要素

一、运输

（一）运输的作用及意义

运输的任务是对物资进行较长距离的空间移动。物流部门通过运输解决物资在生产地点和需要地点之间的空间距离问题，从而创造商品的空间效益，实现其使用价值，以满足社会需要。运输是物流的中心环节之一，可以说是物流最重要的一个功能。运输在经济上的作用是扩大了经济作用范围和在一定的经济范围内促进物价的平均化。现代化大生产的发展，社会分工越来越细，产品种类越来越多，无论是原材料的需求还是产品的输出量，都大幅度上升，区域之间的物资交换更加频繁，这就促进了运输业的发展和运输能力的提高，所以产业的发展促进了运输技术的革新和运输水平的提高。反之，运输手段的发达也是产业发展的重要支柱。

### （二）运输方式及特点

陆地、海洋和天空都可以作为运输活动的空间，运输的主要方式有以下五种：

1. 铁道运输

它是陆地长距离运输的主要方式。由于其货车在固定轨道线路上行驶，可以自成系统，不受其他运输条件的影响，按时刻表运行。还有轨道行驶阻力小、不需频繁地启动制动、可重载高速运行及运输单位大等优点，从而使运费和劳务费降低。但由于在专用线路上行驶，而且车站之间距离比较远，缺乏机动性，此外，运输的起点和终点常常需要汽车进行转运，增加了搬运次数。

铁道运输车辆主要有机车和货车车厢两种，用煤炭为动力的蒸汽机车已属淘汰产品，目前正由内燃机车向电汽机车发展。货车车厢随用途而异，也有不同种类，如油罐车、集装箱车等。

2. 汽车运输

它是最普及的一种运输方式。其最大优点是空间和时间方面具有充分的自由性，不受路线和停车站的约束，只要没有特别障碍（如壕沟、过窄的通道等），汽车都可以到达。因此，可以实行从发货人到收货人之间门对门直达输送。由于减少了转运环节，货物包装可以简化，货物损伤、丢失和误送的可能性很小。

购置汽车费用有限，一般企业都可以实现。自行运输和委托运输可以同时进行，由于自备车有充分的机动性，使用非常方便。

汽车运输的运输单位小，运输量和汽车台数与操作人员数成正比，产生不了大批量输送的效果。动力费和劳务费较高，特别是长距离输送中缺点较为显著。此外，由于在运行中司机自由意志起主要作用，容易发生交通事故，对人身、货物、汽车本身造成损失。由于汽车数量的增多，产生交通堵塞，使汽车运行困难，同时产生的废气、噪声也造成了环境污染。

### 3. 船舶运输

船舶运输有海运和内河航运两种。利用水路运送货物，在大批量和远距离的运输中价格便宜，可以运送超大型和超重物。运输线路主要利用自然的海洋与河流，不受道路的限制，在隔海的区域之间是代替陆地运输的必要方式。

水上航行的速度比较慢，航行周期长，海上运输有时以几个月为周期。此外，易受天气影响，航期不能保证，建设港湾也要花费高额费用。

船舶按用途分类有专用船（如油轮、矿石船、冷冻船等），还有混装船、集装箱船；按装卸货物的方式有载货车辆可以直接开到船上的滚装船；还有无自行能力的船舶等。

### 4. 航空运输

航空运输的主要优点是速度快。因为时间短，货物损坏少，特别适合一些保鲜物品的输送。

航空运输的费用高，离机场距离比较远的地方利用价值不大。

客运飞机可以利用下部货仓运送少部分货物。但是随着空运货物的增加，出现了专用货运机，采用单元装载系统，缩短装卸时间，保证了"快"的特色。

### 5. 管道运输

自来水和城市的煤气的输配送是与人们生活最密切相关的管道运输。它的主要优点是：基本没有运动部件，维修费便宜。管道一旦建成，可以连续不断地输送大量物资，不费人力，运输成本低。管道铺设可以不占用土地或占地较少。此外，具有安全、事故少、公害少等优点。

管道运输的缺点是：在输送地点和输送对象方面具有局限性，一般适用于气体、液体，如天然气、石油等。但是也发展到粉粒体的近距离输送，如粮食、矿粉等，并且还研究了将轻便物体放在特定的密封容器内，在管道内利用空气压力进行输送，如书籍文件、实验样品的输送。随着技术的进步，输送对象的范围在不断扩大。

管道的铺设有地面、地下和架空安装等方式。必要时中途要采用保温、加热、加压等措施，以保证管道的畅通。

## 二、储存

### （一）储存的作用和意义

储存（仓储）在物流系统中起着缓冲、调节和平衡的作用，是物流的另一个中心环节。保管的目的是克服产品生产与消费在时间上的差异，使物资产生时间上的效果。它的内容包括储存、管理、保养、维护等活动。如水稻一年收获1~2次，必须用仓库进行储存以保证平时的需要。又如水果或者鱼、虾等水产品在丰收时需要在冷藏库进行保管，以保证市场的正常需要并防止价格大幅度起落。所以产品从生产领域进入消费领域之前，往往要在流通领域停留一定时间，这就形成了商品储存。

（二）仓库的机能

自人类社会生产有剩余产品以来，就有储存活动，储存物品的建筑物或场所，一般称为仓库。随着社会生产水平的提高，社会化生产方式的出现，产品空前丰富，商品经济占有重要地位，出现了为商品流通服务的仓库。仓库成为生产和消费领域中物资集散的中心环节，其功能已不单纯是保管、储存。从现代物流系统观点来看，仓库应具有以下功能：

1. 储存和保管的功能

这是仓库最基本的传统功能，因此，仓库应具有必要的空间用于容纳物品。库容量是仓库的基本参数之一。保管过程中应保证物品不丢失、不损坏、不变质。要有完善的保管制度，合理使用搬运机具，有正确的操作方法，在搬运和堆放时不能碰坏或压坏物品。

根据所储存货物的特性，仓库里应配有相应的设备，以保持储存物品的完好性。例如，对水果、鱼肉类仓库要控制其温度，使之成为冷藏仓库及冷冻仓库；储存精密仪器的仓库应防潮防尘，保持温度恒定，需要空气调节及恒温设备；一些储存挥发性溶剂的仓库必须有通风设备，以防止空气中挥发性物质含量过高而引起爆炸。

2. 调节供需的功能

从生产和消费两个方面来看，其连续性的规律都是因产品不同而异。因此，生产节奏和消费节奏不可能完全一致。有的产品生产是均衡的，而消费不是均衡的，如电风扇等季节性商品；相反，有的产品生产节奏有间隔，而消费则是连续的，如粮食。这两种情况都产生了供需不平衡，这就要有仓库的储存作为平衡环节加以调控，使生产和消费协调起来，这也体现出物流系统创造物资时间效用的基本职能。

3. 调节货物运输能力的功能

各种运输工具的运量相差很大，船舶的运量大，海运船一般是万吨以上，内河船也以百吨或千吨计。火车的运量较小，每节车皮能装 30~60 吨，一列火车的运量多达数千吨。汽车的运量最小，一般每车只有 4~10 吨。它们之间进行转运时，运输能力是很不匹配的，这种运力的差异也是通过仓库或货场进行调节和衔接的。

4. 配送和流通加工的功能

现代仓库以保管储存为主要任务之外，还向流通仓库的方向发展，仓库形成流通、销售、零部件供应的中心，其中一部分在所属物流系统中起着货物供应的组织协调作用，被称为物流中心。这一类仓库不仅具备储存保管货物的设施，而且增加了分拣、配送、捆包、流通加工信息处理等设置，这样既扩大了仓库的经营范围，提高了物资综合利用率，又促进了物流合理化，方便了消费者，提高了服务质量。

我国目前保管型仓库还是大多数，而具备流通中心作用的仓库还很少，但随着国民经济的发展和物流系统总体水平的提高，仓储业的现代化是指日可待的。

## 三、配送

### （一）配送的意义

物流配送，即从商品流通的经营方式看的一种商品流通方式，是一种现代的流通方式。

### （二）配送的功能要素

**1. 备货**

配送的准备工作或基础工作，备货工作包括筹集货源、订货或购货、集货、进货及有关的质量检查、结算、交接等。配送的优势之一，就是可以集中用户的需求进行一定规模的备货。备货是决定配送成败的初期工作，如果备货成本太高，会大大降低配送的效益。

**2. 储存**

配送中的储存有储备及暂存两种形态。

配送储备是按一定时期的配送经营要求，形成的对配送的资源保证。这种类型的储备数量较大，储备结构也较完善，视货源及到货情况，可以有计划地确定周转储备及保险储备结构及数量。配送的储备保证有时在配送中心附近单独设库解决。

暂存是具体执行日配送时，按分拣、配货要求，在理货场地所做的少量储存准备。由于总体储存效益取决于储存总量，所以，这部分暂存数量只会对工作方便与否造成影响，而不会影响储存的总效益，因而在数量上控制并不严格。

还有另一种形式的暂存，即分拣、配货之后，形成的发送货物的暂存，这个暂存主要是调节配货与送货的节奏，暂存时间不长。

**3. 分拣及配货**

配送不同于其他物流形式的有特点的功能要素，也是配送成败的一项重要支持性工作。分拣及配货是完善送货、支持送货准备性工作，是不同配送企业在送货时进行竞争和提高自身经济效益的必然延伸。

4. 配装

在单个用户配送数量不能达到车辆的有效载运负荷时，就存在如何集中不同用户的配送货物，进行搭配装载以充分利用运能、运力的问题，这就需要配装；和一般送货不同之处在于，通过配装送货可以大大提高送货水平及降低送货成本。

5. 配送运输

配送运输属于运输中的末端运输、支线运输，和一般运输形态主要区别在于，配送运输是较短距离、较小规模、额度较高的运输形式，一般使用汽车做运输工具。

6. 送达服务

配好的货运输到用户还不算配送工作的完结，这是因为送达货和用户接货往往还会出现不协调，使配送前功尽弃。

7. 配送加工

在配送中，配送加工这一功能要素不具有普遍性，但是往往是有重要作用的功能要素。主要原因是通过配送加工，可以大大提高用户的满意程度。

## 四、搬运装卸

### （一）搬运装卸的意义

搬运装卸是指在同一地域范围内进行的、以改变物的存放状态和空间位置为主要内容和目的的活动，具体地说，包括装上、卸下、移送、拣选、分类、堆垛、入库、出库等活动。装卸搬运是伴随输送和保管而产生的必要的物流活动，但是和运输产生空间效用和保管产生时间效用不同，它本身不产生任何价值。但这并不说明搬运装卸在物流过程中不占有重要地位，物流的主要环节，如运输和存储等是靠装卸、搬运活动联结起来的，物流活动其他各个阶段的转换也要通过装卸搬运联结起来，由此可见，在物流系统的合理化中，装卸和搬运环节占有重要地位。装卸、搬运不仅发生次数频繁，而且其作业内容复杂，又是劳动密集型、耗费人力的作业，它所消耗的费用在物流费用中也占有相当大的比重。据统计，俄罗斯经铁路运输的货物少则有 6 次，多则有几十次装卸搬运，其费用占运输总费用的 20%~30%。装卸搬运活动频繁发生，作业繁多，这也是产品损坏的重要原因之一。

### （二）搬运装卸作业的构成

搬运装卸作业有对输送设备（如辊道、车辆）的装入、装上和取出、卸下作业，也有对固定设备（如保管货架等）的出库、入库作业。

1. 堆放、拆垛作业

堆放（装上、装入）作业是指把货物移动或举升到装运设备或固定设备的指定位置，再按所要求的状态放置的作业；拆垛（卸下、卸出）作业则是其逆向作业。

2. 分拣、配货作业

分拣作业是在堆垛作业前后或配送作业之前把货物按品种、出入先后、货流进行分类，再放到指定地点的作业。配货作业则是把货物从所定的位置按品种、下一步作业种类、发货对象进行分类的作业。

3. 搬送、移送作业

搬送、移送是为了进行装卸、分拣、配送活动而发生的移动物资的作业。包括水平、垂直、斜行搬送，以及几种组合的搬送。

## 五、包装

### （一）包装的作用

无论是产品还是材料，在搬运输送以前都要加以某种程度的包装捆扎或装入适当容器，以保证产品完好地运送到消费者手中，所以包装被称为生产的终点，同时也是社会物流的起点。

包装的作用是保护物品，使物品的形状、性能、品质在物流过程中不受损坏。通过包装还使物品形成一定的单位，作业时便于处置。此外，由于包装使得物品醒目、美观，可以促进销售。

### （二）包装的种类

1. 单个包装

它也称为小包装，是物品送到使用者手中的最小单位。用袋或其他容器对物体的一部分或全部包裹起来的状态，并且印有作为商品的标记或说明等信息资料。

2. 内包装

它是将物品或单个包装，或一至数个归整包装，或置于中间容器中，为了对物品及单个包装起保护作用，中间容器内有时采用一定措施。

3. 外包装

基于物品输送的目的，要起到保护作用并且考虑输送、搬运作业方便，一般置入箱、袋之中，根据需要对容器有缓冲防震、固定、防温、防水的技术措施要求。一般外包装有密封、增强功能，并且有相应的标识说明。

## 六、流通加工

### （一）流通加工的概念

在流通过程中辅助性的加工活动称为流通加工。流通与加工的概念本属于不同范畴。加工是改变物质的形状和性质、形成一定产品的活动；流通是改变物质的空间状态与时间状态。流通加工是为了弥补生产过程加工不足，更有效地满足用户或本企业的需要，使产、需双方更好地衔接，将这些加工活动放在物流过程中完成，而成为物流的一个组成部分，流通加工是生产加工在流通领域的延伸，也可以看成流通领域为了更好地服务，在职能方面的扩大。

### （二）流通加工的形式

（1）为了运输方便，如铝制门窗框架、自行车、缝纫机等若在制造厂装配成完整的产品，在运输时将耗费很高的运输费用。一般都是把它们的零部件，如铝制门窗框架的杆材、自行车车架和车轮分别集中捆扎或装箱，到达销售地点或使用地点以后，再分别组装成成品，这样既方便运输又经济，作为加工活动的组装环节是在流通过程中完成的。

（2）由于用户需要的多样化，必须在流通部门按照顾客的要求进行加工，如平板玻璃以及铁丝等，在商店根据顾客所需要的尺寸临时配置。

（3）为了综合利用，在流通中将货物分解，分类处理。猪肉和牛肉等在食品中心进行加工，将肉、骨分离，其中肉占65%左右，向零售店输送时就能大大提高输送效率。骨头则送往饲料加工厂，制成骨粉加以利用。

## 七、物流信息

### （一）物流信息的概念和作用

物流活动进行中必要的信息称为物流信息。所谓信息是指能够反映事物内涵的知识、资料、信息、情报、图像、数据、文件、语言、声音等。信息是事物的内容、形式及其发展变化的反映。因此，物流信息和运输、仓储等各个环节都有密切关系，在物流活动中起着神经系统的作用。加强物流信息的研究才能使物流成为一个有机系统，而不是各个孤立的活动。一些物流技术发达的国家都把物流信息工作作为改善物流状况的关键而给予充分的注意。

### （二）信息流和物流的分离

物流信息已向系统化发展，信息流和物流分离是其发展的一个特征，如图2-11所示。

图2-11（a）中，发货票随货物发送，货物发出后无论发出单位还是收货单位都可能对货物的中间状态不了解，而图2-11（b）通过统一的信息系统，

移动物流

(a) 信息流和物流一致　　　　　(b) 信息流和物流分离

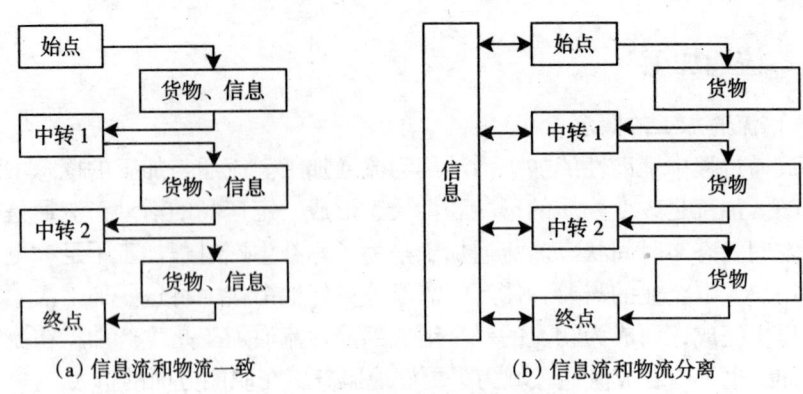

图 2-11　信息流和物流的分离

货物的运送状况各站均可及时了解。信息的传递必须通过一定的载体，并为其所接收，在此之后，还要经过传输处理、分析等，使其发挥应有作用。现代化物流信息系统广泛利用电子计算机技术，特别是为了充分发挥电子计算机信息量大、处理速度快等优点，已普遍采用电子计算机网络系统来管理物流信息。

（三）物流信息系统的结构

从垂直方向看，物流信息系统可以划分为三个层次，即管理层、控制层和作业层；而从水平方向看，信息系统贯穿供应物流、生产物流、销售物流、回收和废弃物流的运输、仓储、搬运装卸、包装、流通加工等各个环节，如图 2-12 所示，呈金字塔结构。可见，物流信息系统是物流领域的神经网络，遍布物流系统的各个层次、各个方面。

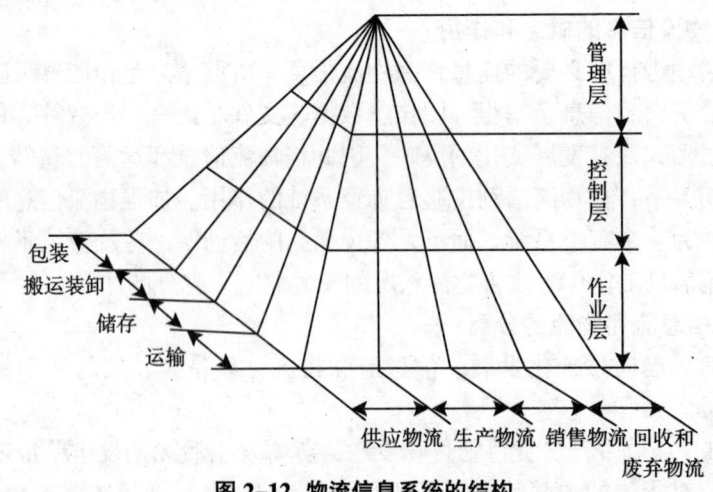

图 2-12　物流信息系统的结构

## 移动物流

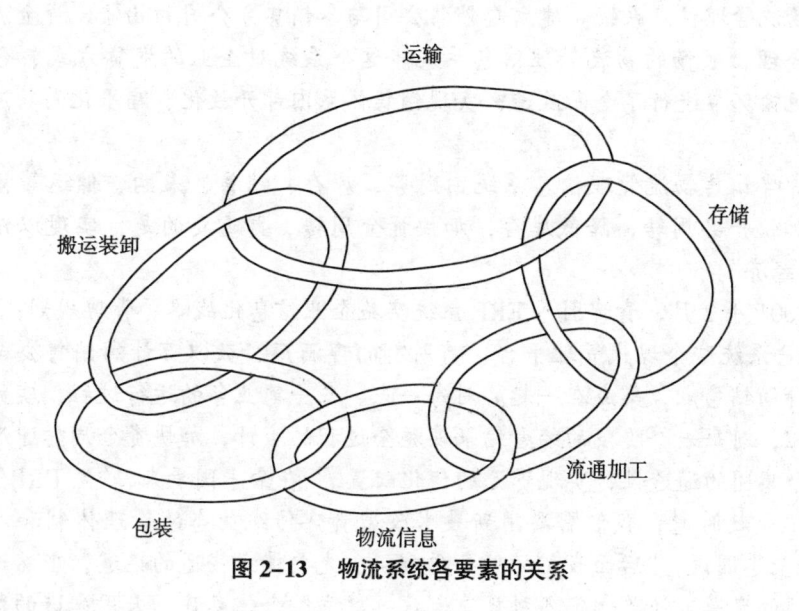

综上所述，物流系统是由运输、仓储、搬运装卸、包装、流通加工、物流信息等环节组成的。物流系统的效益并不是它们各个局部环节效益的简单相加，因为各环节的效益之间存在相互影响、相互制约的关系，也就是交替损益的关系。如过分强调包装材料的节约，则因其易于破损可能给搬运装卸作业带来麻烦；片面追求装卸作业均衡化，会使运输环节产生困难。各个环节都是物流系统链条中的一个环节，如图2-13所示。

图2-13 物流系统各要素的关系

### 本章案例

#### 现代物流是青岛啤酒"新鲜度管理"的保障

青岛啤酒股份有限公司（以下简称"青啤"）在迅速完成扩张后，营销战略由以规模为主的"做大做强"相应转变为以提升核心竞争力为主的"做强做大"。啤酒下线后送达终端市场的速度，即所谓的"新鲜度管理"，成为青岛啤酒打造企业核心竞争力的关键要素。这个"新鲜度管理"就是企业的物流管理。青岛啤酒是如何成功进行物流管理的呢？

一、信息不畅是青啤"保鲜"大碍

青啤是从1998年起开始推行"新鲜度管理"的。但是，按照旧有的业务流程，产成品出厂后先进周转库，再发至港、站，再到分公司仓库，最后才转运给消费者，啤酒作为日常消费品，其口味已发生了极大的变化。由于物流渠道不畅，不但增加了运费，加大了库存，也占用了资金，提高了管理成本，"新鲜度管理"很难落到实处。另外，各区域销售分公司在开拓市场的同时还要管理运输和仓库，往往顾此失彼。所以，青啤把"新鲜度管理"、"市场网络建设"等纳入了信息化建设范畴。青啤的管理者认为，由于不能及时为公司决策层提供准确的销售、库存信息，信息不畅是制约消费者喝到最新鲜啤酒的严重障碍。

2000年，青啤决定利用先进的信息化手段再造青啤的销售网络，组建青啤销售物流管理信息系统。建立起销售公司与各销售分公司的物流、资金流、信息流合理、顺畅的物流管理信息系统。这个系统对企业的发货方式、仓储管理、运输环节进行了全面改造，实现销售体系内部开放化、扁平化的物流管理体系。

青啤销售物流管理信息系统由财务、库存、销售、采购、储运等模块构成。加快产品周转，降低库存，加快资金周转。更重要的是，实现以销定产"订单经济"。

2001年2月，青啤引入ERP系统实施企业信息化战略。青啤规划："借助于ERP系统这个现代管理平台，将所有的啤酒厂、数以百计的销售公司、数以万计的销售点，集成在一起。对每一点、每一笔业务的运行过程，实施全方位监控，对每一个阶段的经营结果实施全过程的审计，加快资金周转速度，提高整个集团的通透性，实现资源的优化配置。"在金志国看来，"做ERP，青啤绝对不是赶时髦，我们需要用新技术改造青啤传统业态的管理体制和动作方式"。金志国说，"后面我们的任务更重，首先要建立畅通的渠道，当然这需要进一步的变革，还要制定各种规章制度，建立综合信息库，采用先进的数理统计方法对收集的信息进行分析处理，并应用到经营决策、资源配置、纠正预防和持续改进过程中去"。

应该说，借助于网络技术的应用改造产品价值链，实现企业生产链向供应链管理转变是青啤管理重组的必经之路。

二、流程不顺也难保"新鲜"

1998年第一季度，青啤集团以"新鲜度管理"为中心的物流管理系统开始启动，当时青岛啤酒的产量不过30多万吨，但库存就高达3万吨。当时，它们着重做了两个方面的工作：一是限产压库；二是减少重复装卸，以加快货物运达的时间。以这两个基本点为核心，它们对发货方式、仓库管理、运输公司及相关部门进行了改革和调整，耗费了青啤很多精力。

所以青啤同样热衷于流程再造，对青啤而言，所谓流程再造就是为了建立现代物流系统，而从根本上对企业流程进行重新设计。

据介绍，青啤集团筹建了技术中心，将物流、信息流、资金流全面统一在计算机网络的智能化管理之下，简化业务运行程序，对运输仓储过程中的各个环节进行了重新整合、优化，以减少运输周转次数，压缩库存、缩短产品仓储和周转时间等。譬如，根据客户订单，产品从生产厂直接运往港、站，省内订货从生产厂直接运到客户仓库。仅此一项，每箱的成本就下降了0.5元。同时对仓储的存量作了科学的界定，并规定了上限和下限，上限为1.2万吨。低于下限发出要货指令，高于上限再安排生产，这样使仓储成为生产调度的"平衡器"，有效改变了淡季库存积压，旺季市场断档的尴尬局面，满足了市场对新鲜度的需求。

另外，销售部门要根据各地销售网络的要货计划和市场预测，制订销售计划；仓储部门根据销售计划和库存及时向生产企业传递要货信息；生产厂有针对性地组织生产，物流公司则及时地调动动力，确保交货质量和交货期。同时销售代理商在有了稳定的货源供应后，可以从人力、财力、物力等方面进一步降低销售成本，增加效益。

青啤集团还成立了仓储调度中心，对全国市场区域的仓储活动进行重新规划，对产品的仓储、转库实行统一管理和控制。由提供单一的仓储服务，到对产成品的市场区域分部、流通时间等进行全面的调整、平衡和控制。

不过，诸多的流程还需要进一步细化。青岛啤酒的"新鲜度管理"，要实现生产8天内送到顾客手里的目标，必须考虑批发商的库存，如果工厂控制在5天以内，批发商必须在3天内出手，否则将无法达到目的。因此，公司在考虑批发商的库存等因素后决定控制出货量。为了实施"新鲜度管理"方案，青啤整体调整了管理体制。

资料来源：www.jctrans.com，2008-02-01。

▶ 问题讨论：

1. 谈谈物流系统的主要构成。
2. 对比传统物流，现代物流有哪些特点？

## 本章小结

进入20世纪90年代，传统物流已向现代物流转变，整体物流概念是一个较为现代化的流通领域概念，也就是通常所说的现代物流。本章主要介绍了物流的定义、物流要素以及物流系统等内容。

## 本章复习题

1. 物流的定义是什么？
2. 物流与传统储运的差异是什么？
3. 简述社会物流与企业物流作用和内容。
4. 简述物流系统的一般模式。
5. 简述物流要素的组成和具体内容。

# 第三章 物流模式

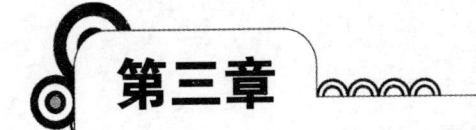

## 学习目的

知识要求 通过本章的学习,掌握:

- 第三方物流的含义
- 第三方物流的分类
- 国际物流的定义
- 第四方物流的含义

技能要求 通过本章的学习,能够:

- 了解第三方物流的价值
- 掌握新型物流的特点
- 熟悉配送中心的功能

## 学习指导

1. 本章内容包括:第三方物流的含义和分类;国际物流概论;配送中心;新型物流。

2. 学习方法:独立思考,抓住重点;充分理解第三方物流的含义;掌握新型物流的发展趋势。

3. 建议学时:6学时。

## 移动物流

### 引导案例

#### 精彩安利的另一面

作为全球最大直销企业的安利,自进入中国市场以来高歌猛进,其中国公司连续多年以占安利全球1/3销售额的骄人业绩遥遥领先。安利在中国制胜的法宝不只是优质的产品,还有默默无闻却功不可没的物流体系。

**一、和谐供应链**

安利是一家以日化用品为主的大型跨国直销企业。日用品在中国面临的几大问题就是销售地域广阔,网点分布零散,市场变化快,有效管理物流运作成了每家企业面临的困难。这对安利的供应链服务提出了更高的要求。

安利的物流管理分为几大部分,广州物流中心是核心部分,控制仓储、运输、库存系统,广州以外的借助第三方物流。用物流中心做核心,借助第三方物流团队运作的全方位物流策略是安利主要的物流模式。安利团队负责核心业务,非核心业务由第三方物流负责运作和监管,这两个集合分工不同,但共同协调整个安利的物流业务,充分利用资源,降低安利物流管理成本。按照全产业链模式("安利工厂→物流中心→外仓→安利店铺→顾客")进行物流管理,与第三方保持和谐发展,是具有安利特色的物流管理理念。

多年来安利能与供应商保持长期稳定的和谐共赢关系,源于安利始终把第三方当作"伙伴"。正是源于这种伙伴关系,安利帮助第三方物流公司提升竞争力和技术,力求第三方和安利共同进步。

此外,为了第三方物流商有更好的管理,安利还将先进物流管理经验介绍给第三方物流公司合作伙伴。为第三方提供培训,进行一些定期寻访、定期评估,帮助第三方提升管理水平。这就要求第三方物流公司有稳定的服务水平、良好的沟通能力、完善的应急措施等能跟上安利的步伐。

与此同时,与安利合作给第三方物流企业带来了逐年提升的业务收入。安利先进的物流管理理念带动和促进了第三方物流向世界先进的物流管理靠近,提升了整体的物流服务水平,获得了更大的发展平台。

安利的和谐供应链模式,不仅为安利节约了物流成本,提高了物流效率;同时为第三方的发展提供了更广阔的发展平台,带动了第三方物流企业的技术革新,真正达到了共赢效果。

**二、信息化支撑**

安利近年来在中国市场的业绩攀升,乃至全球市场的阔步发展,与其高效顺畅的物流流程及其背后强大的信息化系统支撑是分不开的。"信息化管理一直以来是安利的强项。"许绍明颇为自豪地说。从进入中国市场以来，安利的信息化管理投资近6亿元。安利的信息化管理应用AS400。安利的信息化系统平台是由安利自己的团队创建的并与世界结合。安利根据不同的需求，工厂运用JDE系统，物流方面运用IOS系统，店铺运用POS系统，多种不同的系统有效地结合在一起，通过这些系统，提升物流效率。

5年前，安利就开始着眼物联网的发展，网络订货作为初试B2C模式在家居送货中应用。通过强大信息服务系统，从工厂出货，就与IOS系统结合，IOS系统可以看到店铺每天的销售情况，预估销售数量。运输路程、区域性要求等信息。系统可以看见所有产品的流动状况，使生产企业能及时安排生产，并预定补货计划，避免出现库存严重不足甚至是断货的现象。

此外，安利在中国的信息要与安利全球进行对接，安利全球信息管理系统可以有效地对安利整个运转情况进行调控。

目前安利（中国）共有店铺237家，共有23个外仓，分布在21个省、自治区和直辖市，总面积10万多平方米；随着今后发展，店铺数量会越来越多，还会逐步扩展遍布全国的外仓网络。这就涉及信息的传递和补货时间。为了实施更精益化的管理，安利（中国）在整条物流供应链都投资建立了现代化信息系统，安利物流中心采用RF无线射频仓库管理系统极大提高了仓库的管理水平，实现了收货自动化、数据及时化、盘点随时化、操作简单化、运作无纸化的现代化仓储管理模式；先进的IOS库存管理系统则对物流中心仓库、全国外仓、家居送货配送中心以及全国店铺实施全面的库存管理，最大限度地优化整条供应链的库存管理水平，大大降低了物流成本，而运用于全国店铺的POS系统则实现了全国的店铺销售的系统化管理，将每日的营业信息及时提供给管理层。

安利物流中心采用的RF无线射频技术仓库管理系统，在信息传递和补货时间上给予了极大的支持。无线射频仓库管理极大提高了产品流的高效和准确，保障分布在全国各大店铺的产品供给的准确。

强大的信息系统提高了安利物流的准确性，加快了从工厂到外仓再到店铺的运作效率，成功地实现了物流管理的全程信息化。

三、绿色物流行

近年来，安利还一直倡导绿色物流理念，在很多方面也开展了绿色物流，正慢慢通过不同的方式、方法向绿色物流方向迈进。

安利团队实践着安利对绿色环保的理念，实行了一系列的绿色物流措施：安利把一些设备转成节电环保型，在物流中心安装节能灯，节省一些电力应用；用纸卡板替代木卡板；家居送货过程中节省纸皮箱的应用，在全国23个

## 移动物流

外仓实施自动拆箱系统；公司员工共同参与绿色环保创意，公司积极响应部门员工提出的购买膨切机的建议，把废弃的纸皮箱切割做家居送货纸箱内的填充物，每年能够为安利节省24万元购买填充物的费用。

据安利2009年的统计，8个月里，在15个配送中心，节省14万个纸皮箱，这14万个纸皮箱可以节省41万元的费用。安利物流中心在2009年全年实施绿色物流合计约节省费用107万元，减少二氧化碳排放870吨。这些数字表明，践行绿色物流不仅可以为企业带来节约成本的效益，也是在履行节能减排的社会责任。

资料来源：www.jctrans.com，2010-08-24.

➡ 问题：
1. 安利物流管理系统主要分为哪几个部分？
2. 绿色物流行取得了哪些实质的成效？

# 第一节　第三方物流

## 一、物流一体化

所谓物流一体化就是以物流系统为核心的由生产企业、经由物流企业、销售企业、直至消费者供应链的整体化和系统化。它是指物流业发展的高级和成熟的阶段。物流业高度发达，物流系统完善，物流业成为社会生产链条的领导者和协调者，能够为社会提供全方位的物流服务。

物流一体化的发展可进一步分为三个层次：物流自身一体化、微观物流一体化和宏观物流一体化。物流自身一体化是指物流系统的观念逐渐确立，运输、仓储和其他物流要素趋向完备，子系统协调运作，系统化发展。微观物流一体化是指市场主体企业将物流提高到企业战略的地位，并且出现了以物流战略作为纽带的企业联盟。宏观物流一体化是指物流业发展到这样的水平：物流业占国家国民总产值的一定比例，处于社会经济生活的主导地位。它使跨国公司从内部职能专业化和国际分工程度的提高中获得规模经济效益。

## 二、第三方物流的含义和分类

### （一）第三方物流的含义

第三方物流是指由物流劳务的供方、需方之外的第三方去完成物流服务的物流运作方式。第三方就是指提供物流交易双方的部分或全部物流功能的外部服务提供者。在某种意义上可以说，它是物流专业化的一种形式。

第三方物流随着物流业发展而发展。第三方物流是物流专业化的重要形式。物流业发展到一定阶段必然会出现第三方物流的发展，而且第三方物流的占有率与物流产业的水平之间有着非常规律的相关关系。西方国家的物流业实证分析证明，独立的第三方物流要占社会的50%，物流产业才能形成。所以，第三方物流的发展程度反映和体现着一个国家物流业发展的整体水平。

### （二）第三方物流的分类

按照物流企业完成的物流业务范围的大小和所承担的物流功能，可将物流企业分为功能性物流企业和综合性物流企业。功能性物流企业，也可叫单一物流企业，即它仅仅承担和完成某一项或几项物流功能。按照其主要从事的物流功能可将其进一步分为运输企业、仓储企业、流通加工企业等。综合性物流企业能够完成和承担多项甚至所有的物流功能。综合性物流企业一般规模较大、资金雄厚，并且有着良好的物流服务信誉。

按照物流企业是自行完成和承担物流业务，还是委托他人进行操作，还可将物流企业分为物流自理企业和物流代理企业。物流自理企业就是平常人们所说的物流企业，它可以进一步按照业务范围进行划分。物流代理企业同样可以按照物流业务代理的范围，分成综合性物流代理企业和功能性物流代理企业。功能性物流代理企业，包括运输代理企业（货代公司）、仓储代理企业（仓代公司）和流通加工代理企业等。

在西方发达国家第三方物流的实践中，有几点值得注意：第一，物流业务的范围不断扩大。一方面，商业机构和各大公司面对日趋激烈的竞争不得不将主要精力放在核心业务，将运输、仓储等相关业务环节交由更专业的物流企业进行操作，以求节约和高效；另一方面，物流企业为提高服务质量，也在不断拓宽业务范围，提供配套服务。第二，很多成功的物流企业根据第一方、第二方的谈判条款，分析比较自理的操作成本和代理费用，灵活运用自理和代理两种方式，提供客户订制的物流服务。第三，物流产业的发展潜力巨大，具有广阔的发展前景。

## 三、第三方物流与物流一体化

### （一）概述

物流一体化是物流产业化的发展形式，它必须以第三方物流充分发育和完善为基础。物流一体化的实质是一个物流管理的问题，即专业化物流管理人员和技术人员，充分利用专业化物流设备、设施，发挥专业化物流运作的管理经验，以求取得整体最优的效果。同时，物流一体化的趋势为第三方物流的发展提供了良好的发展环境和巨大的市场需求。

从物流业的发展看，第三方物流是在物流一体化的第一个层次时出现萌芽的。但是这时只有数量有限的功能性物流企业和物流代理企业。第三方物流在物流一体化的第二个层次得到迅速发展。专业化的功能性物流企业和综合性物流企业以及相应的物流代理公司出现，发展很快。这些企业发展到一定水平，物流一体化就进入了第三个层次。

西方发达国家在发展第三方物流、实现物流一体化方面积累了较为丰富的经验。德国、美国、日本等先进国家认为，实现物流一体化，发展第三方物流，关键是具备一支优秀的物流管理队伍。要求管理者必须具备较高的经济学和物流学专业知识和技能，精通物流供应链中的每一门学科，整体规划水平和现代管理能力都很强。

第三方物流和物流一体化的理论为中国的国有大中型企业带来了一次难得的发展机遇和契机，即探索适合中国国情的第三方物流运作模式，降低生产成本，提高效益，增强竞争力。

**（二）物流一体化管理系统评析**

1. 系统介绍

下面通过对"畅想物流一体化管理系统"（CX-LIS）的评析，介绍在供应链管理平台上，生产企业和商业企业的供需如何得到匹配，衍生出的物流需求如何传递到物流一体化平台进行综合处理。

畅想物流一体化管理系统是"畅想供应链管理系统"的一个子系统，与畅想供应链管理平台共同构成了畅想供应链管理系统的基础。

畅想物流一体化管理系统能够支持物流企业的日常作业和跨部门、跨企业的物流资源整合。物流一体化平台以物流调度系统为核心，来自供应链管理平台的物流指令就是通过物流调度系统进行处理的。在物流调度系统中设置了一系列的物流调度规则，包括仓储规则和运输调度规则。用户还可以根据实际情况创建新的业务调度规则，从而实现了智能化的物流业务调度，进一步优化了对物流资源的配置。

物流调度系统可以用于某企业内部的物流业务调度，也可以用于多个物流企业、企业物流部门之间的合作，对合作过程中发生的和物流相关的商流、信息流、资金流进行有效的组织、协调和控制。支持的物流业务类型包括仓储业务、运输业务和配送业务，可以单独支持一种业务类型，也可以同时支持多种业务类型，适合于业务构成单一的物流企业，也适合于综合型物流企业。

畅想物流一体化管理系统提供丰富的功能模块，支持各种不同的企业组织架构和物流业务。可以用于单独物流企业的物流作业管理,包括仓储管理、运输管理、配送管理以及包装、流通加工、搬运装卸等业务的管理;还可以用于实现跨部门、跨企业的物流资源整合。

物流一体化平台业务流程如图3-1所示。

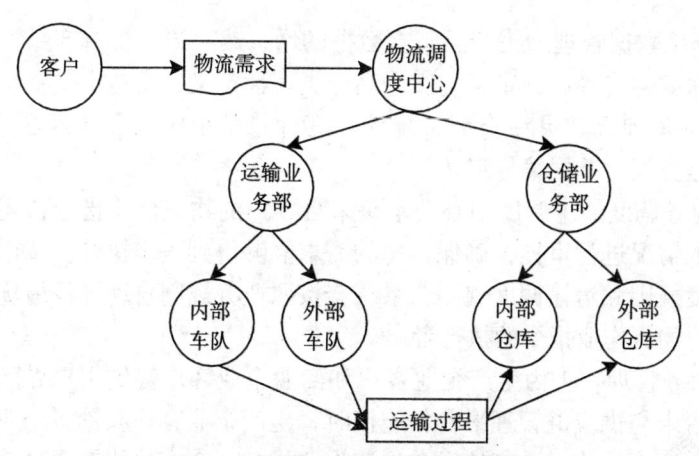

图3-1 物流一体化平台业务流程

2. 功能模块设计

物流一体化平台主要包括系统管理、基础数据管理、业务调度、业务管理、统计报表、费用管理、接口设置七个功能模块,如图3-2所示。

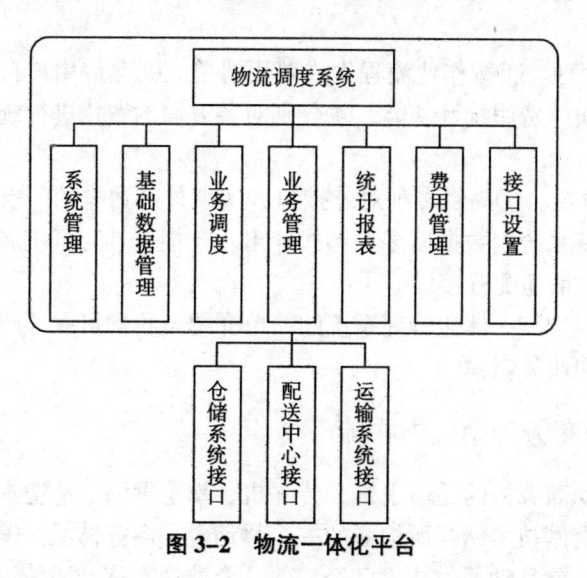

图3-2 物流一体化平台

3. 功能特点

(1) 系统管理。①高度模块化的系统管理，可以为客户量身定做最适合的系统。②灵活的权限分配策略，能够按照客户类型、客户角色自动分配相应的权限，也能够手动定义用户权限。③数据权限分配，可以精确控制每一条数据的多种权限。

(2) 基础数据管理。①产品基本数据的增、改、删，支持产品类型、来源类型、用途类等多种属性定义。②产品分类属性定义，支持定义物料的多种属性，实现按多种方式灵活查询、统计。③计量单位定义。④地区代码定义。⑤各类单据类型、单据编号定义。

(3) 业务调度。①调度中心会审核来自客户的物流作业指令，还会对物流企业的完成情况进行审核，确保客户的需求能够得到正确执行。②用户可以设置仓储调度规则和运输调度规则，系统会按照业务规则自动寻找最优的物流企业作为客户物流作业指令的执行者。

(4) 业务管理。①为生产企业客户和商业企业客户提供用户界面，在物流一体化平台未与供应链管理平台相连接时，生产企业客户和销售企业客户仍然能够通过物流一体化平台直接发布物流作业指令。②客户能够通过系统察看单据的状态，跟踪物流作业的进程，物流作业完成之后，调度中心将会发送物流作业完成确认单据给客户。③支持多种单据转入方式，包括 Excel 表、汉信码、数据库直接导入、手工录入，方便客户操作。

(5) 统计报表。①灵活订制统计报表的内容和格式。②提供全方位的统计报表模版。

(6) 费用管理。①按作业流程生成费用清单。②允许用户自定义收费项目和费率。③全面的费用统计功能。④分别对各方面的费用进行统计，并统一进行结算。

(7) 接口设置。①提供多种对外接口，实现外部数据的一次性导入和正确性校核。②支持系统内数据以多种形式导出。③接口具有可扩展性，可以根据客户的需要，灵活地配置接口。

通过对畅想物流一体化管理系统的简单介绍，我们可以了解物流一体化系统的基本功能和业务流程。

## 四、移动商务与第三方物流

所谓的移动商务指的是由手机、传呼机、掌上电脑、笔记本电脑等移动通信设备与无线上网技术结合所构成的一个移动电子商务体系。美国一些电子商务专家认为，目前移动通信技术已经成熟，全球拥有移动通信设备的人越来多，移动电子商务将很快得到他们的认可和接受，因为他们可以随时随地上网，查询信息，购买产品，预订服务，既方便快捷，又节省时间。

移动商务并非虚构，实际上它已经存在，并在形成一个庞大的市场。从技术方面来讲，将移动通信工具与互联网连接起来的无线上网技术，以及互联网服务商所提供的无线上网服务都已经具备，因此移动商务不再存在技术障碍。

移动商务使得各种交易活动无处不在。交易的结果最终还是要通过物流得以实现。所以说，移动商务促使移动物流快速发展，移动物流保证移动商务顺利开展。为了适应这种高效率、快速度的市场环境，只有通过第三方物流的支撑才能予以保障。

## 第二节　国际物流

### 一、国际物流概论

#### (一) 国际物流的含义

所谓国际物流是相对国内物流而言的，是不同国家之间的物流。国际物流是国内物流的延伸和进一步扩展，是跨国界的、流通范围扩大了的物的流通，有时也称为国际大流通或大物流。国际物流是国际贸易的一个必然组成部分，各国之间的相互贸易最终都将通过国际物流来实现。

国际物流（International Logistics, IL）的狭义理解是，当生产和消费分别在两个或两个以上的国家（或地区）独立进行的情况下，为了克服生产和消费之间的空间隔离和时间距离而对物资（商品）所进行的物理性移动的一项国际商品贸易或交流活动，完成国际商品交易的最终目的，即实现卖方交付单证、货物和收取货款，买方接受单证、支付货款和收取货物的贸易对流条件。

在国际物流活动中，为实现物流合理化，必须按照国际商务交易活动的要求来开展国际物流活动。并且，不仅要求降低物流费用，而且要考虑提高顾客服务水平（Service Level, SL），提高销售竞争能力和扩大销售效益，即提高国际物流系统的整体效益，而不仅仅是提高局部效益。

#### (二) 国际物流的特点

1. 物流环境存在差异

国际物流的一个非常重要的特点是，各国物流环境的差异，尤其是物流软环境的差异。不同国家的不同物流适用法律的不同，使国际物流的复杂性远高于一国的国内物流；不同国家不同经济和科技发展水平会造成国际物流处于不同科技条件的支撑下，甚至有些地区根本无法应用某些技术而迫使国际物流全系统水平下降；不同国家不同标准，也造成国际间物流"接轨"的困难，因而使国际物流系统难以建立；不同国家的风俗人文也使国际物流受到很大局限。

2. 物流系统范围广

物流本身的功能要素、系统与外界的沟通已经很复杂，国际物流再在这复杂系统上增加不同国家的要素，这不仅是地域的广阔和空间的广阔，而且所涉及的内、外因素更多，所需的时间更长，广阔范围带来的直接后果是难度和复杂性增加，风险增大。正因为如此，国际物流一旦融入现代化系统技术，其效果会更显著。例如，开通某个"大陆桥"之后，国际物流速度会成倍提高，效益显著增加。

3. 国际物流必须有国际化信息系统的支持

国际化信息系统是国际物流非常重要的支持手段。国际信息系统建立的难度：一是管理困难；二是投资巨大；三是由于世界上有些地区物流信息水平较高，有些地区较低，所以会出现信息水平不均衡，因而信息系统的建立更为困难。

4. 国际物流的标准化要求较高

要使国际间物流畅通起来，统一标准是非常重要的。如果没有统一的标准，国际物流水平将难以提高。目前，美国、欧洲基本实现了物流工具、设施的统一标准，如托盘采用1000mm×1200mm、集装箱的几种统一规格及条码技术等，这大大降低了物流费用，降低了转运的难度，而不向这一标准靠拢的国家，必然在转运、换车底等许多方面要多耗费时间和费用，从而降低其国际竞争能力。

## 二、国际物流业务

国际物流业务是由商品的包装、储存、运输、检验、外贸加工和其前后的整理、再包装以及国际配送等子系统构成。其中，储存和运输子系统是物流的两大支柱。国际物流通过商品的储存和运输实现其自身的时空效益，满足国际贸易的基本需要。

### （一）外贸商品储存系统

外贸商品的储存、保管使商品在其流通过程中处于一种或长或短的相对停滞状态，这种停滞状态是完全必要的。因为，外贸商品流通是一个由分散到集中，再由集中到分散的源源不断的流通过程。例如，外贸商品从生产厂或供应部门被集中运送到装运出口港（站、机场），以备出口，有时须临时存放一段时间，再从装运港装运出口，是一个集和散的过程。为了保持不间断的商品往来，满足销售出口需要，必然有一定量的周转储存；有些出口商品需要在流通领域内进行出口商品贸易前的整理、组装、再加工、再包装或换装等，形成一定的贸易前的准备储存；有时，由于某些出口商品在产销时间上的背离，例如，季节性生产但常年消费，常年生产但季节性消费的商品，则必须留有一定数量的季节储备。当然，有时也会出现一些临时到货，货主一时又运不走，更严重的是进口商品到了港口或边境车站，但通知不到货主或无人认领，这种特殊的临时存放保管也是有的，即所谓的压港、压站现象的出现。在这种情况下，国际物流就被堵塞了，物流不畅了，给贸易双方或港方、船方等都带来损失。因此，国际货物的库存量往往高于内贸企业的货物库存量也是可以理解的。

由此可见，国际货物运输是克服外贸商品使用价值在空间上的距离，创造物流空间效益，使商品实体位置由卖方转移到买方；而储存保管是克服外贸商品使用价值在时间上的差异，物流部门依靠储存保管创造商品的时间价值。

外贸商品一般在生产厂家的仓库存放，或者在收购供应单位的仓库存放；必要时再运达港口仓库存放，在港口仓库存放的时间取决于港口装运与国际运输作业的有机衔接，也有在国际转运站点存放的。

从物流角度讲，希望外贸商品不要太长时间停留在仓库内，要尽量减少储存时间、储存数量，加速物资和资金周转，实现国际贸易系统的良性循环。

**（二）进出口商品装卸与搬运子系统**

进出口商品的装卸与搬运作业，相对于商品运输来讲，是短距离的商品搬移，是仓库作业和运输作业的纽带和桥梁，实现的也是物流的空间效益。它是保证商品运输和保管连续性的一种物流活动。搞好商品的装船、卸船、进库、出库以及在库内的搬倒清点、查库、转运、转装等，对加速国际物流十分重要，而且节省装搬费用也是物流成本降低的重要环节。有效地搞好装卸搬运作业，可以减少运输和保管之间的摩擦，充分发挥商品的储运效率。

**（三）进出口商品的流通加工与检验子系统**

流通加工与检验是随着科技进步——特别是物流业的发展——而不断发展的。它是物流中具有一定特殊意义的物流形式。流通加工业与检验的兴起，是为了促进销售，提高物流效率和物资利用率以及为维护产品的质量而采取的，能使物资或商品发生一定的物理和化学以及形状变化的加工过程，并保证进出口商品质量达到要求。出口商品的加工业，其重要作用是使商品更好地满足消费者的需要，不断地扩大出口；同时也是充分利用本国劳动力和部分加工能力，扩大就业机会的重要途径。

流通加工的具体内容包括：袋装、定量小包装（多用于超级市场）、贴标签、配装、挑选、混装、刷标记（刷唛）等为出口贸易商品服务；另外是生产性外延加工，如剪断、平整、套裁、打孔、折弯、拉拔、组装、改装，服装的检验、熨烫等。这种出口加工或流通加工，不仅能最大限度地满足客户的多元化需求，同时，由于是比较集中的加工，它还能比没有加工的原材料出口赚取更多的外汇。

**（四）商品包装子系统**

美国杜邦化学公司提出的"杜邦定律"认为：63%的消费者是根据商品的包装、装潢进行购买的，国际市场和消费者是通过商品来认识企业的，而商品的商标和包装就是企业的面孔，它反映了一个国家的综合科技文化水平。

商标就是商品的标志。商标一般都需经过国家有关部门登记注册，是受法律保护的，以防假冒，保护企业和消费者的利益。顾客买商品往往只看重商标，因此，商标关系着一个企业乃至一个国家的信誉和命运。国际进出口商品商标的设计要求有标识力；要求表现一个企业（或一个国家）的特色产品的优点，简洁明晰并易看、易念、易听、易写、易记；商标要求有持久性和不违背目标国际市场和当地的风俗习惯；出口商品商标翻译要求传神生动，商标不得与国旗、国徽、军旗、红十字会会章相同；不得与正宗标记或政府机关、展览性质集会的标记相同或相近。

在考虑出口商品包装设计和具体作业过程时，应把包装、储存、搬运装卸和运输有机联系起来统筹考虑，全面规划，实现现代国际物流系统所要求的"包、储、运一体化"。即从商品一开始包装，就要考虑储存的方便、运输的快速，以加速物流、方便储运、减少物流费用等现代物流系统设计的各种要求。

**（五）国际物流系统模式**

该系统的一般模式包括：系统的输入部分、系统的输出部分以及将系统的输入转换成输出的转换部分。在系统运行过程中或一个系统循环周期结束时，有外界信息反馈回来，为原系统的完善提供改进信息，使下一次的系统运行有所改进，如此循环往复，使系统逐渐达到有序的良性循环。国际物流系统，遵循一般系统模式的原理，构成自己独特的物流系统模式。下面介绍出口物流系统模式，见图3-3。

## 移动物流

```
输入 [I]              转换 [C]         外界干扰         输入 [O]
·备货             ·出口前加工整理                  ·商品实物由卖方
·到证             ·包装、标签                      到买方的位移
·到船             ·储存（工厂、供货               ·交单、收汇、结汇
·出口计划          部门、港口、转运点、            ·提供各种服务
·物流信息          买方等口岸）                    ·理赔、索赔
                 ·运输（国内段集运、
                  国际段运输）
                 ·入港（站、机场）装船
                 ·制单、交单
                 ·报关、报验
                 ·现代包、储、运设施
                 ·现代物流管理方法

         信息反馈          国际市场          信息反馈
```

图3-3 出口物流系统模式

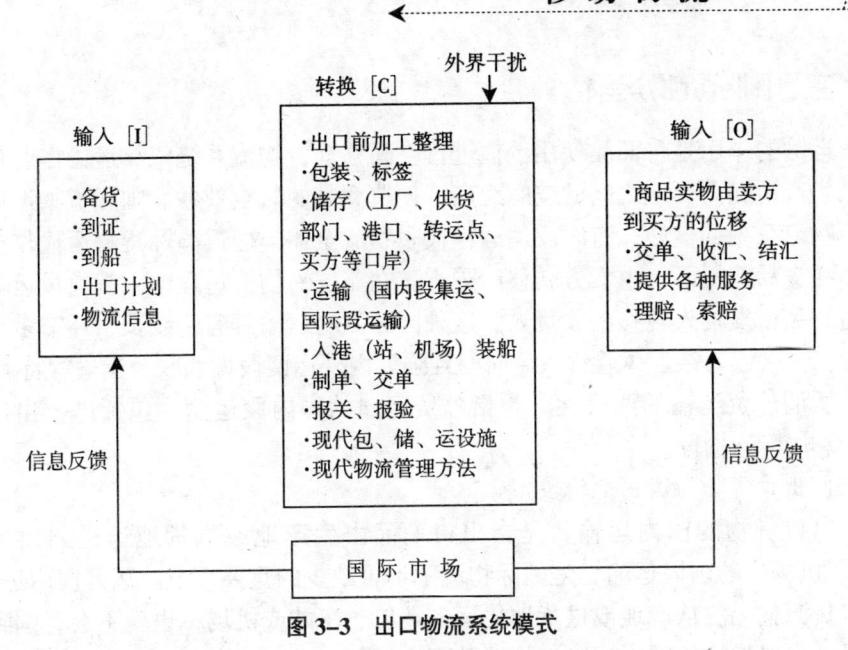

国际物流系统的输入部分包括：备货，货源落实；到证，接到买方开来的信用证；到船，买方派来船舶；编制出口货物运输计划；其他物流信息。输出部分内容包括：商品实体从卖方经由运输过程送达买方手中；交齐各项出口单证；结算、收汇；提供各种物流服务；经济活动分析及理赔、索赔。

国际物流系统的转换部分包括：商品出口前的加工整理；包装、标签；储存；运输（国内、国际段）；商品入港、装船；制单、交单；报关、报验；以及现代管理方法、手段和现代物流设施的介入。

除了上述三项主要功能外，还经常有许多外界不可控因素的干扰，使系统运行偏离原计划内容。这些不可控因素可能是国际的、国内的、政治的、经济的、技术上的和政策法令、风俗习惯等的制约，这是很难预计控制的。它对物流系统的影响很大，如果物流系统具有很强的应变适应能力，遇到这种情况，马上能提出改进意见，变换策略，那么，这样的系统具有很强的生命力。如1956~1967年苏伊士运河封闭，直接影响国际货物的外运。这是事先不可能预见的，是因受到外界政治因素的严重干扰的结果。当时日本的对外贸易商品运输，正是因此而受到严重威胁，如果将货物绕道好望角或巴拿马运河运往欧洲，则航线增长、时间过长、经济效益太差。为此，日本试行利用北美横贯大陆的铁路线运输，取得良好的效果，于是大陆桥运输得名于此。这说明当时日本的国际物流系统设计，面对外部环境的干扰，采取了积极措施，使系统具有新的生命力。

## 三、国际货物运输

运输的作用是将商品使用价值进行空间移动，物流系统依靠运输作业克服商品生产地和需要地之间的空间距离，创造商品的时空效益。国际货物运输是国际物流系统的核心，有时就用运输代表物流全体。通过国际货物运输作业使商品在交易前提下，由卖方转移给买方。在非贸易物流过程中，就通过运输作业将物品由发货人转移到收货人。这种国际货物运输具有路线长、环节多、涉及面广、手续繁杂、风险性大、时间性强、内外运两段性和联合运输等特点。

所谓外贸运输的两段性，是指外贸运输的国内段运输（包括进、出口国内）和国际运输段。

### 1. 出口货物的国内运输段

出口货物的国内运输，是指出口商品由生产地或供货地运送到出运港（站、机场）的国内运输，是国际物流中不可缺少的重要环节。离开国内运输，出口货源就无法从产地或供货地集运到港口、车站或机场，也就不会有国际运输段。出口货物的国内运输工作涉及面广、环节多，要求各方面协同努力组织好运输工作，从摸清货源、产品包装、加工、短途集运、国外到证、船期安排和铁路运输配车等各个环节的情况，做到心中有数，力求搞好车、船、货、港的有机衔接，确保出口货物运输任务的顺利完成，减少压港、压站等物流不畅的局面。国内运输段的主要工作有：发运前的准备工作、清车发运、装车和装车后的善后工作。

### 2. 国际货物运输段

国际（国外）货物运输段是整个国际货物运输的重要一环，它是国内运输的延伸和扩展，同时又是衔接出口国运输和进口国货物运输的桥梁与纽带，是国际物流畅通的重要环节。出口货物被集运到港（站、机场），办完出关手续后直接装船发运，便开始国际段运输。有的则需暂进港口仓库储存一段时间，等待有效泊位，或有船后再出仓装船外运。国际段运输可以采用由出口国装运港直接到进口国目的港卸货，也可以采用中转经过国际转运点，再运给用户。

## 四、国际物流中心与仓储包装

国际物流中心是指国际物流活动中商品、物资等集散的场所，就大范围国际物流而言，某些小国家或地区可能成为物流中心，如中国香港、新加坡等就具有国际物流中心的地位。自由贸易区、保税区等具有一般意义上的物流中心的功能。就小范围而言，港口码头、保税库、外贸仓库或者超级市场等都可以成为物流中心。当前人们所说的国际物流中心多指由政府部门和物流服务企业共同筹建的具有现代化仓库、先进的分拨管理系统和计算机信息处理系统的外向型物流集散地。

**(一) 外贸仓储概述**

1. 外贸仓储的地位和作用

外贸仓储工作同外贸运输一样，都是对外贸易及国际物流不可缺少的环节；不论是资本主义国家还是社会主义国家，仓库在各国的国民经济中，在国际间的生产、分配、交换、消费过程中，或者说在一国范围和世界范围的商品生产和商品流通过程中，都有着重要的地位和作用。外贸仓库不仅担负着进出口商品保管存储的任务，而且还担负着出口的加工、挑选、整理、包装、刷唛、备货、组装和发运等一系列的任务。仓库是对外贸易运输的基地，要发挥各种运输手段和仓库两个优势，把仓储和运输紧密地结合起来，做到储运结合，以路促运，力争外贸商品早出口、多出口、早结汇、多收汇。仓库还要根据库存商品货件变化和库存时间的长短、周转的快慢等资料，及时向有关单位提供信息，发现问题，并协助解决，从而起到促生产、促收购、促出口、促进外贸企业改善经营管理，以充分发挥仓库工作的能动作用。

2. 对外贸易仓库的分类

(1) 按照仓库在商品流通中的主要职能分类：

口岸仓库。口岸仓库大都设在商品集中发运出口的沿海港口城市，主要职能是售出口岸和内地对外贸易业务部门收购的代运出口商品和进口待分拨的商品。因此又叫周转仓库。

中转仓库。中转仓库大都设在商品生产集中的地区和出运港口之间，主要职能是按照商品的合理流向，收储转运本省和外地经过口岸出口的商品。

加工仓库（工厂）。其特点是将商品加工业务和仓储业务结合在一起，主要职能是对某些出国商品进行必要的挑选、整理、分装、改装和适应流通需要的加工，以方便存储运输和国际市场的需要。

存储仓库。存储仓库的主要职能是用于储存代销的出口商品，援外的储备物资，进口代分拨和出口业务需要的物资等。

(2) 按存储商品的性能及技术设备分类：

通用仓库。用于储存一般没有特殊要求的工业品或农用品的仓库。在各类对外贸易仓库中占比重最大。

专用仓库。专门用于储存某一类商品的仓库。在保养技术设备方面相应地增加了密封、防虫、防霉、防火以及监测等设施，以确保特殊商品的质量安全。

特种仓库。用于存储具有特殊性质，要求使用特别保管设备的商品，一般指化学危险品、易腐蚀品、石油及部分医药商品等。这类仓库配备有专门的设备，如冷藏库、保温库、危险品仓库等。

（3）按仓库管理体制分类：

自用仓库。这类仓库由各进出口专业公司经营管理。

公用仓库。这类仓库由外贸运输公司经营管理，为各进出口专业公司的商品流通服务。

保税仓库。保税仓库是根据有关法律和进出口贸易的规定，专门保管国外进口而暂未纳进口税的商品的仓库，由海关统一进行监督和管理。

### （二）国际货物包装

#### 1. 商品包装的重要意义

商品包装是保护商品在流通过程中品质完好和数量完整的重要举措。在国际贸易中，经过适当包装的商品，有利于储存、保管、运输、装卸、计数、销售和防止盗窃等工作的进行，有利于消费者的挑选和携带。包装良好的商品，还有利于吸引顾客，扩大销路，增加销售，多创外汇。此外，商品的包装还在一定程度上反映一个国家的生产水平、科学技术和文化艺术水平。

#### 2. 商品包装的基本要求

科学、牢固、安全。包装的用料和设计必须科学、牢固，既符合商品的特性，又适应对外贸易长途运输，适应各种不同的运输方式和沿途气候条件变化的要求，以保护商品的品质安全和数量完整。

适合国外市场的需要和规定。包装的用料和设计，应力求适应国外市场的销售习惯和消费习惯，适应进口国家对于包装、装潢的合理规定，以利于扩大我国出口商品的销路，增加售价，提高我国的对外贸易信誉。

省工、省料、省运费。包装的用料和设计，要符合节约的原则，在选用材料与改进包装等方面，都要从节约物料、降低成本及节省运费的角度考虑。

## 第三节 配送与配送中心

### 一、移动商务与物流配送

#### （一）配送的概念

配送（Distribution）的定义是，在经济合理区域范围内，根据用户要求，对物品进行拣选、加工、包装、分割、组配等作业，并按时送达指定地点的物流活动。

配送是物流中一种特殊的、综合的活动形式，是商流与物流紧密结合，包含了商流活动和物流活动，也包含了物流中若干功能要素的一种形式。

从物流来讲，配送几乎包括了所有的物流功能要素，是物流的一个缩影或在某个小范围中物流全部活动的体现。一般的配送集装卸、包装、保管、运输于一身，通过这一系列活动完成将货物送达的目的。特殊的配送还要以加工活动为支撑，所以包括的方面更广。但是，配送的主体活动与一般物流却有不同，一般物流是运输及保管，而配送则是运输及分拣、配货，分拣、配货是配送的独特要求，也是配送中有特点的活动，以送货为目的的运输是最后实现配送的主要手段，从这一主要手段出发，常常将配送简化地看成运输中的一种。

从商流来讲，配送和物流的不同之处在于，物流是商物分离的产物，配送则是商物合一的产物，配送本身就是一种商业形式。虽然配送具体实施时，也有以商物分离形式实现的，但从配送的发展趋势看，商流与物流越来越紧密地结合是配送成功的重要保障。

（二）配送的意义

配送具有很多优点，具体表现在以下几个方面：

1. 货物配送是实现流通社会化的有效途径

流通社会化，是指按照社会生产专业化的要求，使生产和流通相对分离，由流通企业面向全社会，组织与社会化大生产相适应的社会化大流通，形成专业化、集约化的流通产业，从而打破"条块"分割、一家一户搞流通的小生产格局，把分散的、互不联系的流通过程联结成以流通企业为枢纽的、集中的、相互联系的流通过程。而货物配送主要是流通企业组织的、面向社会的城市配送。这样，不但能使流通企业更好地为生产企业服务，而且可以打破部门和地区界限，实现一定区域内的货物合理配送。由于接受最终资源配置的用户的广泛性与社会性，配送必定主要以社会化形态存在，而且承担社会责任。

2. 货物配送是实现流通现代化的重要内容

由于长期以来，我国重生产、轻流通，在现代化建设中，流通严重滞后。所以，加快流通现代化的步伐非常必要。流通现代化包括流通设施、技术装备现代化和流通管理现代化。而货物配送作为一种综合性的物流活动，要求相应的生产手段，包括现代化的仓储、计量、分拣、加工、搬运装卸和运输等技术装备。同时要求拥有高素质的配送人员组织运用先进的管理方法和手段，特别是利用计算机进行信息处理和辅助管理。配送的现代化可推动流通现代化达到一个新的水平。

3. 货物配送是实现流通合理化的重要措施

流通合理化应包括商流合理化、物流合理化和信息流合理化。货物配送是供需之间通过契约的方式把双方责任固定下来，供需双方建立起一种可信赖的、较稳定的购销关系。一方面可简化用户的采购工作，节省采购人员和采购费用，解除物资供应的后顾之忧；另一方面增加了物资部门的销售渠道，扩大了物资经营范围和市场占有率，促进了流通企业经济效益的提高。

实现货物配送后，可以大大压缩甚至取消生产企业的库存，尽管流通企业的库存会有所增加，但社会总库存量会降低。特别对生产企业来说，由于库存的压缩可减少资金占用，加速资金周转，缓解资金紧张的矛盾。实现货物配送，还可以最有效地组织运输，使物流路线最短、环节最少、运力最省、运费最低，而且有利于缓解城市交通拥挤现象，实现物流合理化。

## 二、移动商务下物流配送中心应具备的条件

货物配送是一种现代化的流通方式，具有很多优点，但货物配送的实施是一项比较复杂的工作，它要求一定的条件，主要包括以下五个方面：

### 1. 应有稳定的资源保障

货物配送是根据配送协议按照用户的要求进行的。应做到用户需要什么就送什么，需要多少就送多少，该什么时间送就及时送到。这就必须要有充足和稳定的货源作基础。特别是在我国一些物资供不应求的情况下，资源问题往往成为实施配送的先决条件。因为若货源得不到保障，就无货可配，也无货可送，这样会影响用户的生产，甚至会造成停工待料，给用户造成经济损失。如果出现这种情况，配送就无法再进行下去，所以承担货物配送的流通企业，必须多渠道取得稳定的资源，全面满足用户的需求。

### 2. 应有足够的资金

实施货物配送，资源固然重要，但资金也不能缺少。因为在商品交换过程中，买方只有支付货币才能取得物资。如果承担货物配送的流通企业资金短缺，即使市场上有资源，也不能采购，同样不能满足用户的需要。另外，流通企业为保证配送的顺利进行，必须建立一定的物资储备，库存不但不能减少，而且还要增加。这部分储备资金也必须得到保障。所以物资企业必须从多个方面以多种形式筹措资金，以保证配送活动的顺利进行。

### 3. 应有齐备的配送手段

货物配送作为一种综合物流活动，需要以齐备、先进的物流设施和设备作为配送手段，这是保证配送得以顺利进行的物质技术条件。配送一般在配送中心或仓库进行，需要有足够的场地和各种仓库建筑物，同时要配备计量、检验、保管、流通加工、分拣、搬运装卸、运输、信息处理等设备。其中特别是对运输设备，在车型、载重量、载重总吨位等方面有更高的要求。

4. 应有高效的信息系统

货物配送活动离不开信息。配送中心必须随时掌握市场供求情况，进行物资资源和用户需求预测，编制配送计划，进行订货、进货、存货、配货等信息处理，以及对经济活动、配送计划执行情况进行分析，合理确定配送范围，合理选择配送路径等。以上信息的收集和处理，都应通过计算机信息系统来实现。为了保证高效快速，移动通信技术的应用是必不可少的，移动物流的最直接应用就体现在配送过程中。

5. 应有一支素质高的职工队伍

实施货物配送，固然上述条件不可缺少，但最根本的条件还是人。资源要靠人去组织，资金要靠人去筹措，物流技术装备要靠人去配备和使用，配送信息系统也要靠人去建立和开发。货物配送不但对配送人员在数量上和构成上有一定的要求，而且对人员的思想品德素质、技术素质、管理素质、文化素质等都有较高的要求。如果没有一支结构合理、素质高、能打硬仗的职工队伍，货物配送就无法进行。

## 三、移动商务物流应用

目前，移动商务技术和蓝牙技术的应用以及第三代移动通信技术最受关注。毫无疑问，无线互联技术走到了应用的最前端，这种应用上的创新和增值，将使目前人们习以为常的事物发生革命性的飞跃。众多创新的增值业务因此诞生，如信息与娱乐服务、交易服务等。移动商务有着美好的前景。

看好移动商务的理由还来自全球拥有手机和掌上电脑等移动通信工具的人数远远超过拥有台式电脑的人数，移动技术和互联网结合的技术已不存在技术障碍，而且无线上网相对于传统的有线上网来讲具有不受时间、地点限制的明显优点。

移动商务刚兴起的时候主要有三种应用方式：一是通过无线网络搜寻并购买物品及服务；二是使用无线设备作为电子钱夹；三是向无线设备持有者发送指定信息和广告。其实，这些都脱不开传统电子商务的范畴，只不过是有线网络服务向无线网络服务的一种转移。

业内资深人士指出，从技术角度来看，移动商务是电子商务的一个新的分支，但是从应用角度来看，它的发展是对有线商务的整合与发展，是电子商务发展的新形态。整合就是将传统的商务和已经发展起来的但是分散的电子商务整合起来，将各种业务流程从有线网络向无线互联转移，这是一种新的突破。从原理上讲，无线互联最重要的功能就是把每个生命，甚至建筑物、物体都变成一个 IP 节点，使信息的流动达到传统有线互联网无法比拟的地步。无线互联可以加快信息的搜集处理，使产品的开发生产周期剧减，财富的创造、积累由此大大加快。这也意味着商业机会的多样性，它还开拓了新的服务，促进电子商务的多样化和高效。

改善企业的业务流程、提升企业的运作效率，已经成为移动商务最新的诠释。一些深谋远虑的软件开发集成商已经将它们的移动商务解决方案应用到各种领域，如金融保险、通信、物流、快速消费品和零售业。

## 第四节　新型物流

### 一、第四方物流

#### （一）第四方物流的定义

关于第四方物流的概念，一种定义是"指集成商利用分包商来控制与管理客户公司的点到点式供应链运作"；另一种定义是"一个集中管理自身资源、能力和技术并提供互补服务的供应链综合解决办法的供应者"；安盛公司提出的第四方物流的定义是"第四方物流是一个供应链集成商，它调集和管理组织自己的以及具有互补性的服务提供商的资源、能力和技术，以提供一个综合的供应链解决方案"，这一定义似乎更为贴切而被广泛采用，有的咨询公司开始以"有领导力量的物流提供商"的名称提供类似服务。不管如何称呼，这种提供可以通过整个供应链的影响力，提供综合的供应链解决方案，也为其顾客带来更大的价值。不过第四方物流的概念在我国很少提及，即使在国外，物流业界对此也有不少异议，所以，第四方物流思想的发展前景如何，尚待理论完善与实践检验。

第四方物流不仅控制和管理特定的物流服务，而且对整个物流过程提出策划方案，并通过电子商务将这个过程集成起来。因此，第四方物流成功的关键在于为顾客提供最佳的增值服务，即迅速、高效、低成本和人性化服务等。

#### （二）第四方物流的特点

（1）提供了一个综合性供应链解决方法，以有效地适应需方多样化和复杂的需求，集中所有资源为客户完美地解决问题。

①供应链再建，通过供应链的参与者将供应链规划与实施同步进行，或利用独立的供应链参与者之间的合作提高规模和总量。供应链再建改变了供应链管理的传统模式，将商贸战略与供应链战略连成一线，创造性地重新设计了参

与者之间的供应链，使之达到一体化标准。

②功能转化，主要是销售和操作规划、配送管理、物资采购、客户响应以及供应链技术等，通过战略调整、流程再造、整体性改变管理和技术，使客户间的供应链运作一体化。

③业务流程再造，将客户与供应商信息和技术系统一体化，把人的因素和业务规范有机地结合起来，使整个供应链规划和业务流程能够有效地贯彻实施。

④实施第四方物流，开展多功能、多流程的供应链业务，其范围远远超出传统外包运输管理和仓储运作的物流服务。企业可以把整条供应链全权交给第四方物流运作，第四方物流可为供应链功能或流程的全部提供完整的服务。

（2）通过影响整个供应链来获得价值，即与类似外包的供应链的区别之一在于其能够为整条供应链的客户带来利益。

①利润增长。第四方物流的利润增长将取决于服务质量的提高、实用性的增加和物流成本的降低。由于第四方物流关注的是整条供应链，而非仓储或运输单方面的效益，因此其为客户及自身带来的综合效益会出现惊人进展。

②运营成本降低。可以利用运作效率提高、流程增加和采购成本降低实现，即通过整条供应链外包功能以达到节约的目的。流程一体化、供应链规划的改善和实施将使运营成本和产品销售成本降低。

③工作成本降低。采用现代信息技术、科学的管理流程和标准化管理，使存货和现金流转次数减少而可望得到占总成本30%的工作成本的降低。

④提高资产利用率。客户通过第四方物流减少了固定资产占用，提高了资产利用率，使得客户通过投资研究设计、产品开发、销售与市场拓展等获得经济效益的提高。

第四方物流成功地影响着大批的服务者（第三方物流、网络工程、电子商务、运输企业等）以及客户的能力和供应链中的伙伴。它作为客户间的连接点，通过合作或联盟提供多样化服务。第四方物流的优点是可以使迅速、高质量、低成本的运送服务得以实现。不少人认为第四方物流由于难以获得委托者的信任而只是一个设想，但随着社会经济的不断发展，第四方物流将会得到广泛的运用。

## 二、电子物流

### （一）电子物流的定义及特点

电子物流就是利用电子化的手段，尤其是利用互联网技术来完成物流全过程的协调、控制和管理，实现从网络前端到最终客户端的所有中间过程服务，最显著的特点是各种软件技术与物流服务的融合应用。

电子物流的功能十分强大，它能够实现系统之间、企业之间以及资金流、物流、信息流之间的无缝链接，而且这种链接同时还具备预见功能，可以在上、下游企业间提供一种透明的可见性功能，帮助企业最大限度地控制和管理库存。同时，由于全面应用了客户关系管理、商业智能、计算机电话集成、地理信息系统、全球定位系统、互联网、无线互联技术等先进的信息技术手段，以及配送优化调度、动态监控、智能交通、仓储优化配置等物流管理技术和物流模式，电子物流提供了一套先进的、集成化的物流管理系统，从而为企业建立敏捷的供应链系统提供了强大的技术支持。

电子物流业务使得客户可以运用外部服务力量来实现内部经营目标的增长，即客户能够得到量身定做的个性化服务，而整个过程则由第三方电子物流服务提供商来进行管理。当顾客的支付信息被处理后，电子物流系统会为顾客发送订单确认信息。在这一切工作就绪之后，电子物流系统会对客户的订单进行格式化，并将订单发送到离客户最近的仓储中心。

**（二）电子物流的内容**

电子物流的主要特点是前端服务与后端服务的集成。

为了实现后台服务以及与其平行的服务功能，电子物流的前端服务是至关重要的。前端服务包括咨询服务（确认客户需求）、网站设计/管理、客户集成方案实施等。这部分功能是用户经常接触的，在此不再赘述。而电子物流的后端服务则包括六类主要的业务：订单管理、仓储与分拨、运输与交付、退货管理、客户服务以及数据管理与分析等，如图3-4所示。

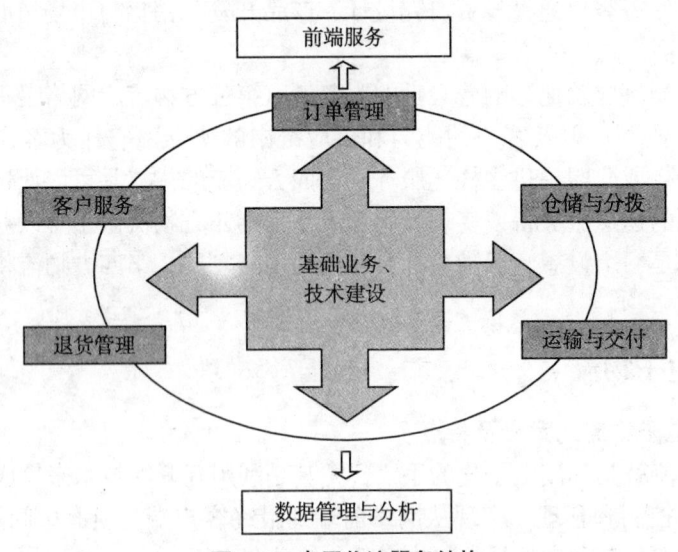

**图3-4 电子物流服务结构**

下面将分别描述各项业务。

1. 订单管理

此项业务包括接收订单、整理数据、订单确认、交易处理（包括信用卡结算以及赊欠业务处理）等。在电子物流的订单管理业务活动中需要通过复杂的软件应用来处理繁杂的业务环节，为了得到较高的效率，订单管理业务需要做以下工作。

（1）确认订单来源。当电子物流服务提供商收到一份订单时，电子物流系统会自动识别该订单的来源以及下订单的方式，统计顾客是通过何种方式（电话、传真、电子邮件等）完成的订单。当这一切工作结束后，系统还会自动根据库存清单检索订单上的货物目前是否有存货。

（2）支付处理。在顾客提交订单后，还需要输入有关的支付信息，电子物流系统会自动处理信用卡支付业务以及赊欠业务。如果客户填写的支付信息有误，系统将会及时通知顾客进行更改，或者选择其他合适的支付方式。

（3）订单确认与处理。当顾客的支付信息被处理后，电子物流系统会为顾客发送订单确认信息。在这一切工作就绪之后，电子物流系统会对客户的订单进行格式化，并将订单发送到离客户最近的仓储中心。

2. 仓储与分拨

（1）分拣。当仓储中心收到订单后，就会根据订单内容承担起分拣、包装以及运输的任务。在这个阶段，有的电子物流服务提供商还会提供一些增值服务，如根据顾客的特殊需求对物品进行包装等。

（2）存货清单管理。仓储与分拨中心同时负责存货清单管理以及存货的补给工作，并由电子物流服务系统进行监测。这种服务将会为制造商提供有效的库存管理信息，使制造商或经销商保持合理的库存。

3. 运输与交付

这一步骤包括对运输的全程管理。具体包括处理运输需求、设计运输路线、运输的实施等。

这一步骤同时包括向客户提供通过互联网对货物运输状态进行实时跟踪的服务。电子物流服务提供商在提供运输与交付业务时也会选择将该项业务向具有运输服务力量的第三方运输公司外包。

4. 退货管理

退货管理业务承担货物的修复、重新包装等任务，这个过程需要进行处理退货授权认证、分拣可修复货物、处理受损货物等工作。

5. 客户服务

客户关系管理服务包括售前服务和售后服务，同时还包括对顾客的电话、传真、电子邮件的回复等工作，处理的内容包括存货信息、货物到达时间、退货信息以及顾客意见。

客户关系管理不是一个孤立的业务步骤，这项工作与订单管理、仓储分拨、运输、退货管理等环节有密切联系，需要相互支持。目前许多电子物流服务提供商通过内部或者外部的呼叫中心向顾客提供"24×7×365"的客户关系管理服务。

**6. 数据管理与分析**

对于顾客提交的订单，电子物流系统有能力对相关数据进行分析，产生一些深度分析报告。这些经过分析的信息可以帮助制造商以及经销商及时了解市场信息，以便随时调整目前的市场推广策略。这项服务同时也是电子物流服务提供商向客户提供的一项增值服务。

**（三）传统物流服务与电子物流服务的区别**

顾客在网上的购买行为与传统的购买行为有所不同，因此也就决定了电子物流服务形式、手段的特殊性。在网上购物的顾客希望在网上商店寻觅到所需的特定物品，并且希望能够得到实时的信息反馈，诸如是否有存货、何时能够收到货物等实时的信息，同时他们也十分关注如果在网上选购的物品不甚理想或者是物品在运输途中受损是否能够及时、便利地办理退货等。新兴的电子物流服务就是由具备实力的服务商来最大限度地提供满足顾客需求的外包服务。

传统物流服务与电子物流服务的比较如表3-1所示。

表3-1 传统物流服务与电子物流服务的比较

| | 传统物流 | 电子物流 |
| --- | --- | --- |
| 业务推动力 | 物质财富 | IT技术 |
| 服务范围 | 单项物流服务（运输、仓储、包装、装卸、配送等） | 综合性物流服务，同时提供更广泛的业务范围，如网上前端服务等 |
| 通信手段 | 传真、电话等 | 大量应用互联网、EDI技术 |
| 仓储 | 集中分布 | 分散分布、分拨中心更接近顾客 |
| 包装 | 批量包装 | 个别包装，小包装 |
| 运输频率 | 低 | 高 |
| 交付速度 | 慢 | 快 |
| IT技术应用 | 少 | 多 |
| 订单 | 少 | 多 |

由于认识到电子物流将带来的市场机遇，传统的提供仓储分拨业务、运输业务的服务提供商纷纷涉足电子物流业务解决方案开发的市场，更有一些新进入该领域的服务提供商十分看好其发展潜力，希望能在电子物流市场上

分"一杯羹"。

**(四) 电子物流的市场参与者**

从目前的电子物流服务市场来看，主要有四类市场参与者，它们分别是传统的物流服务提供商、软件供应商、集成商以及物流服务解决方案供应商，如图 3-5 所示。从表面来看，这些市场参与者分别从事特定的服务，但是在电子物流服务市场领域，大多数市场参与者向客户提供的是一种综合性的物流服务。目前还没有任何一个电子物流服务供应商能够提供全部的电子物流服务，大部分厂商是通过利用自身的力量或者寻找业务合作伙伴来向客户提供端到端的电子物流服务解决方案。

图 3-5 电子物流服务市场的参与者

## 三、绿色物流

**(一) 绿色物流的概念**

绿色物流（Environmental Logistics）指的是在物流过程中抑制物流对环境造成危害的同时，实现对物流环境的净化，使物流资源得到最充分的利用。

随着环境资源恶化程度的加深，人类生存和发展的威胁越来越大，因此人们对资源的利用和环境的保护越来越重视，对于物流系统中的托盘、包装箱、货架等资源消耗大的环节出现了以下几个方面的趋势。

（1）包装箱材料采用可降解材料。

（2）托盘的标准化使得可重用性提高。

（3）供应链管理的不断完善大大地降低了托盘和包装箱的使用。

现代物流业的发展必须优先考虑在物流过程中减少环境污染，提高人类生存和发展的环境质量。可利用废弃物的回收利用已列入许多发达国家可持续发展战略，因为地球上的资源总有一天会用完，对此我们要高度重视。

### （二）绿色物流的构成

由于物流是与节约资源、保护环境相关的流通活动主要发生的领域，故绿色物流也是绿色流通中的主要方面。

绿色物流由以下三个子范畴组成。

1. 绿色运输

绿色运输是指各种运输工具采用节约资源、减少污染和保护环境的原料作为动力。当一些大城市的车辆已大大饱和的时候，专业物流企业的出现使得在大城市的运输车辆减少，减轻城市的烟气污染压力。专业物流企业的运输工具可以转换其他燃料，如改用液化气作为城市运输工具的动力等，也可以采用太阳能作为动力，这些还可以取得政府的政策支持。

2. 绿色包装

绿色包装是指采用节约资源、保护环境的包装。绿色包装的途径主要包括：促进生产部门采用尽量简化的以及由可降解材料制成的包装，商品流通过程中尽量采用可重复使用单元式包装，实现流通部门自身经营活动用包装的减量化，主动地协助生产部门进行包装材料的回收及再利用。

3. 绿色流通加工

绿色流通加工是指在流通过程中继续对流通中商品进行生产性加工，以使其成为更加适合消费者需求的最终产品。流通加工具有较强的生产性，也是流通部门对环境保护可以有大作为的领域。绿色流通加工的途径主要分为两个方面：一方面是变消费者分散加工为专业集中加工，以规模作业方式提高资源利用效率，以减少环境污染，如餐饮服务业对食品的集中加工，减少家庭分散烹调所造成的能源和空气污染；另一方面是集中处理消费品加工中产生的边角废料，以减少消费者分散加工所造成的废弃物污染，如流通部门对蔬菜的集中加工减少了居民分散垃圾丢放及相应的环境治理问题。

## 本章案例

### 索尼全球物流的增减之法

索尼集团公司的物流理念是，必须从战略高度去审视和经营物流，每时每刻都不能忽视物流。

索尼集团全球物流公司通过不断革新物流经营模式，根据全球市场需求而不是根据索尼工厂的生产计划彻底重振全球物流网络渠道，千方百计紧缩存

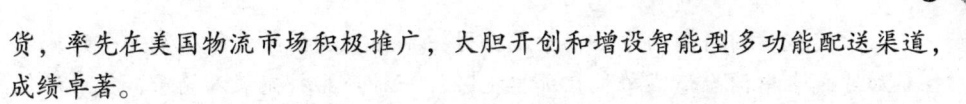

货，率先在美国物流市场积极推广，大胆开创和增设智能型多功能配送渠道，成绩卓著。

索尼集团公司拥有和经营目前分布于全世界的75家工厂和200多个全球性的销售网络。据国际物流专家估计，仅仅在电子产品方面，迄今索尼集团公司每年的全球集装箱货运量已经超过16万标准箱，是世界上规模比较大的生产厂商和发货人之一。为了充分发挥跨国经营的杠杆作用，扩大其在国际市场上的竞争能力，目前该集团物流公司正在与承运人及其代理商展开全球性商谈，以便进一步改善物流供应链，提高索尼集团公司的经济效益。

索尼集团总公司要求索尼集团公司系统内的各家索尼集团公司必须切实做到竭尽全力缩短从产品出厂到客户手中的过程和所用的时间，特别是要缩短跨国转运、多式联运和不同类型运输方式之间货物逗留的时间，保证"零逗留时间，零距离，零附加费用，零风险"物流服务全面到位，大力加强索尼集团公司和物流链服务供应方之间的合作关系和始终保持电子数字信息交换联系的畅通，最终确保索尼物流增收节支。

索尼公司认为，仓储成本过高对于物流十分不利。索尼物流在美国年均产生仓储费用就高达2000万美元，其中还没有包括昂贵的内陆公路和铁路运输费用，集装箱货物被盗窃所产生的货损货差赔偿费用，集装箱货物运输保险费用，减少物流仓储必然会减少物流成本，加快供应链运转速度和确保物流的安全操作。

2001~2003年，索尼物流公司在美国的仓储场所被削减一半以上，供应链存货量也被减少一半，从原来的15天存货储备改为6.5天存货。其中包括把索尼物流公司设立在美国西海岸原来众多的仓库撤销，通过所谓交叉式站台集散服务面和提高快速货递频率，从一个月仅仅送货一次改为一周几次的供应链模式，把仓储业务全部集中到在美国西海岸的洛杉矶港附近卡森专门建立的一座物流中心的集装箱装卸设备非常先进的仓库中，以此为中心，以点带面，用快件速递方式把集装箱货物向美国腹地发运，大约3天，从美国西海岸港口卸下的集装箱货物就可以抵达美国东海岸。

任何事物都是一分为二的，索尼物流公司把其在美国西海岸几乎全部物流业务集中在洛杉矶附近的卡森物流中心确实是有一定的风险，但是索尼公司认为这些风险在目前经营管理技术条件下是可以克服的，其最大的优势是减少管理层面，把原来错综复杂的物流业务集中到一个中心，不仅避免不必要的财力、物力、人力等资源浪费，进一步减少物流基础设施的投资总额，而且提高物流的效率和效益。迄今为止，索尼公司在美国经营的物流配送所产生的成本是世界上最低廉的。

## 移动物流

由于实施多国拼箱的方法，索尼公司把半箱货物的集装箱从某一个产地发往新加坡或者中国台湾高雄，在那里把另外一种产品补充装入箱子，变成满箱货物的集装箱，然后继续运输，直至北美或者欧洲某目的港。这种物流方法的最大好处，首先是避免了等候时间，同时也大幅度减少了通关时间。

目前，索尼集团公司又在世界各地组织"递送牛奶式"服务，进一步改善索尼公司在全球，特别是在亚洲地区的索尼产品运输质量。索尼物流分支公司围着供应方转，代表零部件供应商随时提以索尼工厂所需要的备件订单。递送牛奶式服务是一种日本人特有的快捷服务，高效、快捷、库存量合理，特别受到要求数量不多、产品规格特别的客户欢迎。

索尼新加坡公司在船舶或者航空货机开航前7天准备货物托运手续，由于采用若干出口优先规划，海运已经缩短到4天，空运缩短到1天。索尼物流公司所采用的零配件采购经营方式是独一无二的，即通过第三方经营人控制和实施索尼物流公司的供应链管理业务，所有的物流费用也是通过第三方经营人收取的。

一反常态，由外及里的索尼物流经营管理模式在最大限度内提高物流服务销售量，同时却大幅度减少索尼公司物流资源的浪费，例如，索尼物流公司在美国各地总共拥有9家零配件采购基地，其员工总数不过300人，同时索尼物流公司在美国各地拥有106家成品配送中心，其员工仅仅700人，员工队伍人数少，却以少胜多，创造出令人瞩目的物流业绩。目前索尼美国公司在索尼中国公司的密切配合和支持下，在美国经营的零配件和成品物流年均收益达到27.6亿美元。

资料来源：www.jctrans.com，2009-11-30。

**问题讨论：**
1. 索尼集团公司的物流理念主要体现在哪些方面？
2. 索尼物流经营管理模式是如何提高物流服务销售量的？

## 本章小结

物流实体必须同步于商务活动交易形式和速度的发展，企业应根据自身的经营特点选择能适时开展企业物流活动的模式，这对于实现电子商务环境中物流与商流、信息流、资金流的同步化目标，发挥电子商务整体运行优势，降低总的交易成本，有着十分重要的战略意义。

## 本章复习题

1. 第三方物流的定义是什么?
2. 简述国际物流系统的组成。
3. 国际货物运输的性质和特点是什么?
4. 简述新型物流配送中心特征及运作类型。
5. 比较第四方物流与第三方物流的差异,并分析其发展前景。

# 第四章 物流管理

## 学习目的

**知识要求** 通过本章的学习，掌握：

- 物流企业管理的基本原理
- 物流成本管理的概念
- 物流标准化的含义

**技能要求** 通过本章的学习，能够：

- 了解物流企业的构成
- 了解物流企业的经营形式
- 熟悉物流管理的核心内容
- 熟悉物流标准体系表的构成
- 了解物流新课题的标准化问题

## 学习指导

1. 本章内容包括：企业物流，物流企业管理，物流管理的核心内容和物流标准化。

2. 学习方法：独立思考，抓住重点；与同学讨论物流企业控制物流成本的重要性和主要方法；能够了解目前物流标准化的现状以及今后的发展趋势。

3. 建议学时：8学时。

# 移动物流

## 引导案例

### 摩托罗拉的物流管理

作为全球通信领域的领导者,摩托罗拉自1987年进入中国以来,一直以先进的技术和充满个性的产品引领中国通信市场的潮流,并占领了很大的市场份额。摩托罗拉个人通信事业部在中国拥有4000多名员工,拥有实力强大的生产、销售及研发队伍,并拥有极具创新精神的市场推广和售后服务团队。摩托罗拉天津手机厂于1992年7月投入运营,产品主要为GSM和CDMA移动电话,是摩托罗拉全球最大的手机厂,产品的60%~70%出口到欧美地区。1999~2007年,该厂已连续数年占据中国手机市场份额第一的位置。

摩托罗拉在中国市场乃至全球市场取得如此成绩,是与其各项业务的成功运作和先进管理分不开的。在当今人们一致认为物流是企业第三利润源,并致力于从物流管理中寻找"金矿"的时候,摩托罗拉是如何挖掘这个"金矿"的?摩托罗拉的物流管理有什么特色?

摩托罗拉是一家跨国公司,供应商遍及全球各地,实行统一采购,根据订单的需求以及成本因素统一安排生产,物流管理在企业的生产经营过程中起着举足轻重的作用。国际、国内航空运输业和交通状况以及一些政策因素的变化对于像摩托罗拉这样的跨国公司的影响相当大。比如,2005年的美国西海岸封港事件就直接导致了摩托罗拉运输成本增加和运输周期延长,以至于企业在全球范围的物流运作受到了影响。

摩托罗拉专门设有一个管理团队从事物流管理,负责摩托罗拉物流、运输工作的协调和管理以及物流服务商的选择和管理,团队的主要成员由摩托罗拉各个事业部的物流骨干人员以及总公司骨干人员组成。

摩托罗拉招标选择物流服务商的基本原则是,根据公司全球总的物流量,按一个统一的标准进行招标,统筹考虑,最终按照"5+2"的方式来确定,即5家货运代理企业、2家快递服务商,这不仅大大地减少了物流服务商的数量,以更加集中的货物量获得具有竞争力的价格,也便于对物流服务商进行日常管理。

摩托罗拉个人通信事业部配运中心经理张东风先生告诉我们:通过招标方式,一方面,可以使摩托罗拉获得国内外优秀的物流服务商提供的优质服务;另一方面,这种招标方式也在物流服务商之间形成一种潜在的竞争机制,如果某个物流服务商不能够为摩托罗拉提供始终如一的完善服务,就有可能被淘汰，使其他物流服务商也有机会入围，从而在整个物流行业形成一种竞争向上的氛围，促进物流服务质量的提高。通过对物流服务商的统一招标选择，摩托罗拉全球范围内的资源得到了整合，物流成本降低了30%~40%。

资料来源：www.jctrans.com，2007-01-31。

➡ **问题：**
1. 该企业降低物流成本的重点是什么？
2. 该企业降低物流成本的策略有哪些？

# 第一节　企业物流

## 一、生产物流

### （一）生产物流概述

生产物流一般是指原材料、燃料、外购件投入生产后，经过下料、发料，运送到各加工点和存储点，以在制品的形态，从一个生产单位（仓库）流入另一个生产单位，按照规定的工艺过程进行加工、储存，借助一定的运输装置，在某个点内流转，又从该点流出，始终体现着物料实物形态的流转过程。这样就构成了企业内部物流活动的全过程。所以生产物流的边界始于原材料、外购件的投入，止于成品仓库，贯穿生产全过程。由此可见，工业企业物流不畅将会导致生产停顿。

物流过程要有物流信息服务，即物流信息要支持物流的各项业务活动。通过信息传递，把运输、储存、加工、装配、装卸、搬运等业务活动联系起来，协调一致，以提高物流整体作业效率。图4-1是生产物流中的物流和信息流。

从以上可以看出，生产物流研究的核心是如何对生产过程中的物料流（Material Flow）和信息流（Information Flow）进行科学的规划、管理与控制。

### （二）生产物流计划

生产物流计划的核心是生产作业计划的编制工作，即根据计划期内规定的出产产品的品种、数量、期限，以及发展了的客观实际，具体安排产品及其零部件在各工艺阶段的生产进度。与此同时，为企业内部各生产环节安排短期的生产任务，协调前后衔接关系。生产物流计划的作用有以下几点：

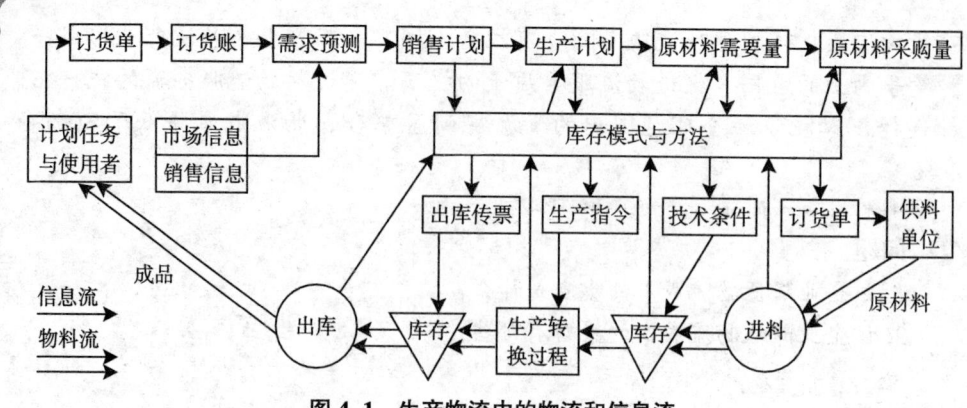

图 4-1　生产物流中的物流和信息流

（1）保证生产计划的顺利完成。为了保证按计划规定的时间和数量出产各种产品，要研究物料在生产过程中的运动规律，以及在各工艺阶段的生产周期，以此来安排经过各工艺阶段的时间和数量，并使系统内各生产环节内的在制品的结构、数量和时间相协调。

（2）为均衡生产创造条件。均衡生产是指企业及企业内的车间、工段、工作地等生产环节，在相等的时间段内，完成等量或均增数量的产品。

（3）加强在制品管理，缩短生产周期。保持在制品、半成品的合理储备是保证生产物流连续进行的必要条件。在制品过少，会使物流中断而影响生产；反之，又会造成物流不畅，加长生产周期。因此，对在制品的合理控制，既可减少在制品占用量，又能使各生产环节衔接、协调，按物流作业计划有节奏地、均衡地组织物流活动。

（三）生产物流控制

在实际的生产物流系统中，由于受系统内部和外部各种因素的影响，计划与实际之间会产生偏差，为了保证计划的完成，必须对物流活动进行有效的控制。

一个控制系统必须由若干个要素组成，主要包括：

（1）控制对象。控制对象可由人、设备组成一个基本系统单元，通过施加某种控制或指令，能完成某种任务。在生产物流中物流过程是主要的控制对象。

（2）控制目标。控制本身并不是目的，系统必须有一个事先设定的目标。控制的职能随时或定期进行检查，发现偏差，然后进行调整，以利于目标的完成。

（3）控制主体。在一个控制系统里，目标已定，收集控制信息的渠道也已畅通，需要一个机构来比较当前系统的状态与目标状态的差距，如差距超过允许的范围，则需制定纠正措施，下达控制指令。

物流控制的具体内容包括：

（1）进度控制。物流控制的核心是进度控制，即物料在生产过程中的流入、流出控制，以及物流量的控制。

（2）在制品管理。在生产过程中对在制品进行静态、动态控制以及占有量的控制。在制品控制包括在制品实物控制和信息控制。有效地控制在制品，对及时完成作业计划和减少在制品积压均有重要意义。

（3）偏差的测定和处理。在进行作业过程中，按预定时间及顺序检测执行计划的结果，掌握计划量与实际量的差距，根据发生差距的原因、差距的内容及严重程度，采取不同的处理方法。首先，要预测差距的发生，事先规划消除差距的措施，如动用库存等；其次，为及时调整产生差距的生产计划，要及时将差距的信息向生产计划部门反馈；最后，为了使本期计划不做或少做修改，将差距的信息向计划部门反馈，作为下期调整的依据。

## 二、供应物流与销售物流

### （一）供应物流和销售物流的地位与作用

企业物流是由供应物流、生产物流、销售物流、回收物流与废弃物物流组成的。其中生产物流处于中心地位，它是和生产同步进行的，是企业内部所能控制的，实现合理化的条件最成熟。而供应物流和销售物流是生产过程物流的外延部分（上伸和下延），它受企业外部环境影响较大，如政策与市场环境、仓储与运输环境和一些间接环境等。简单地说，原材料供应如不及时，将影响生产，而原材料的采购、运输都受外界制约；又如，产成品销售也受市场和运输等条件制约，如已销售的产品，交通运输若不配合则无法如期发送交货。对于外界制约条件，虽然企业不一定能控制，但是应该加以研究，制定合理对策，以求得企业的顺利发展。

原材料及零部件购入的费用在生产成本中具有最重要的地位，一般占销售额的30%左右，而其中直接运输费用为采购成本的30%~50%，供应物流合理化为企业创造的效益相当可观。据资料介绍，日本某建材会社（生产与经营）年销售额折合人民币约为10亿元，改善后运输成本降低25%，又如韩国某家用电器综合会社的年销售额折合人民币约为115亿元，在洗衣机和空调器两个分厂实施供应物流的改善，使采购成本降低了1.5%。

企业物流是四通八达、纵横交错的社会物流网络中的一个节点，并以生产物流实现节点内的转换，以供应物流和销售物流实现节点之间的连接。供应物流和销售物流不通畅，企业生产就无法连续进行，社会物流网络也不能正常运转。

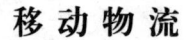

## (二) 供应物流

供应物流包括原材料等一切生产资料的采购、进货运输、仓储、库存管理、用料管理和供料运输。它是企业物流系统中独立性相对较强的一个子系统，并且和生产系统、搬运系统、财务系统等企业各部门以及企业外部的资源市场、运输条件等密切相关。

### 1. 供应物流系统的构成

图4-2是供应物流系统的功能结构，主要包括以下四项功能：

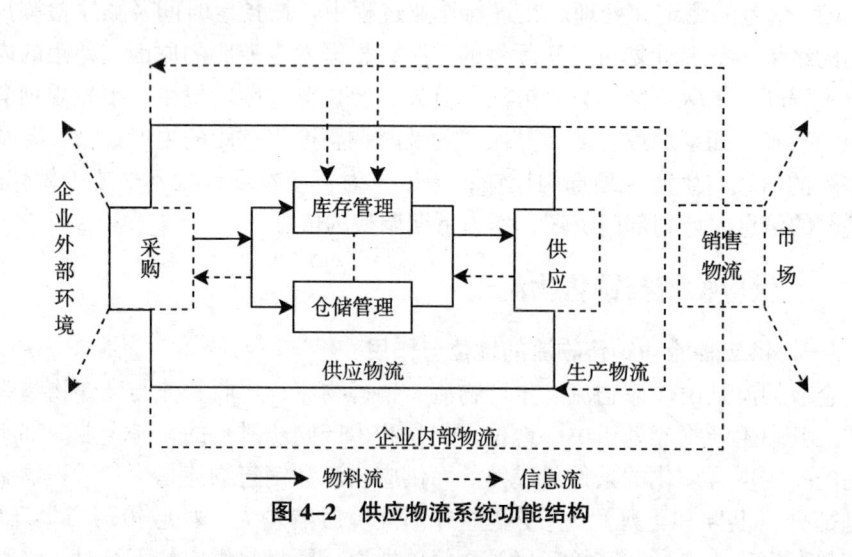

**图4-2 供应物流系统功能结构**

（1）采购。它是供应物流与社会物流的衔接点，是依据工厂企业生产计划所要求的供应计划制订采购计划并进行原材料外购的作业层，需要承担市场资源、供货厂家、市场变化等信息的采集和反馈任务。

（2）供应。它是供应物流与生产物流的衔接点，是依据供应计划——消耗定额进行生产资料供给的作业层，负责原材料消耗的控制。厂内供应方式有两种基本形式：一种是用料单位到供应部门领料；另一种是供应部门按时按量送料（配送）。

（3）库存管理。它是供应物流的核心部分。它依据企业生产计划的要求和库存状况制订采购计划，并负责制定库存控制策略及计划的执行与反馈修改。

（4）仓库管理。它是供应物流的转折点，它负责购入生产资料的接货和生产供应的发货，以及物料保管工作。

### 2. 采购决策

采购决策的内容主要包括：市场资源调查、市场变化信息的采集和反馈、供货厂家选择和决定进货批量、进货时间间隔等。

企业采购决策者应对所需原材料的资源分布、数量、质量和市场供需要求等情况进行调查，作为制订较长远的采购规划的依据；同时，要及时掌握市场变化的信息，进行采购计划的调整、补充。

在选择供货厂家时，应考虑原材料供应的数量、质量、价格（包括运费）、供货时间保证、供货方式和运输方式等，根据本企业的生产需求进行比较，最后选定供货厂家。要建立供货商档案，其内容主要有企业概况（地点、规模、营业范围等）、供应资材种类、运输条件及成本、包装材料及成本、保管费和管理费、包装箱和包装材料的回收率、交易执行状况等，完善的档案数据是选定供货商的重要依据。

采购批量在采购决策中是一个重要问题。一般情况下，每次采购的数量越大，在价格上得到的优惠越多，同时因采购次数减少，采购费用相对能节省一些，但一次进货数量大容易造成积压，从而占压资金，多支付银行利息和仓库管理费用。如果每次采购的数量过小，在价格上得不到优惠，因采购次数的增多而加大采购费用的支出，并且要承担因供应不及时而造成停产待料的风险。如何控制进货的批量和进货时间间隔，使企业生产不受影响，同时费用最省，是采购决策应解决的问题。

3. 经济订购批量公式

经济订购批量公式又称经济批量法（简称"E.O.Q 公式"）。它是由确定性存储模型推出的，进货间隔时间和进货数量是两个最主要的变量，运用这个方法，可以取得存储费用与进货费用之间的平衡，确定最佳进货数量和进货时间。

图 4-3 是确定性模型的典型库存模型。

在推导公式的过程中做了以下假设：①缺货费用无限大；②当存储降至零时，可以得到补充；③需求是连续的、均衡的，设需求速度只为常数，则 t 时间的需求量为 Rt；④每次订货量不变，订货费不变；⑤单位存储费不变。经过数学推导，最后得出公式（E.O.Q 公式）的形式如下：

$$Q_0 = Rt_0 = \sqrt{2C_3R/C_1} \tag{4-1}$$

式中，$Q_0$ 为订货批量；R 为需求速度；$C_1$ 为单位存储费用；$C_3$ 为订购费；$t_0$ 为间隔时间。

进一步简化可以得出最佳费用公式：

$$C_0 = \sqrt{2C_1C_3R} \tag{4-2}$$

$C_0 = \min C(t)$，即最佳费用（包括存储费用和订购费用）。

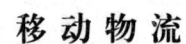

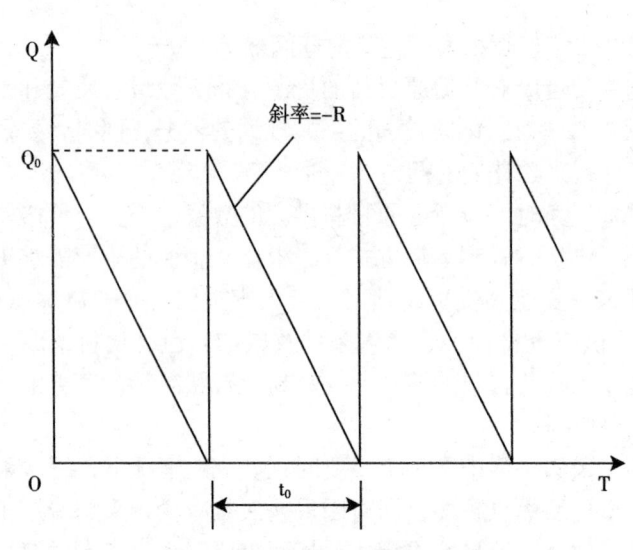

图 4-3　确定性模型的典型库存模型

4. 供应物流改善的方向

（1）准确预测需求。这里所指的需求，是以工厂生产计划对各类物资的需求为依据确定出的物资供应需求量，生产计划是根据市场对该产品的需求量来制订的，而供应计划则依据生产计划下达的产品品种、结构、数量的需求、各种材料的消耗定额和生产工艺时序来制订。供应计划要做到对各种原材料、购入件的需求量（包括品种、数量）和供货日期的准确需求预测，才能保证生产正常进行，降低成本，加速资金周转，提高企业经济效益。因此，制订切实可行的生产计划，确定合理的物资消耗定额，是做到准确预测需求的关键。

（2）合理控制库存。供应物流中断将使生产陷于停顿，所以必须有一定数量的储备，以保证生产的正常进行。这种储备包括两个方面：

① 正常库存。因采购是批量进行的，而生产是连续进行的，由于这种节奏的不一致，要保证生产，必须有正常的库存。

② 安全库存。为了防止发生意外事故和不可知因素的影响，供应活动受到阻碍时，需要有安全库存，以保证生产的正常进行。

库存控制的内容包括库存控制策略、库存计划及库存动态调整。库存控制是实现合理储存的重要手段，运用这种手段来解决物资供应计划中的合理储备数量问题，将改善物流供应状态。图 4-4 为计算机库存控制体系。

（3）科学地进行采购决策。采购决策的内容在前文已有介绍。由于影响因素的复杂性，特别是人为因素的介入，使决策的正确性受到很大影响，因此，

图 4-4 计算机库存控制体系

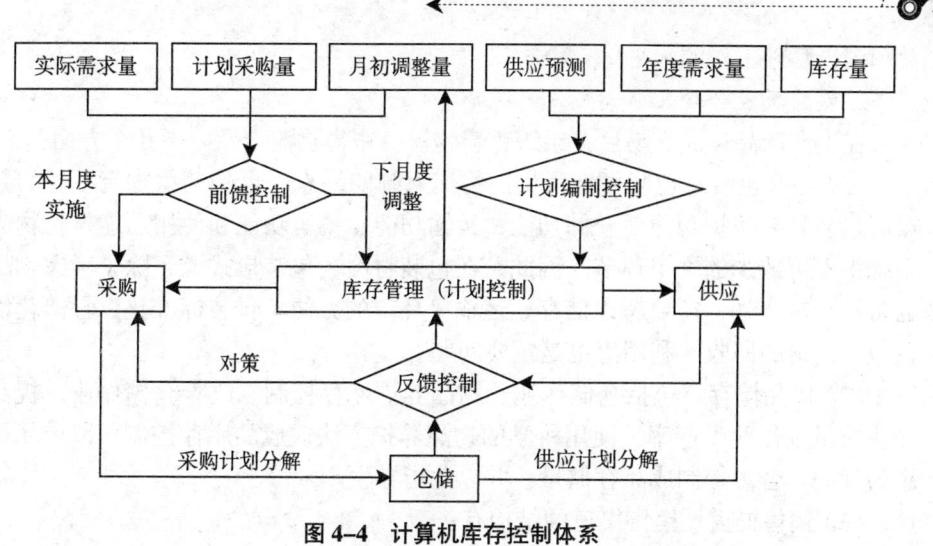

发展计算机辅助采购决策系统是一种有效的解决途径。这既要有市场资源、价格、供货人以及交通运输的信息与档案，也要建立正确的决策模型。

### （三）销售物流

销售物流是企业物流系统的最后一个环节，是企业物流与社会物流的又一个衔接点。它与企业销售系统相配合，共同完成产成品的销售任务。

**1. 销售系统的功能**

销售活动的作用是企业通过一系列营销手段，出售产品，满足消费者的需求，实现产品的价值和使用价值。销售系统的主要功能有：

（1）市场调查和需求预测。为企业的产品开发和生产技术系统提供准确的市场信息。调查和预测的对象包括国内外的传统市场、新市场和潜在市场。

（2）开拓市场和制定销售产品的方针和策略。包括销售渠道、营销组合、产品定价等。

（3）编制销售计划。正确确定计划期产品销售量和销售收入两个指标，满足社会需要，保证产品衔接。

（4）组织、管理订货合同。包括组织签订合同、检查执行合同和处理执行合同中的问题。

（5）组织产品推销。包括产品的商标与装潢设计、广告宣传、试销试展、派员推销以及市场信息反馈等。

（6）组织对用户的服务工作。包括产品安装调试，使用与维修指导，实行"三包"，提供配件以及售前、售后征求用户意见等。

（7）成本分析。对销售费用与销售成本进行分析，不断提高销售的经济效益和销售管理工作的水平。

2. 销售物流合理化

在生产产品达成交易后,组织销售物流。销售物流涉及以下几个方面:

(1) 工业包装。包装可视为生产物流系统的终点,也是销售物流系统的起点。包装具有防护功能、仓储功能、运输功能、销售功能和使用功能,是物流系统中不可缺少的一个环节。因此,在包装材料、包装形式上,除了考虑物品的防护和销售外,还要考虑储存、运输等环节的方便。包装标准化、轻薄化以及包装器材的回收、利用等也是重要问题。

(2) 成品储存。包括仓储作业、物品养护库存控制。改善仓储作业,提高作业质量及作业生产率,使用科学的物品养护方法;成品库存控制应以市场需求为导向。合理控制成品存储量,并以此指导生产。

(3) 销售渠道。销售渠道的结构有:

生产者→消费者,销售渠道最短。

生产者→批发商→零售商→消费者,销售渠道最长。

生产者→零售商或批发商→消费者,销售渠道介于以上两者之间。

影响销售渠道选择的因素有政策性因素、产品因素、市场因素和生产企业本身因素。生产企业对影响销售渠道选择的因素进行研究分析以后,结合本身的特点和要求,对各种销售渠道的销售量、费用开支、服务质量经过反复比较,找出最佳销售渠道。

(4) 产成品的发送。根据产成品的批量、运送距离、地理条件决定运输方式。对于第一种销售渠道,运输形式有两种:一是销售者直接取货;二是生产者直接发货给消费者。对第二、第三种销售渠道,除采用上述两种形式外,配送是一种较先进的形式,可以推广。由生产者直接发货时,应考虑发货批量大小问题,它将直接影响到物流成本费用,要使发货批量达到运输费+仓储费用最小的原则。

(5) 信息处理。完善销售系统和物流系统的信息网络,加强二者协作的深度和广度,并建立与社会物流沟通和联系的信息渠道。建立订货处理的计算机管理系统及顾客服务体系。

## 三、回收物流与废弃物流

### (一) 回收物流与废弃物流概述

1. 物资循环过程

人类社会所需要的各种物资都来自自然界,无论是食品、服装、建筑材料、金属还是塑料制品,最初都是从自然界取得原材料经过制造而成的。在人类社会中，从生产经过流通直至消费是物资流向的主渠道。但是在这一过程中，有生产过程中形成的边角余料、废渣、废水，有流通过程中产生的废弃包装器材，也有大量由于变质、损坏、使用寿命终结而丧失了使用价值或者在生产过程中未能形成合格产品而不具有使用价值的物资，它们都要从物流主渠道中分离出来成为生产或流通中产生的排泄物。这些排泄物一部分可以回收并再生利用，称为再生资源，它们形成了回收物流；另一部分在循环利用过程中基本或完全失去了使用价值，形成无法再利用的最终排放物，即废弃物。废弃物经过处理后返回自然界，形成了废弃物流。

如上所述，可见排放物的产生来自以下三个方面：

（1）生产过程发生的排放物。

①工艺性排放物。由于生产性质不同，其排放物有很大的差异，如造纸厂产生的废渣以及为了漂白等目的使用的化学药液随水排出的废水、钢厂生产中产生的钢渣、切头切尾；机械厂切削加工形成的切屑等。此类排放物根据工艺流程和技术水平的条件，其排放时间、数量、种类有一定的规律性，能形成稳定的物流系统。

②生产过程中的废品、废料。其产生的数量具有一定规律性，但产生的时间却有很大的偶然性，在工艺流程中往往就地回收，重新纳入生产流程中，而很少进入社会物流系统。

③装备、设施和劳动工具的报废。造成其报废的主要原因是，由于正常使用中寿命的终结或意外损坏而丧失了使用价值；或者由于设备更新而淘汰，这些排放物不是经济活动产生的，需要随机进行处理。

（2）流通过程产生的排放物。流通也是产业部门，需要消耗燃料及其他动力与资材，这些都会产生废弃物。流通部门最典型的废弃物是被捆包的物体解捆以后所产生的废弃捆包材料，如木箱、纺织袋、纸箱、纸带、捆带、捆绳等。有的可以直接回收使用，有的要进入物资大循环再生利用。

（3）消费后产生的排放物。这类排泄物一般称为垃圾，有家庭垃圾、办公室垃圾等混合组成的城市垃圾，包含食物残渣、蔬菜、肉骨、破旧衣物、已失去使用价值的家用电器、玻璃或塑料容器、办公废纸等。

生产过程和流通过程产生的废弃物称为工业废物，按照法律规定由产业部门自行处理，处理费用属于生产成本，消费后产生的废弃物称为一般废弃物或生活废弃物、垃圾，主要由政府财政支付其处理费用。

2. 回收物流与废弃物流的概念

对排放物处理有两方面含义。一是将其中再利用价值的部分加以分拣、加工、分解，使其成为有用的物资重新进入生产和消费领域。例如废纸被加工成纸浆，又成为造纸的原材料，废钢被分拣加工后又进入冶炼炉变成新的钢材，废水经净化后又被循环使用等。二是对已丧失再利用价值的排放物，从环境保护的目的出发将其焚烧，或送到指定地点堆放掩埋，对含有放射性物质或有毒物质的工业废物，还要采取特殊的处理方法。前者称为回收，后者称为废弃，这两类物质的流向形成了回收物流和废弃物流。

3. 回收物流与废弃物流的意义

（1）回收物流是社会物资大循环的组成部分。自然界的物资不是无限的，森林的采伐、矿山的开采都是有一定限度的，在资源已日渐枯竭的今天，人类社会越来越重视通过回收物流将可以利用的废弃物收集、加工，重新补充到生产、消费的系统中去。

（2）回收物流与废弃物流合理化的经济意义。废弃物资是一种资源，但和自然资源不同，它们曾有过若干加工过程，本身凝聚着能量和劳动力的价值，因而常被称为载能资源。回收物资重新进入生产领域作为原材料会带来很高的经济效益。

（3）回收物流与废弃物流合理化的社会意义。由于废弃物的大量产生严重地影响人类赖以生存的环境，必须有效地组织回收物流与废弃物流，使废弃物得以重新进入生产、生活循环或得到妥善处理。

当前社会最关切的问题之一就是环境问题，而环境污染的根本问题是废弃物（含废水、废气）造成的。良好的垃圾处理系统是文明的标志之一，城市垃圾如果没有环卫系统的进行，数日之间将变得又脏又臭，良好的生活环境和工作环境将受到破坏。因此，回收物流和废弃物流的管理不完全是从经济效益考虑，也要从社会效益考虑。

（二）回收物流与废弃物流技术

1. 回收物流与废弃物流技术的特点

回收与废弃物流仍然是由运输、储存、装卸、包装、流通加工和物流信息等环节组成，其物流技术也是围绕这些环节发展的，但因系统性质不同，所以技术特点也有差异。

（1）小型化、专用化的装运设备。回收与废弃物流的第一阶段任务是集中，废弃物来源于每一个工矿、企业和家庭，由于分布广泛，因此采用多阶收集、逐小集中的方式，广泛使用各种小型的机动车和非机动车。

（2）简易的储存、包装要求。这些物资是以废弃物的形式出现的，一般只要有露天堆放场所，但也在一部分回收物资，如废纸等，在堆放时需要有防雨措施，或放置在简易库房中。

（3）多样化的流通加工。由于废弃物种类繁多，性质各异，故流通加工的方式也很多，但此种加工的目的是为流通服务的，如利用回收物资作为原材料制造某种产品则应视为生产加工。

（4）低成本的要求。回收物流与废弃物流中由于所处理的对象物价值不高，因此物流费用必须保持在低水平。对废弃物处理费用过高，将加大企业的开支，或增加社会福利基金开支。回收物资成本过高，将导致以回收物资为原材料的生产企业陷入困境，甚至转而寻求其他途径解决原材料问题。

2. 回收物流技术分类

废旧物资回收的目的是将其经过修复、处理、加工后再次反复使用。因此，研究物品复用的技术是回收物流的基础和前提。

一般来说，回收物流技术可概括为以下六个方面：

（1）原厂复用技术流程。原厂产生废旧物品→原厂回收→原厂分类→原厂复用。钢铁厂的废钢铁回收再利用就是一个典型的例子。

（2）通用回收复用技术流程。通用化、标准化的同类废旧物品→统一回收→按品种、规格、型号分类→复用标准达到后进行通用。

（3）外厂代用复用技术流程。本厂过时性、生产转型及规格不符的废旧物品→外厂统一回收→按降低规格、型号、等级分类或按代用品分类→外厂验收→外厂复用。

（4）加工改制复用技术流程。需改制的废旧物品→统一回收→按规格、尺寸、品种分类→拼接→验收→复用。

（5）综合利用技术流程。工业生产的边角余料、废旧纸、木材包装容器→统一回收→综合利用技术→验收→复用。

（6）回炉复用技术物流。需回炉加工的破旧物品→统一回收→由各专业生产厂进行再生产性的工艺加工→重新制造原物品→验收→复用。废玻璃、废布、废锡箔纸等属于这一类。

# 第二节　物流企业管理

## 一、物流企业概述

### （一）物流企业的职能和任务

1. 物流企业的概念及特征

物流企业是独立于生产领域之外、从事商品（包括生产资料、生活资料和服务）流通（交换）活动的经营单位，在商品市场上依法进行自主经营，自负盈亏，自我发展，自我约束，具有法人资格的商品经营者。具体来讲，物流企业是以物流为主体功能，同时伴随有商流和信息流，它包括仓储业、运输业、批发业、连锁商业和代理业等。

从物流企业的概念中，可以知道其内涵和特征：物流企业是国民经济流通产业机体的细胞，具有健全机能和旺盛生命力的有机体；物流企业在市场经济的运行和发展过程中，是专门从事实体商品交换活动的经济组织；物流企业为了维系生存和发展，具有自身的利益驱动机制；物流企业是具有执行职能，平等参与竞争，享有合法权益的法人。

2. 物流企业的基本职能

在社会市场经济条件下，社会生产总过程是由生产、分配、交换、消费四个基本环节构成的。马克思说："生产表现为起点，消费表现为终点，分配和交换表现为中间环节。"商品的流通是连续的交换，或者是从总体上看的交换。可见，商品的流通是社会生产总过程中相对独立的环节，是连接生产和消费的中间环节。生产企业只有相互交换各自的物质产品，才能使各自的生产过程不间断地连续进行。这一基本职能称为物流企业的宏观职能。商品流通全过程，一般分为购、销、存、运四个相对独立的环节。物流企业的宏观职能是通过其微观职能来实现的。其微观职能表现为：

（1）物流企业购买商品的职能，也称为组织社会物质资源的职能。

（2）物流企业销售商品的职能，也称为商品供应职能。

（3）物流企业储存商品的职能，即"蓄水池"职能。商品储存是指物质产品离开生产领域，但还没有进入消费而在流通领域内的暂时停止。

（4）物流企业运送物质实体的职能。

（5）物流企业的信息流通职能。

综上所述，物流企业的宏观职能是靠其微观职能的具体实施完成的。宏观职能为微观职能指明方向，微观职能又是实现宏观职能的具体体现，二者互为条件，彼此制约，上述职能都是通过物流企业自主经营完成的。

（二）物流企业的经营形式

任何一个经济实体从事生产经营活动时，都离不开相应的组织活动形式。物流企业经营也同样需要与其社会经济体制和经营管理水平相适应的合理的经营形式。企业经营形式实际上是企业制度及其表现形式的统一体。一定的社会经济体制决定企业制度，同时也决定着体现企业制度的形式。由于物流企业的规模、经营范围和经营管理工作的复杂程度，以及在国民经济和社会发展中的影响程度都存在差异，所以，物流企业的两权（所有权与经营权）分离程度也必然有差异，这样，就在客观上提出了物流企业经营形式多种类的要求。与客观要求相适应，实践中产生并形成了物流企业使用的几种企业经营形式：租赁经营、股份经营、企业群松散联营和综合商社式企业集团化经营等。

（三）物流企业的组织机构

所谓企业组织机构，是指企业内部组织机构按分工协作关系和领导隶属关系有序结合的总体。企业组织机构是流通生产力发展的产物，是与流通生产力相适应的生产关系的形式。它的基本内容包括明确组织机构的部门划分和层次划分，以及各个机构的职责、权限和相互关系，由此形成一个有机整体。不同部门及其责权的划分，反映组织机构之间的分工协作关系，称为部门机构；不同层次及其责权的划分，反映组织机构之间的上下级或领导隶属关系，称为层次机构。

物流企业内部的组织机构，从纵向看又划分为若干层次即管理层次。所谓管理层次，是指从企业经理到基层工作人员之间体现领导隶属关系的管理环节，即经营管理工作分为几级管理。

物流企业组织机构的管理层次，一般划分为三个层次，如图4-5所示，组成正立三角形的层次机构。一般地，大中型的物流企业为三级管理，即三个层次；小型物流企业适宜两级管理，即两个层次。

图 4-5 物流企业组织机构的管理层次

最高管理层，即以经理为首的领导班子，统一领导各个层次的经营管理等活动。其主要职能是制定经营目标、方针、战略；利润的使用、分配方案；重大规章制定、修改和废止；指挥和协调各组织机构的工作和相互关系，确定它们的职责和权限等。

中间管理层是指根据经营管理工作的需要设置的承上启下的中间层次的机构，主要是经营业务，职能管理和行政办事机构。它们的主要任务和职责权限是依据最高层次下达的指令和任务制定本部门的执行目标，直接从事商品流通的经营活动或管理活动，保证实现企业的经营和管理目标，以及向决策层提出建议和直接领导最基层机构的各项具体的经营管理工作。

基层管理层是指经营管理工作的执行操作机构,是直接领导基层工作人员的管理层次,是企业中的最低的管理层。例如,直接从事商品购销活动的门市部、从事商品储存保管的部门等。它们的主要任务和职责权限是依据上一层机构下达的任务优化组织实施的具体方案,采取多种经营方式,实施优质服务,保证完成各自的经营目标,以及向上层的领导机构报告工作或提出建议。

物流企业组织机构的管理形式,是指企业的整个组织机构按部门划分和按层次划分组成纵横交错关系的组织管理形式,它取决于企业规模、经营内容、企业人员素质、经营管理水平和企业内外部环境等多种因素。此外,企业的所有制不同,它的组织管理形式也会有所不同。而且企业组织机构的管理形式,是随着企业发展和管理科学化、现代化的发展而发生变化的,从其发展过程来看,主要有以下几种形式:

(1)直线制形式。这是早期的,也是最简单的管理形式。它的特点是企业各级行政领导按照直线从上到下进行垂直领导,不另设置专业职能机构。这种组织管理形式的优点是机构层次少,权力集中,命令统一,决策和执行迅速,工作效率高。缺点是领导需要处理的事物太多,精力受牵制,不利于提高企业的经营管理水平。适用于经营规模小,经营对象简单的小型物流企业。直线制形式如图 4-6 所示。

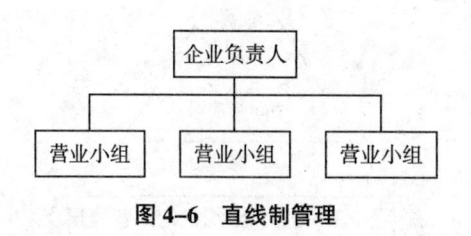

图 4-6 直线制管理

(2)职能制形式。它的特点是最高层的领导者把专业管理的职责和权限交给相应的职能管理机构,由它们在专业管理活动上直接经营指挥业务机构的活动。这种组织管理形式的优点是能够充分发挥职能机构专业管理的作用和专业管理人员的专长,加强了管理工作的专业化分工,提倡内行领导,达到管理工作的正确性和高效率。缺点是各职能机构都有指挥权,形成多头领导,相互协调比较困难。所以,它在实践中没能被多数企业采用。职能制形式如图 4-7 所示。

图 4-7 职能制管理

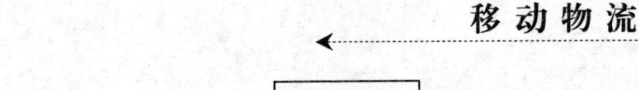

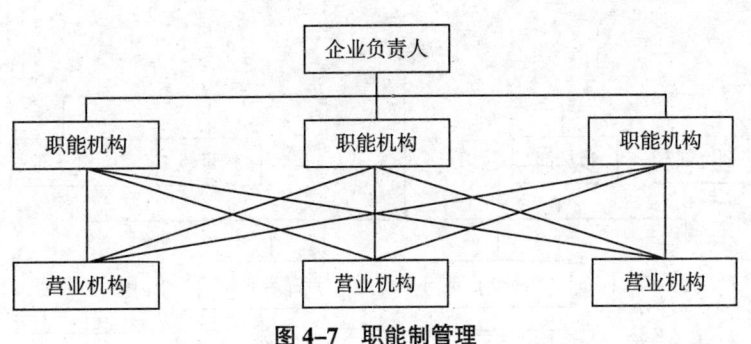

（3）直线职能制形式。直线职能制形式是以直线制形式为基础，将职能制形式结合在一起的一种组织管理形式。它的特点是各管理层的负责人自上而下进行垂直领导，并设职能机构或职能人员协助负责人工作，但职能机构或人员对下级单位不能下达指示命令，只能在业务上进行指导监督，下级负责人只接受上一级负责人的领导。这种形式的优点是取直线制和职能制两种形式之长，舍二者之短，是一种较好的形式，在实践中得到比较广泛的应用。我国大中型物流企业大都采用这种形式。直线职能制形式如图4-8所示。

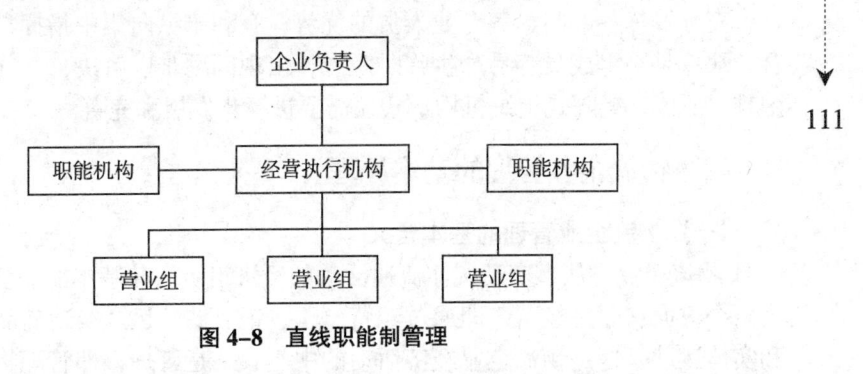

图 4-8 直线职能制管理

（4）事业部式组织机构形式。事业部式是国外大型企业普遍采用的一种组织机构模式。它的特点是企业按产品类别、经营业务或地区设若干个事业部，实行集中决策下的分散经营和分权管理。事业部是实现企业目标的基本经营单位，实行独立经营、独立核算，具体管理经营活动。这种组织机构的优点是：有利于总公司摆脱日常的行政事务，集中进行决策；有利于事业部根据市场变化做出相应的经营决策；有利于组织专业化生产，提高效率。缺点是：由于事业部是一个利益中心，往往只考虑自己的利益而影响相互协作。它适宜于规模大、产品种类多、分布面广的企业。事业部式组织机构形式如图4-9所示。

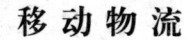

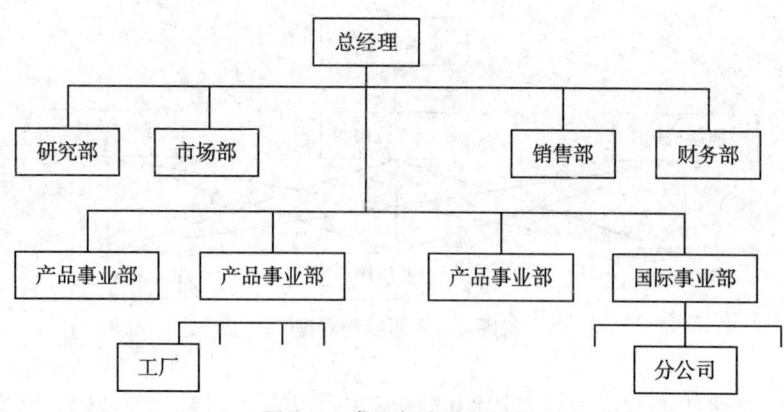

图 4-9　事业部式组织机构

（5）矩阵式组织机构。矩阵式组织机构是由纵横两套管理系统组成的机构。企业为了完成某项任务或目标，从直线职能制的纵向职能系统中抽调专业人员参加，组成临时或较长期的专门小组，由小组进行横向系统联系，协同各有关部门的活动，并有权指挥参与规划的工作人员，小组成员接受双重领导，而以横向为主，任务完成后便各自回原单位。这种组织机构的优点是有利于优化组合，充分发挥各部门、各专业人员的优势；有利于纵向集中指挥与横向协调结合。缺点是小组成员容易产生临时观点，出现问题难以解决，往往给工作带来困难。所以，矩阵式组织机构形式还需要进一步发展和完善。

## 二、物流企业管理的基本原理

### （一）物流企业管理的基本含义

物流企业是从事商品实体流通活动的经济组织。其基本的经济活动可以分为两个方面：一是经营，即通过经营（购、销、储、运）实现商品的价值转移和实体运动，这是物流企业经济活动的中心；二是管理，即管理物流企业的经营活动。所谓管理，它的本质要求就是取得效益。这里所说的管，是指企业的行为要受约束。这里所说的理，是指企业的行为要符合客观规律。因此管理可定义为，在一定的约束条件下，使企业行为与客观规律的要求保持相互适应，从而取得实效。

物流企业管理的基本含义则是指根据商品流通的客观规律要求，应用管理的基本原则和科学管理方法，计划、组织、指挥、监督、调节经营过程中企业的人力、物力和财力的合理运动。以求用最少的消耗，实现既定的经营目标，取得最好的经济效益。

## （二）物流企业管理的职能

物流企业管理的职能是管理理论的重要组成部分。人们在长期的管理实践活动中，根据管理对象的具体内容从理论上概括，提出以下五种职能：

1. 计划职能

计划职能是指通过调研、预测，对企业的经营目标、经营方针做出决策，制订长期和短期计划，确定实现计划的措施和方法，并将计划指标层层分解到各个部门、各个环节。

2. 组织职能

组织职能是指要把企业经营活动的各个要素、各个环节和各个方面，从劳动的分工和协作上，从纵横交错的相互关系上，从时间和空间的相互衔接上，合理地组织起来，以形成一个有机整体，从而有效地进行生产经营活动。

3. 指挥职能

指挥职能是指对企业各层次、各类人员的领导或指导，保证企业生产经营活动的正常进行和既定目标的实现。

4. 协调职能

协调职能也称为调节职能，它是指协调企业内部各层次、各职能部门的工作，协调各项生产经营活动，使它们能建立良好的协作关系，消除工作中的脱节现象和存在的矛盾，以有效地实现企业的目标。协调可分为上下级领导人员和上下职能部门之间活动的纵向协调和同层次各职能部门之间活动的横向协调。

5. 控制职能

控制职能也称为监督职能。它是指按预定计划或目标、标准进行检查，考察实际完成情况同原定计划标准的差异，分析原因、采取对策、及时纠正偏差，保证计划目标的实现。

物流企业管理的上述五种职能是统一的，又是相对独立的。运用这些管理职能时，既要全面考虑，又要有所侧重。物流企业的经理通常用于计划和组织职能的时间要多一些，而基层管理干部，大部分时间用于组织和控制职能，只有根据实际情况，灵活运用，才能把物流企业的经营活动管理好，才能提高工作效率，达到向管理要效率的目的。应当指出，对于企业管理职能，随着物流企业经营规模的扩大，结构的变化，管理活动的内容也更加复杂。物流企业管理职能又有新的发展，相继提出了新的管理职能，如物流企业管理的激励职能、创新职能等应在管理实践中去应用和验证。

### (三) 物流企业管理原理

在物流企业的实践中，可应用的有许多原理，每一种专业活动都有它的特点。本节仅论述具有共性的基本原理。

#### 1. 物流企业管理的二重性

物流企业的经营管理，同其他企业的经营管理一样，是在一定生产力水平下和一定生产关系中进行的共同劳动，它既反映共同劳动的客观要求和生产力性质，又关系到企业所有者、经营者和劳动者的利益要求，反映一定生产关系的性质，因而具有二重性。所谓二重性，是指物流企业的经营管理，一方面同流通生产力相联系，表现为劳动者同一定的物质技术条件相结合，为组织社会商品流通进行共同劳动，由此产生的自然属性；另一方面同商品流通中一定的生产关系相联系，表现为企业内部人与人、部门与部门之间、企业与其他企业之间、企业与国家之间的经济关系，由此产生的社会属性。

#### 2. 全面计划管理

物流企业的全面计划管理是一项综合性的全面管理工作，它是通过计划把企业的各项工作全面地组织与协调起来。具体地讲，全面计划管理是在国家计划指导下，根据国家对企业的要求和市场的需要，在科学的调查、预测、决策等基础上通过系统分析、精确计算和综合平衡，为企业制订生产经营的长短期计划，并细分到各个部门、各个环节和每个人，用计划来指导企业生产经营的全部活动。并把它纳入计划轨道，组织与动员全体职工更有效地保证计划的实现，以提高物流企业的经济效益。物流企业全面计划管理的内容有许多方面，其中基本的是商品供求调查、产需预测与经营决策、计划体系与计划指标体系的确立、制订计划和主要方法、计划管理的基础工作五大方面。

#### 3. 目标管理

目标管理是指围绕确定目标和实现目标而开展一系列的管理活动，是企业运用"激励理论"和系统工程原理，充分调动和依靠全体职工的积极性和智慧，对确定和实现企业目标的计划、实施、检查和处理四个阶段的全部活动的管理。企业进行目标管理的过程就是开展目标管理活动的步骤和工作内容，是一个围绕确定目标和实现目标进行管理活动的系统过程。这个过程大致可以概括为一个中心、四个环节、八项工作。

一个中心就是以目标为中心统筹安排和考虑系统的全部工作。为此必须通过目标管理教育，加强目标意识和全局观念，使全体职工拧成一股绳，为完成目标通力协作，以保证目标的顺利完成。

四个环节是指目标制定、目标开展、目标实施和目标考评。其中，确定目标、目标开展是计划阶段的两个环节。目标开展是为了建立目标体系，使目标成为上下左右关联的网络（目标系统），以利于进行系统整体管理。对于目标实施结果的考评，主要是在企业的决策层进行。

八项工作包括：

（1）制定目标。内容包括：决策论证提出目标；选定主体确定目标领域；进行科学分析和计算；确定目标值。

（2）进行目标展开。围绕物流企业的总目标，其内部各层次都要设置自己的目标，即物流企业目标确定之后，还需设置部门目标、单位目标或个体目标。各级工作目标都是整体目标的一个组成部分，由若干个部门目标支撑总目标，由数个单位目标或个体目标来支撑部门目标。这样，目标与目标间左右关联，上下一贯，彼此呼应，融会成一个有机的整体，形成一个以物流企业整体目标为中心的目标网。

（3）制定保证物流企业目标实现的措施，亦称保证措施。在目标展开过程中，各层次都要制定措施，形成保证总目标实现的措施体系。

（4）在实施过程中进行目标追踪，不断优化措施。

（5）对方针目标实施结果进行定期考核与评价。

（6）进行定期与不定期的目标管理诊断。

（7）制定并改进激励措施以及对激励效果进行评价。

（8）总结提高。

**4. 全面质量管理**

全面质量管理是企业为保证最经济地生产用户满意的产品而做的全部组织管理工作。全面质量管理的特点是全面性和科学形相结合，其全面性体现在对全面质量、全过程和全员参加的管理，其科学性体现在以科学的思想为指导，综合和灵活地运用科学方法。

全面质量管理的基本方法可以概括为四句话十八个字，即一个过程，四个阶段，八个步骤，数理统计方法。一个过程，即企业管理是一个过程，企业在不同时间内，应完成不同的工作任务。企业的每项生产经营活动，都有一个产生、形成、实施和验证的过程。四个阶段，根据管理是一个过程的理论，美国戴明博士把它运用到质量管理中来，总结出"计划（Plan）→执行（Do）→检查（Check）→处理（Action）"四个阶段的循环方式，简称PDCA循环，又称"戴明循环"。八个步骤，为了解决和改进质量问题，PDCA循环中的四个阶段还可以具体化为八个步骤：分析现状，找出存在的质量问题；分析产生质量问题的各种原因或影响因素；找出影响质量的主要因素；针对影响质量的主要因素，提出计划，制定措施；执行计划，落实措施；检查计划的实施情况；总结经验，巩固成绩，工作结果标准化；提出尚未解决的问题，转入下一循环。

### (四)物流企业战略管理

物流企业作为社会经济的基本单位，其发展状况对国民经济和社会的平衡运作起到了极为重要的作用。在世界经济已向知识经济时代迈进的时候，一方面，科技进步的速度越来越快，推动了整个社会生活的大变革。另一方面，社会的变革又使物流企业面临了前所未有的挑战：国际经济一体化的趋势越发明显，每个物流企业面临国内外同业的和上、下游产业的竞争；从世界范围内看，剩余经济已取代短缺经济，成为当今国际社会的主流，这使得物流企业的流通和服务的价值实现越发困难。面临如此错综复杂的内外环境，物流企业急需采用适合本企业发展的企业战略。

物流企业战略应包括物流企业的目的与目标，即广义的物流企业战略；有的人则认为物流企业战略不应包括这一部分内容，即狭义的战略管理。本书认为，物流企业战略管理理论是以企业管理理论、流通理论、经济理论、系统理论和权变理论为基础而形成的，它的构成要素包括时间、地点、目标、发展方向、经营主体、采取的方式和组织结构等。因此，物流企业战略管理的一般描述为，为达到某个目标，物流企业（或部门）在特定的时期，在特定的市场范围内，根据某种组织结构，利用某种方式，向某个方向发展的全过程的管理。战略本身无好坏，只是物流企业选择时可能选择了非最佳的战略时，才表现出战略的好坏之分。物流企业战略管理是一个正在迅速发展的研究领域，它从总体上把握物流企业，在不断变化的环境中考查物流企业总体的发展情况，探明为什么面对同样的环境有些物流企业繁荣发展而有些物流企业却停滞不前的深层次原因。

## 三、物流企业业务管理

### (一)物流企业的采购管理

采购是指物流企业为实现企业销售目标，在充分了解市场要求的情况下，根据企业的经营能力，运用适当的采购策略和方法，通过等价交换，取得适销对路商品的经济活动过程。它包括两个方面的内容：一方面，采购人员必须主动地对用户需求做出反应；另一方面，还要保持与供应商之间的互利关系。

1. 采购原则

（1）遵守政策。在市场经济条件下，国家政策和市场法规体系日渐完善。所以，企业在进行采购时，要做到有法必依、有章必循，严格遵守国家规定的市场商品采购政策、物价政策和有关市场管理条例、管理制度等，在不违反政策法规的情况下做好商品的采购工作。

（2）按需采购。它是指按采购计划所反映的对需求的预测进行采购。一方面是数量上的满足，另一方面是质量上的保证。

（3）价格低廉。商品采购要实行"以需采购"的原则，在这个前提下，要尽量做到以最少的费用、最低的价格购进企业所需的各种商品。

（4）节省流通费用。在其他条件相同的条件下，商品采购要坚持就地就近原则，批量采购、简化包装，以缩短采购间隔期，减少储备量和运输费用等各项支出。

（5）建立协作关系，稳定料源渠道。在采购商品时，要对供货单位进行必要的调查，了解其商品质量、提供的服务、信誉等方面，做到心中有数，以免发生意外给企业造成经济损失。

（6）注意市场动态。企业在进行采购时，要经常注意市场的经济动态、掌握企业所需商品在市场中的最新信息，力求避免不利的采购。

2. 采购的信息管理

当今社会，信息产业发展迅速，信息市场也日渐完善，信息在经济生活中的作用越来越重要。物流企业在商品采购过程中，重视和运用市场信息，经常掌握市场行情最新的变化动态，对于采购的科学决策，搞好采购工作具有十分重要的意义。采购信息的内容包括政策信息、货源信息、渠道信息、价格信息、运输信息、科技信息等。

3. 采购质量管理

物流企业经营的品种繁多，加强采购环节的质量管理是物流企业全面质量管理中的重要环节之一。商品质量管理除了可以在选择供应商时加以控制之外，对采购物品的质量还要严格进行采购决策前的品质审查和搞好商品到货验收。对于预计要采购的商品进行严格的抽样验质，是购进环节质量管理的开端。这部分工作应当区分三种具体情况按三种不同办法处理：

（1）可以免验的情况。许多种商品都是按国家标准或部颁标准生产的，对这类商品可以不进行采购前的品质审查。

（2）必须严格审查品质的情况。物流企业经营的各种商品中，凡是不按国家标准或部颁标准生产的商品，都必须在采购之前严格地审查其质量。

（3）需要委托国家商检机构代为验质的情况。物流企业经营的商品当中有很多都是进出口商品，因此，对商品进出口业务中的品质检验一定要委托国家专设的商品检验机构按国际贸易的统一要求办理。

4. 采购成本管理

采购的成本是商品的成本与采购过程中所耗各项费用之和。采购的成本直接影响企业的利润与资产回报率，影响企业流动资金的回笼速度。因此，加强采购成本管理具有重要的作用。

加强对需求预测计划的审核，严格做到按需订购。理顺进货渠道，净化采购环节，积极组织采购人员在市场上寻找最优进货渠道。

5. 供应链管理对采购管理的影响

基于供应链管理的现代采购观念认为，企业的核心是营销，只有营销才能涉及公司的最终产品或服务。利润最大化不单靠降低成本来实现，还要通过提供使顾客完全满意的竞争性产品或服务来实现。对采购的质量、价格、数量及时间等因素的评价必须根据它们与公司在市场细分、附加价值、前置时间及对顾客需求的反应性等方面制定战略和相互影响来进行。采购管理的职责内容包括进行战略性和以供应商为基础的采购管理、建立精干的采购组织。

（二）物流企业的市场营销管理

物流企业市场营销是市场营销的一个特殊子系统，其实质就是要根据目标市场的市场环境的需求，有效地利用产品、价格、渠道、促销等手段，实现整体营销的过程。下面就将物流企业的市场营销过程、营销决策原则、营销的未来展望分别加以论述。

1. 物流企业市场营销过程

（1）收集、研究营销信息，分析、评价营销机会。企业处在动态变化的市场中，适应这种动态变化的唯一途径是迅速了解市场的变化，分析、评价各种营销机会，及时捕捉有利于企业发展的机会。发现和评价营销机会是营销管理人员的主要任务，也是营销管理过程的第一步。

（2）研究和选择营销目标。发现营销机会后，营销管理人员就要对企业面对的市场进行研究，如消费者市场、生产者市场、转卖者市场、政府市场各有其市场特点，营销管理人员要了解这些特点，并对市场中顾客行为、心理、决策过程等加以研究。只有这样，才能保证对市场真实、客观、准确的认识。

在研究市场的基础上确定营销目标。目标是营销过程的先导。所谓目标是指营销活动所期望实现的成果或所需完成的任务。它是营销活动的出发点和归宿，是针对营销中的主要问题提出来的。目标必须定得具体明确，既不能含糊不清，也不能抽象概念化。否则，方案的设想和选择都会感到无所适从。

确定目标，首先要对经营环境和自身能力进行调查，对目前的经营状况进行分析，明确所要解决的问题，找出问题的关键所在。一般用差距的形式表示，即"差距＝标准－现状"，标准是指本企业历史同期的最好水平，或同行业的先进水平，或预先确定的水平标准；现状是指目前达到的水平。差距揭示了经营中存在的问题，再通过横向分析和纵向分析，找出问题的本质原因，为决策目标提供依据。

（3）制订营销计划，决定营销组合，选择最佳方案。营销组合是现代营销理论中的一个主要概念。所谓"营销组合",就是根据目标市场的需要,全面考虑企业的任务、目标、资源以及外部环境,把企业"可控制的因素"——产品、价格和促销策略加以最佳组合和应用,以满足目标市场的需要,实现企业的任务和目标。

所谓产品策略,是指企业制定经营战略时,首先要明确企业能提供什么样的产品和服务以满足消费者的要求,也就是要解决产品策略问题。它是市场营销组合策略的基础,从一定意义上讲,企业的成功与发展关键在于产品满足消费者的需求的程度以及产品策略正确与否。这里的产品是指非物质形态的服务,即实体产品的转移以及转移过程中相应的辅助性服务。

价格策略是指企业通过对顾客的需求的估量和成本分析,选择一种能吸引顾客、实现市场营销组合的价格的策略。物流企业的成本比较复杂,包括运输、包装、仓储等方面。所以价格策略的确定一定要以科学规律研究为依据,以实践经验判断为手段,在维护生产者和消费者双方经济利益的前提下,以消费者可以接受的水平为基准,根据市场变化情况,灵活反应,实现买卖双方共同决策。

促销策略是指企业为了激发顾客的购买欲望,影响他们的消费行为,扩大市场而进行的一系列联系、报道、说服等促进工作。促销在企业的最初近一年经营活动中是从信息传递开始发展起来的。然而,现代物流企业市场营销在向消费者传递信息过程中,已不仅仅将企业自身和产品的有关信息不加筛选地传递给所有消费者,它要求企业在对消费者潜在需求进行调查分析的基础上,将最能激发消费者购买欲望的信息以恰当的方式传达给目标消费者。所以促销通常又可理解为,企业在了解顾客需求的基础上,为扩大和保持服务市场,将特定的信息,在特定的时间和特定的地点,以特定的方式传达给特定的顾客。

(4)组织实施和控制。组织实施和控制是营销管理过程中的最后一步,也是关键的、极其重要的一步。因为计划不进行实施,等于废纸一张。在营销中,是否在按计划要求进行,时间、费用如何,环境是否发生了变化,应该怎样应对,这些问题要通过营销组织、营销控制来解决。主要做好以下几个方面的工作:做好思想舆论宣传,组织调整工作;按照计划,把决策方案具体化;推行目标管理,按照各职能部门的工作,将总目标层层分解,落实到个人,协调上下关系,创造必要条件,制定实施的具体措施和细则;建立健全信息反馈系统,进行控制和协调,保证决策的全面实现。

2. 营销决策原则

为了正确地进行决策,必须遵循下列原则:

(1)系统原则。企业的营销活动,是由许多相互联系、相互作用的要素组成的系统共同完成的。决策不仅要满足系统的总体要求，制定系统总目标，同时要注意与各子系统的关系，使子目标与总目标相衔接，通过以总目标为核心的系统平衡，才能实现系统的一体化和最优化。

（2）宏观指导原则。企业决策时，要符合国家经济政策的要求，接受宏观经济发展规划的指导。只有这样，才会有企业发展的广阔天地，获得企业的最佳经济效益和社会效益。

（3）民主原则。决策解决的是企业重大问题，影响因素多、牵涉面广，需要有多方面的共识和协调，倾听各方面的意见，集中群众的智慧和经验，才能保证决策的正确性，这就要求发扬民主，使决策具有广泛的群众基础，转化为群众的自觉行动。

（4）创新原则。外部环境的复杂变化，企业间的激烈竞争，使企业面临许多新的问题，需要别出心裁，高人一等，就必须创新。能否创新，往往是决策成功的关键。要创立新思想，开辟新路子，寻找新方法，才能出奇制胜。

（5）效益原则。讲究效益是营销决策的核心，只有提高经济效益的决策才有价值。在决策过程中，拟定多个方案，进行测算评估，方案择优，都是为了充分利用企业资源，挖掘潜力，以尽可能少的耗费获得尽可能大的经营成果。

## 四、物流企业信息管理

### （一）物流企业对 MIS 的要求

1. 物流企业对 MIS 功能的设计需求

随着科学技术的进步，市场经济的发展和我国大中型物流企业深化改革的需要，急需在现有的基础上进一步总结经验、研究当前存在的问题，从整体上形成一个由单项向综合、由分散向集中、由局部向全局、由管理型向决策支持型过渡，实现资源共享，从模拟现行管理体制到推动现行管理体制的改革，实现物流企业管理现代化。

物流企业引进先进的信息处理技术，不仅会提高物流企业的自动化度和信息共享度，提高工作效率，降低成本；更重要的是从根本上改变物流企业的战略发展，从经营和管理方式上上一个台阶。物流企业的管理信息系统将迅速统一信息的交流渠道，有效地促进物流企业各部门之间的协作，实现物流企业经营管理方式的转变。以 MIS 建设为契机，物流企业可以进一步改善管理，改变物流企业与客户、物流企业各级决策者与业务人员以及业务人员之间的信息交流方式。今后物流企业的竞争将紧紧围绕物流企业对信息资源的占有而展开。建立物流企业级 MIS，在加强物流企业内部信息处理的同时，也为进入贸易、金融、信息等网络打下基础。实施电子商务的基础，就是物流企业内部计算机管理信息系统的开发与应用。因此，建立高效、适用的物流企业级管理信息系统，已成为非常迫切的工作。

2. 物流企业对管理信息系统建设的需求

从物流企业管理功能和业务发展的角度，物流企业 MIS 建设需求主要体现在以下几个方面：

（1）改善物流企业内部和物流企业信息交流方式，满足业务部门对信息处理和共享的需求，在物流企业管理和业务过程中，使物流企业信息更有效地发挥效力。

（2）提高办公自动化水平，提高工作效率，降低管理成本，提高物流企业在市场上的竞争能力。

（3）通过对每项业务的跟踪监控，物流企业的各层管理者可以了解业务进展情况，掌握第一手资料；通过信息交流，及时掌握经营管理数据，增强对业务的控制，为决策提供数据支持。

（4）加强物流企业对员工的管理，随时了解所辖人员的背景材料和业务进展，分析工作定额，合理调度资源，加强管理能力。

（5）管理信息系统的建设应综合利用计算机技术、通信技术和信息技术，将系统建成实用、稳定、可靠、高效、能体现新技术并能满足物流企业主要业务处理，完成信息查询、加工、汇总、分析的管理信息系统，最终为决策提供支持。

**（二）物流企业的管理信息系统的建立**

信息作为经济发展的重要的战略资源已成为社会生产力的重要因素，随着信息网络化技术的发展，物流企业管理信息网络化得到了进一步实现，物流企业正以崭新的模块化方式进行要素重组，建立完善的 CIO 组织与物流企业 MIS 信息化网络体系，使管理信息化成为推动物流企业和社会经济发展的重要因素之一。所以说，管理信息系统（MIS）不仅是一个技术系统，而且是一个人机系统、管理网络化系统和社会系统。

1. 管理信息系统建设过程中应注意的问题

现有开发的物流企业内部的管理信息系统或单项子系统，由于种种原因，离用户的最终目标都有一定距离。目前物流企业的计算机应用基本集中在财务管理和文字处理方面，企业级 MIS 系统应用面小，应用效果不理想，综观 MIS 建设中的经验与失败，在 MIS 建设中应把握以下三点：

（1）明确 MIS 的建设目标。由于管理信息系统（MIS）是"一个由人、计算机等组成的能进行信息的收集、传送、储存、加工、维护和使用的系统"。从定义中可以看出，MIS 不只是一个技术系统，而且是一个包括人在内的人机系统，因而它是一个管理系统、社会系统。管理信息系统的技术与知识结构是由三大要素来支撑的，即系统工程方法、定量化管理分析方法和信息处理及计算机应用技术。

目前，我国许多物流企业都搞过计算机应用开发，但真正收到成效的并不多。有些物流企业不清楚 MIS 建设的目标，赶时髦，或仓促上马，忽视基础建设，使建成的系统基本是手工过程的计算机模拟，从而导致了应用层次不清，归纳提高不足，不能真正发挥 MIS 的作用。另外，由于许多物流企业管理方式比较落后，在系统化管理过程中缺乏科学性，无法针对现行管理体制制定出科学的、规范的、可行的 MIS 建设目标。

管理信息系统的建设必须与物流企业管理体制相结合，在一个陈旧、混乱的管理体制下是不能很好地建设和应用 MIS 系统的。应在对现行管理体制充分的研究和分析的基础上，归纳提出适合计算机处理的业务流程，实现业务流程的优化和计算机化，从而使业务处理产生质的飞跃，并进一步推动管理体制的改革。在 MIS 的建设过程中，为便于实现，在做好详细的系统规划的基础上，应有一个切实可行的系统目标。系统目标可以分阶段实现。在实现的每一步都应进行系统分析与设计、管理基础规范化和必要的数据准备等方面的工作。系统的目标应是现实可行的，并充分考虑物流企业的特点和管理上的侧重，既不可简单模拟，也不可贪大求全。

（2）统一规划分步实施。MIS 是介于数据处理和决策支持之间的中间层次，但在某些子系统中没有严格界限，包括决策支持的功能。方便、灵活、实用的 MIS 是未来信息高速公路建设的基础。由于建设规模大、制约因素多，系统建设一步到位是不现实的，应当遵从循序渐进的原则，在统一规划的前提下，合理地划分出系统的实施步骤，逐步建设。从国内外 MIS 建设的经验来看，分析是在不断完善的管理体制中不断发展，在不断满足实际需要中不断改进和发展，在需求和技术进步相互作用下逐步提高的。

（3）加强基础建设，把握好系统应用的层面。物流企业的信息技术基础环境（包括信息收集、汇总、整理、分析、流通、存储的过程、系统应用制度等）是 MIS 建设的基础。

MIS 是物流企业管理模式的计算机实现，MIS 的建设过程是物流企业管理机制的改革和完善的过程。要使计算机管理深入管理过程中，克服传统习惯，使管理人员分析吸收新的科学管理方法和先进的管理手段，同时建立严密的推动计算机应用的规章制度，如数据录入制度、系统安全保障制度、系统业务处理规定等，建立规范的管理模式。坚持技术上的先进性，不能简单地模拟手工管理，这就涉及了所谓物流企业再造工程（Reengineering）。这项工作是 MIS 建设的重要基础，是在总体上需要把握的。

## 2. 管理信息系统的建设

管理信息系统的开发是一项系统性相当强的工作，其开发过程涉及人、财、物等资源的合理组织、调度和使用，涉及组织管理工作的改进及工作模式的变迁。对于做任何一个项目，都有一个从问题的提出、论证到问题的分析、方案的设计，直到方案的实施和评价等过程，管理信息系统的开发也有其一般过程，如图4-10所示。

项目领导小组成立 → 技术支持 → 系统规划 → 系统分析 → 系统设计 → 系统实施 → 系统维护与评价

图4-10 系统开发的一般过程

从图4-10可以看出，系统开发是一个动态的概念。系统开发的上一步骤的输出作为下一步骤的输入，同时此输出又作为前面步骤的动态反馈。系统就是在这种运动过程中进行动态调整而不断提高、完善的。

# 第三节 物流管理的核心内容

## 一、物流成本管理

### (一) 物流成本管理的概念

物流成本是指产品在空间位移（含静止）过程中所耗费的各种劳动和物化劳动的货币表现。具体地说，它是产品在实物移动过程中，如包装、装卸、运输、储存、流通加工等各个活动中所支出的人力、财力和物力的总和。加强对物流费用的管理对降低物流成本、提高物流活动的经济效益具有非常重要的意义。所谓物流成本管理不是管理物流成本，而是通过成本去管理物流，可以说是以成本为手段的物流管理，通过对物流活动的管理降低物流费用。

### (二) 物流成本在物流管理中的作用

（1）通过对物流成本的设计，可以了解物流成本的大小和它在生产成本中所占的地位，从而提高企业内部对物流重要性的认识，并且从物流成本的分布，可以发现物流活动中存在的问题。

（2）根据物流成本计算结果，制订物流计划，调整物流活动并评价物流活动效果，以便通过统一管理和系统优化降低物流费用。

（3）根据物流成本计算结果，可以明确物流活动中不合理环节的责任者。

总之，如能准确地计算物流成本，就可以运用成本数据大大提高物流管理的效率。

**（三）物流成本的计算范围**

物流成本由以下三个方面的因素决定：

（1）起止范围。物流活动贯穿企业活动全过程，包括原材料物流、生产物流、从工厂到配送中心再到用户的物流等。

（2）物流活动环节。输送、保管、装卸、包装，以哪几种活动为计算对象其结果是不同的。

（3）费用性质。支付运费、支付保管费等向企业外部支出的物流，人工费、折旧费、修理费、动力费等企业内部的费用支出，以及哪一部分列入物流成本计算范围。

在进行系统评定时，物流成本计算范围必须一致，如本企业历年物流费的变化分析，与同行企业物流费的比较分析，都是进行物流成本管理的重要依据，但计算标准不一致则难以得出有益的结论。还应该注意到根据企业财务数据计算的物流费用，只能反映物流成本的一部分，如在生产车间从事搬运、包装作业的人员和设备所需要的费用等很多项目，在财务报表中不一定单独列项，所以有相当数量的物流费用是不可见的。日本的西泽修教授对这一现象提出了"物流冰山"的说法，向外支付的只是冰山的一角，而大量的物流费用是在企业内部消耗的。

**（四）物流成本合理化管理**

物流成本合理化管理主要包括以下内容：

**1. 物流成本预测和计划**

成本预测是对成本指标、计划指标事先进行测算平衡，寻求降低物流成本的有关技术经济措施，以指导成本计划的制订。而物流成本计划是成本控制的主要依据。

**2. 物流成本计算**

在计划开始执行后，对产生的生产耗费进行归纳，并以适当方法进行计算。

**3. 物流成本控制**

对日常的物流成本支出，采取各种方法进行严格的控制和管理，使物流成本减到最低限度，以达到预期的物流成本目标。

**4. 物流成本分析**

对计算结果进行分析，检查和考核成本计划的完成情况，找出影响成本升降的主客观因素，总结经验，发现问题。

5. 物流成本信息反馈

收集有关数据和资料并提供给决策部门，使其掌握情况、加强成本控制，保证规定目标的实现。

6. 物流成本决策

根据信息反馈的结果，决定采取能以最小耗费获得最大效果的最优方案。

## 二、物流质量管理

### （一）物流质量的概念

物流质量的概念既包含物流对象质量，又包含物流手段、物流方法的质量，还包含工作质量，因而是一种全面的质量观。物流质量具体包括以下内容：

1. 商品的质量保证及改善

物流的对象是具有一定质量的实体，即有合乎要求的等级、尺寸、规格、性质、外观。这些质量是在生产过程中形成的，物流过程在于转移和保护这些质量，最后实现对用户的质量保证。因此，对用户的质量保证既依赖于生产，又依赖于流通。

现代物流过程不单是消极地保护和转移物流对象，还可以采用流通加工等手段改善和提高商品的质量，由此，物流过程在一定意义上也是商品质量的"形成过程"。

2. 物流服务质量

物流业有极强的服务性质，可以说，整个物流的质量目标就是其服务质量。服务质量因不同用户而要求各异，要掌握和了解用户需求：商品狭义质量的保持程度；流通加工对商品质量的提高程度；涉及数量的满足程度；相关服务（如信息提供、索赔及纠纷处理）的满足程度。

3. 物流工作质量

工作质量指的是物流各环节、各工种、各岗位的具体工作质量。工作质量和物流服务质量是两个有关联但又不大相同的概念，物流服务质量水平取决于各个工作质量的总和。所以，工作质量是物流服务质量的某种保证和基础。重点抓好工作质量，物流服务质量也就有了一定程度的保证。

4. 物流工程质量

物流质量不但取决于工作质量，而且取决于工程质量，在物流过程中，将对产品质量发生影响的各因素（人的因素、体制的因素、设备因素、工艺方法因素、计量与测试因素、环境因素等）统称为"工程"。很明显，提高工程质量是进行物流质量管理的基础工作，能提高工程质量，就能做到"预防为主"的质量管理。

## （二）物流质量管理的特点

物流质量管理可以归纳为以下三个特点：

### 1. 管理的对象全面

物流质量管理不仅管理物流对象本身，而且管理工作质量和工程质量，最终对成本及交货期起到管理作用，具有很强的全面性。

### 2. 管理的范围全面

物流质量管理对流通对象的包装、装卸搬运、储存、运输、配送、流通加工等若干过程进行全过程的质量管理，同时又是对产品在社会再生产全过程中进行全面质量管理的重要一环。在这一全过程中，必须一环不漏地进行全过程管理才能保证最终的物流质量，达到目标质量。

### 3. 全员参加管理

要保证物流质量，就涉及有关环节的所有部门和所有人员，绝不是依靠哪个部门和少数人能搞好的，必须依靠各个环节的所有部门和广大职工的共同努力。物流管理的全员性，正是物流的综合性、物流质量问题的重要性和复杂性所决定的，它反映了质量管理的客观要求。

## （三）评价物流质量的主要指标

衡量物流质量的主要指标是根据物流服务的最终目标确定的，即"目标质量"的具体构成内容。围绕这些指标，在工作环节中，各项工程又可以制定出实现"分目标"的一系列质量指标，这就形成了一个质量指标体系，如表 4-1 所示。

表 4-1 物流质量指标体系

| 物流服务目标质量指标 | 工作质量指标 | 信息工作质量指标 |
| --- | --- | --- |
| | | 运输工作质量指标 |
| | | 搬运装卸工作质量指标 |
| | | 仓库工作质量指标 |
| | | 流通加工工作质量指标 |
| | | 包装工作质量指标 |
| | 工程质量指标 | 信息工程质量指标 |
| | | 运输工程质量指标 |
| | | 搬运装卸工程质量指标 |
| | | 仓库工程质量指标 |
| | | 流通加工工程质量指标 |
| | | 包装工程质量指标 |

## 三、库存管理

组织物资储存对生产和流通领域是非常重要的。对生产部门来说，就是要有足够的生产资料储备，以保证生产的连续进行。对流通部门来说，就是要适当储备一些商品，以保证市场供应不致中断，及时满足人民的生活需要。储存应以保证商品流通和社会再生产的需要为限度，只有这样，储存才是正常的。储存量不是越多越好，也不是越少越好，多了会造成积压，少了又会脱销，影响生产和人民生活，因此要求进行合理储存。

### （一）合理储存的内容

1. 合理储存量

合理储存量是指在新的商品（或生产资料）到来之前，能保证在这个期间商品（或生产资料）正常供应的数量。合理储存必须以保证商品流通正常进行为前提。影响合理储存量的因素有：

（1）社会需求量。储存量与市场需求有直接关系，为了满足消费的需要，要求有相应数量的商品，随时可投放市场。在其他条件不变的情况下，储存量与市场需求量成正比。

（2）商品再生产时间。储存量必须与再生产时间相适应。在其他条件不变的情况下，储存量的大小与再生产周期的长短成正比。

（3）交通运输条件。商品从生产领域进入消费领域，需要运输工具和运输时间，交通运输发达的地区和不发达地区，其在途中的时间是不同的。

（4）管理水平和设备条件。储存量的大小也受企业本身条件的限制。如仓库设备、进货渠道、中间环节、进货时间等，都会影响储存量。

2. 合理储存结构

合理储存结构是指商品的不同品种、规格之间储存量的比例关系。社会对商品的需要既要求供应总量的满足，又要有品种、规格的选择，而且要求的结构也在不断变化，所以，确定合理储存数量的同时，还必须考虑不同商品及其品种、规格在储存中的合理比例关系，以及市场变化情况，以便确定正确的商品储存结构。

3. 合理储存时间

第一，储存时间受商品销售时间的影响。商品销得快，储存时间就短；商品销得慢，储存时间就长，甚至积压在库。所以，物流部门要随时了解生产、销售情况，促进生产、扩大销售，加速周转。第二，储存时间受客观存在物品的物理、化学、生物性能的影响。超过物品本身自然属性所允许的储存时限，物品会逐渐降低其使用价值。因此，储存的时间还必须以保证物品安全、减少损失、损耗为前提。

4. 合理储存网络

仓库网点的合理布局，也是合理储存的一个重要条件。就流通领域而言，在商品流通过程中，商品批发企业和零售企业为了完成销售任务，分别进行一定数量的商品储存。由于批发企业和零售企业的经营特点和供应范围不同，对批发环节和零售环节的储存要求也有所不同。批发企业一般担负着经济区的供应任务，它要领先一定的储存来调剂市场，起"蓄水池"的作用。所以，在批发环节，储存量要大，要合理设置储存网点。零售企业是流通渠道末端，网点分散，销售量小，因而，在零售环节，一般附设小型仓库，储存量要小，应尽快销售，加速周转。就生产领域而言，物资主要是分散储存在各工厂的仓库里，储存应适量，不宜过多，以免原材料大量积压。

（二）组织合理储存的重要意义

（1）组织合理储存，可以减少国家财富的占用。用于储存过程的物资是不增加价值的，相反，它是用于生产的财富的一种扣除。这种储存过程占用的物资越多，用于生产的财富就越少。所以，进行合理储存，可以相对地减少储存过程中资金积压，而增加用于生产的资金。

（2）组织合理储存，可以缩短物资流通的周期，从而加速再生产过程。由于流通时间是社会再生产总时间的一个组成部分，而社会再生产时间等于生产时间和流通时间之和，所以，组织合理储存能够相对缩短物资在流通领域内停滞的时间，加快物资周转，从而加速整个社会再生产的过程。

（3）组织合理库存，可以减少费用支出，为国家积累资金。合理储存可以加快物资周转速度，减少流通资金占用，从而节约银行利息支出；可以减少储存数量和时间，降低储存过程中的保管费和损耗，有利于降低物流费用，提高经济效益。

（4）组织合理储存，可以减少不必要的中转环节，避免迂回倒流运输，节约运力。

（三）库存控制

库存控制是实现合理储存的重要手段。

1. 库存的性质

在研究库存系统性质时，需求、补给、约束和成本是任何库存系统都共有的组成部分。需求是指从库存中提取物品。需求可按其数量、需求率和需求模式进行分类。需求数量是指需求的多少，并有数量的量纲。如果不同时期的需求量相同，则为不变需求；否则，便是可变需求。当需求数量已知时，该系统称为确定型系统；当需求量未知，但可以确定其概率分布时，该系统称为概率型系统。概率分布可以是连续的，也可以是不连续的。需求率即单位时间的需求量。需求模式是指货物出货的方式，如物品在期初出库、期末出库，在整个期间均匀出库或按其他形式（如按季节）出库等。

补给是指将物品加入库存。补充供应可以按数量、模式和前置时间进行分类。补充供应量是指被接收入库的订货量。根据库存系统的不同类型，订货量可以是不变的，也可以是可变的。

约束是指由管理或实际环境施加于需求、补给或成本的限制。如仓库的约束可能限制库存的数量，管理当局把资金的约束加于库存投资金额或对某些物品采取不准缺货的策略等。

成本是指维持库存和不维持库存所花费的代价。库存成本是和库存系统的经营有关的成本，是输入任何库存决策模型的基本经济参数，由以下主要部分组成。

（1）购入成本。某项物品的购入成本有两种含义：一是单位购入价格——指购自外部的，应包括购价加上运费；二是单位生产成本——指内部生产的，应包括直接人工费、直接材料费和工厂管理费用。

（2）订购、生产准备成本。是指外部供应商发出采购订单的成本，包括提出请购单、分析卖主、填写采购订货单、来料验收、跟踪订货以及完成交易所必需的业务等各项费用。生产准备成本是指为生产订购的物品而调整整个产程的成本，通常包括准备工作命令单、安排作业、生产前准备和质量验收等费用。

（3）储存成本。也叫持有资本，包括资本成本、税金、保险、搬运、储藏、损耗、陈旧和变质等项费用。资本成本就是计算这种尚未获得的报偿的费用。储存成本通常的值域为库存投资额的20%~40%。

（4）缺货成本（亏空成本）。是由于外部和内部中断供应所产生的，缺货成本取决于对缺货的反应。缺货成本包括延期交货成本、当前利润损失（潜在销售量的损失）和未来利润损失（商家受损）等。

2. 库存的目标

库存问题不是孤立的，它和营销问题、仓库问题、生产问题、材料运输问题、采购问题、财务问题等都有千丝万缕的联系，因此，物料管理所涉及的目标并不完全一致，有些甚至是互斥的目标。库存问题是企业内部不同职能部门间矛盾的根源，这种矛盾是由于不同的职能部门在涉及存货的使用问题上有不同的任务而引起的。表4-2和表4-3表明各部门对库存的态度。

表 4-2　各部门互斥的目标

| 职能部门 | 职能 | 库存目标 | 库存量的倾向 |
|---|---|---|---|
| 营销 | 出售产品 | 对顾客的良好服务 | 高 |
| 生产 | 制造产品 | 有效的批量 | 高 |
| 采购 | 购入所需物料 | 单位成本低 | 高 |
| 财务 | 提供流动资金 | 资金的有效利用 | 低 |
| 工程 | 设计产品 | 避免陈旧 | 低 |

表 4-3　各部门对库存的态度

| 部门 | 典型的反应 |
|---|---|
| 市场经营与销售 | 如果总是缺货或无足够的品种,可不能用空空的货车去销售,那样我就不能保住用户 |
| 生产 | 如果我按大批量生产,就可能降低单位成本和有效地经营 |
| 采购 | 如果整批大量购进,就能降低单位成本 |
| 财务 | 从哪里筹集资金来支付存货的货款?库存水平应更低一些 |
| 仓库 | 这里已经没有货位了,什么也不能再放了 |

由此看出,物料管理所涉及的目标并不完全一致,甚至不容易叙述清楚。其主要的目标是使库存投资最少,对用户的服务水平最高和保证企业的有效(低成本)经营。一些带有共性的次一级目标是单位成本低、存货周转率高、质量稳定、与供应商保持良好的关系以及保持供应持续不断等。很容易看出上述目标很不一致,有的甚至相互抵触。因此,要根据现实条件和环境的各种限制,很好地把这些目标协调起来,也就是所谓的"次级优化"。"次级优化"是用来描述以系统的目标为代价而使子系统最优化的术语。

3. 库存控制系统

库存控制系统是解决订货时间和订货数量问题的常规联动系统。一个有效的系统要达到下列要求:

(1) 保证获得足够的货物和物料。
(2) 鉴别出超储物品、畅销品与滞销品。
(3) 向管理部门提供准确、简明和适时的报告。
(4) 花费最低的成本金额完成前述 3 项任务。

一个完整的库存系统所涉及的内容远不止是各种定量库存模型,还必须考虑六个极其重要的方面:

(1) 开展需求预测和处理预测误差。
(2) 选择库存模型,如经济订货量(EOQ)、经济订货间隔期(EOI)、经济生产量(EPQ)、物料需求计划(MRP)、一次性订货量(SOQ)。

（3）测定存货成本（订购、储存、缺货成本）。
（4）用以记录和盘点物品的方法。
（5）验收、搬运、保管和发放物品的方法。
（6）用以报告例外情况的信息程序。

常见的库存控制系统有以下五种：

（1）连续库存系统。这个系统以经济订货量（EOQ）和订货点的原理为基础。连续库存系统要保持存货数量的记录，并在存货量降到一定水平时进行补充供应。

（2）双堆库存系统。其特点是没有连续的库存记录，属于固定订货量系统。订货点由肉眼来判定，当存货消耗一堆时便开始订货，其后的需求由第二堆来满足。

（3）定期库存系统。在定期库存系统中，在储物品的数量要按固定的时间间隔进行检查。

（4）非强制补充供货库存系统。也称为最小最大系统，是连续系统和定期系统的混合物。库存水平均按固定的间隔进行检查，但订货要在库存余额已经降至预订的订货点时才进行。

（5）物料需求计划（MRP）库存系统。物料需求计划库存系统广泛地用于计划生产。由于属于材料和零件的物品被最终产品所耗用，故存货水准均根据用最终物品表示的需求量来得出。物料需求计划系统是一种派生的订货量系统。

库存控制的方法很多，都有具体的分析计算方法，运用时可参考有关资料。

## 第四节　物流标准化

### 一、标准和标准化

标准是外来语，英文是 standard。"stand"是站立的意思，"ard"是地点，连在一起有基石、基地、旗帜、旗杆的意思。我国在很早的时候就懂得了标准的重要性，但中文当时还没有标准这个词，中文的表述是"规矩"。《孟子》说："规矩，方圆之至也。"《楚辞·离骚》说："圆曰规，方曰矩。"日本沿袭了汉文化，至今还把标准称为规格，日本的标准化协会就称为日本规格协会。

简单地说，标准是对一定范围内的重复性事务和概念所做的统一规定（这些规定最终表现为一种文件）。例如，四川省成都市发现的蜀文化三星堆，距今已有 3000 多年。从出土的大量文物来看，无论是青铜面具、人像，还是玉璋、玉环、玉珠，包括大量的海贝、铜贝，从选材、加工、制造等各个环节来看，不仅反复地、大量地出现，而且已具备技术上相当的一致性。这种统一的一致性要求其实就是标准。即重复投入、重复生产、重复加工、重复出现的产品和事物才需要标准。事物具有重复出现的特性，才有制定标准的必要。

GB/T 20000.1—2002《标准化工作指南第 1 部分：标准化和相关活动的通用词汇》对标准的定义为："为了在一定的范围内获得最佳秩序，经协商一致制定并由公认机构批准，共同使用的和重复使用的一种规范性文件。"该标准同时指出：标准应以科学、技术和经验的综合成果为基础，以促进最佳社会效益为目的。

"获得最佳秩序、取得最佳效益"集中地概括了标准的作用和制定标准的目的，同时它又是衡量标准化活动和评价标准的重要依据。这里所说的"最佳秩序"指的是通过实施标准，使标准化对象的有序化程度提高，发挥出最好的功能；"最佳效益"就是要标准系统发挥出最好的系统效应，产生理想的效果。当然，"最佳"是不易做到的，不过这里所说的"最佳"有两层含义：一是指努力方向、奋斗目标，如果标准所设定的目标很低，那就不会有什么积极意义；二是要有全局观念，即局部服从整体，这也是标准化活动的一条基本原则。

什么是标准化呢？"为了在一定范围内获得最佳秩序，对现实问题或潜在问题制定共同使用和重复使用的条款的活动。"（上述活动主要包括编制、发布和实施标准的过程）（GB/T 20000.1—2002）"针对现实的或潜在的问题，为制定（供有关各方）共同重复使用的规定所进行的活动，其目的是在给定范围内达到最佳有序化程度。"（1996 年 ISO 第 2 号指南）

上述两个定义的表述是一致的，有如下要点：

1. 标准化是一项活动、一个过程

标准化的对象不是孤立的一件事、一个事物，而是共同的、可重复的事物。范围包括制定、发布、实施。当然也包括制定前的研究和实施后的修订和修改。标准就是通过这样的活动产生的。将标准大而化之、广而化之的行动就是标准化。"化"——加在名词或形容词后成为扩展名，该名词或形容词就成为动词，表示转变成某种性质或状态（如绿化、美化、亮化、机械化、电气化等）。标准化就是使标准在社会一定范围内得以推广，使不够标准的状态转变成标准状态的一项科学活动。

2. 标准化的活动是有目的的

标准化的目的就是在一定范围内获得最佳秩序。最佳就是追求效益最大化，通过建立最佳秩序来实现效益最大。而要做到效益最大化则需要最佳秩序的实施范围最广。所以标准化活动不能局限于一时一地的需求，而要追求其成果最大化。

## 二、物流标准化

物流标准化是指以物流作为一个大系统，制定并实施系统内部设施、机械装备、专用工具等的技术标准，制定并实施包装、装卸、运输、配送等各类作业标准、管理标准以及作为现代物流突出特征的物流信息标准，并形成全国以及和国际接轨的标准体系，推动物流业的发展。物流标准化的作用不言而喻，它可以统一国内物流概念，规范物流企业，提高物流效率，使国内物流与国际接轨，是物流发展的基础。

物流标准化包括以下三个方面的含义：

（1）从物流系统的整体出发，制定其各子系统的设施、设备、专用工具等的技术标准，以及业务工作标准。

（2）研究各子系统技术标准和业务工作标准的配合性，按配合性要求，统一整个物流系统的标准。

（3）研究物流系统与相关其他系统的配合性，谋求物流大系统的标准统一。

以上三个方面分别从不同的物流层次上考虑将物流实现标准化。要实现物流系统与其他相关系统的沟通和交流，在物流系统和其他系统之间建立通用的标准，首先要在物流系统内部建立物流系统自身的标准，而整个物流系统标准的建立又必然包括物流各个子系统的标准。因此，物流要实现最终的标准化必然要实现以上三个方面的标准化。

发达国家为了提高物流运作效率和效益正在积极致力于建立与之相适应的现代物流系统并使该系统标准化和规范化。尤其是随着全球经济一体化和物流国际化的发展，物流标准化和规范化作为实现物流合理化、高效化的基础，对促进我国现代物流发展、提高物流服务质量和效率具有重要意义。

物流标准化体系是指在物流标准化活动范围内，各类标准按其内在联系形成科学的有机整体。物流标准化体系包含以下四个方面的含义：

（1）物流标准体系，其覆盖面是物流标准化活动的全部范围。物流标准体系包括了物流过程所需要的全部标准，确定物流标准的对象是建立物流标准体系的要点。总的来说，只要属于物流活动范围，与技术、管理有关的重复性事务和概念，都可以作为物流标准的对象纳入物流标准体系。

（2）物流标准体系的组成是各类标准。"各类"的一层意思是指物流标准体系包括不同级别的标准：亦即国家标准、行业标准、地方标准和企业标准；

另一层意思是物流标准体系包括技术标准、管理标准和工作标准。

（3）物流标准化体系是物流标准化工作的蓝图。从全国商业物流系统来看，物流标准体系内的标准，既包括现有标准，也包括应有和预计发展的标准，并随着物流技术的发展不断更新和充实。可以说，物流标准化体系是物流标准化工作的蓝图。

（4）物流标准化体系内的各类标准起着不同的作用。物流标准化体系内的各类标准之间相互依存、相互关联，连成一体发挥整体的功能。建立标准体系是一项系统工程，应运用系统工程的思想、方法、工具来研究和处理这些标准之间的关系，按一定科学规律使之形成一个有机的整体。

### 三、物流标准体系表

物流是一个随着经济发展而不断进行现代化改造和更新的服务领域。由于经济和市场的日益全球化，跨国制造、跨国销售对物流提出了全新的要求，逐步形成了供应链管理等新理念和新模式，使物流从生产与流通附属的地位衍生成为一个新的行业领域。这一新的行业领域的进步和发展直接影响到生产与流通领域的经济增长，为此备受各界关注。

物流追求的是物流活动全过程的科学化和整个系统的最佳状态，与众多的行业、部门密切相关。但是由于我国行业的管理分散、产业集中度差，物流活动的系统性和完整性往往同时受到众多行业、部门的相关法规和标准的不协调制约，物流活动的连续性得不到保障和维护，导致社会物流成本的上升，流通效率低下。为了达到系统的最高效率和效益，制定了从物流的角度协调、规范涉及物流的生产活动、技术设施、管理规范、服务质量的标准就成了非常迫切的问题。

建立科学的物流标准体系，就是要解决我国目前由于条块分割、管理分散、标准之间衔接不强造成的物流成本上升和效率低下，以及我国现行物流标准与国际标准还不能完全接轨，导致企业参与国际竞争时对国际标准和规范不熟悉、不适应等方面的问题。研究编制物流标准体系表，则是从物流活动内在联系对各类相关标准进行梳理，形成按物流特征排列起来的图标，用以对物流标准化工作实施科学管理，并通过该体系表找出物流标准化发展方向和工作重点。物流标准体系表的建立与实施不涉及我国现行标准化管理体系的改革和变动。

物流国家标准体系表是依据 GB/T 13016—1991《标准体系表的编制原则和要求》编制的。GB/T 13016 标准在我国 30 多个行业完成编制标准体系表之后制定，并以科学、技术和实践经验的综合成果为基础，是符合中国国情、指导性很强的标准。物流国家标准体系表的编制，是符合 GB/T 13016 标准中的全面成套、层次恰当、划分明确等原则和要求的。

物流国家标准体系表的编制也充分借鉴了其他行业的研究成果。物流国家标准体系表从物流业的实际和特点出发，借鉴和吸收其他国家标准体系表的特点和经验编制。其他行业的研究成果和实践经验，为编制物流行业标准体系表提供了可贵的依据。

物流国家标准体系表也突出体现了物流自身的特点，强调物流的整合性、协调一致性、科学性和创新性。

我国物流国家标准体系表于2004年正式发布，在总体结构上尽量科学合理、层次分明，并尽量做到适合国际物流技术应用的需求。体系表采用树形结构，共分三到四层，层与层之间是包含被包含关系。

体系表的第一层为物流基础标准，根据物流标准化对象的不同特性分成四个专业类别：物流技术标准、物流信息标准、物流管理标准、物流服务标准。

体系表的第二层对物流技术标准、物流信息标准、物流管理标准和物流服务标准进一步分层。在物流技术标准中，分为物流技术基础标准、物流设施与设备标准、物流技术方法标准；在物流信息标准中，分为物流信息基础标准、物流信息技术标准、物流信息管理标准和物流信息其他相关标准；在物流管理标准中，分为物流管理基础标准、物流安全标准、物流环保标准、物流统计标准、物流绩效评估标准；在物流服务标准中，分为物流服务基础标准、综合物流服务标准、物流环节作业服务标准、物流信息服务标准和专业物流服务标准。

在2010年最新版（"十二五"规划）的物流标准体系表中，对原有的物流体系表做了适当的修订，从服务分类上区分为通用类与专业类，前者指仓储、运输、货代、快递等，后者指专业物流如钢铁、汽车、家电、冷链等物流。然后再向下细分管理、技术、信息、服务等标准。与原有的物流体系表相比，原有的物流标准体系表奠定了标准之间的逻辑关系，解决了不重、不漏、不矛盾的问题，但是没有突出服务标准为核心的特点。在物流信息标准化方面，突出了两个核心问题：一是强调信息的交换标准的关键地位，也就是公共信息平台的问题，以促进信息互联互通。二是信息系统的架构，即模块化的趋势的问题，实际上也是标准，即SOA架构越来越要求功能模块按统一标准来封装，以促进系统建设的效率。只有快速、低成本的系统开发和信息的互联互通，才能体现信息化标准的推动作用。物流国家标准体系表2010年版见图4-11。

# 第四章 物流管理

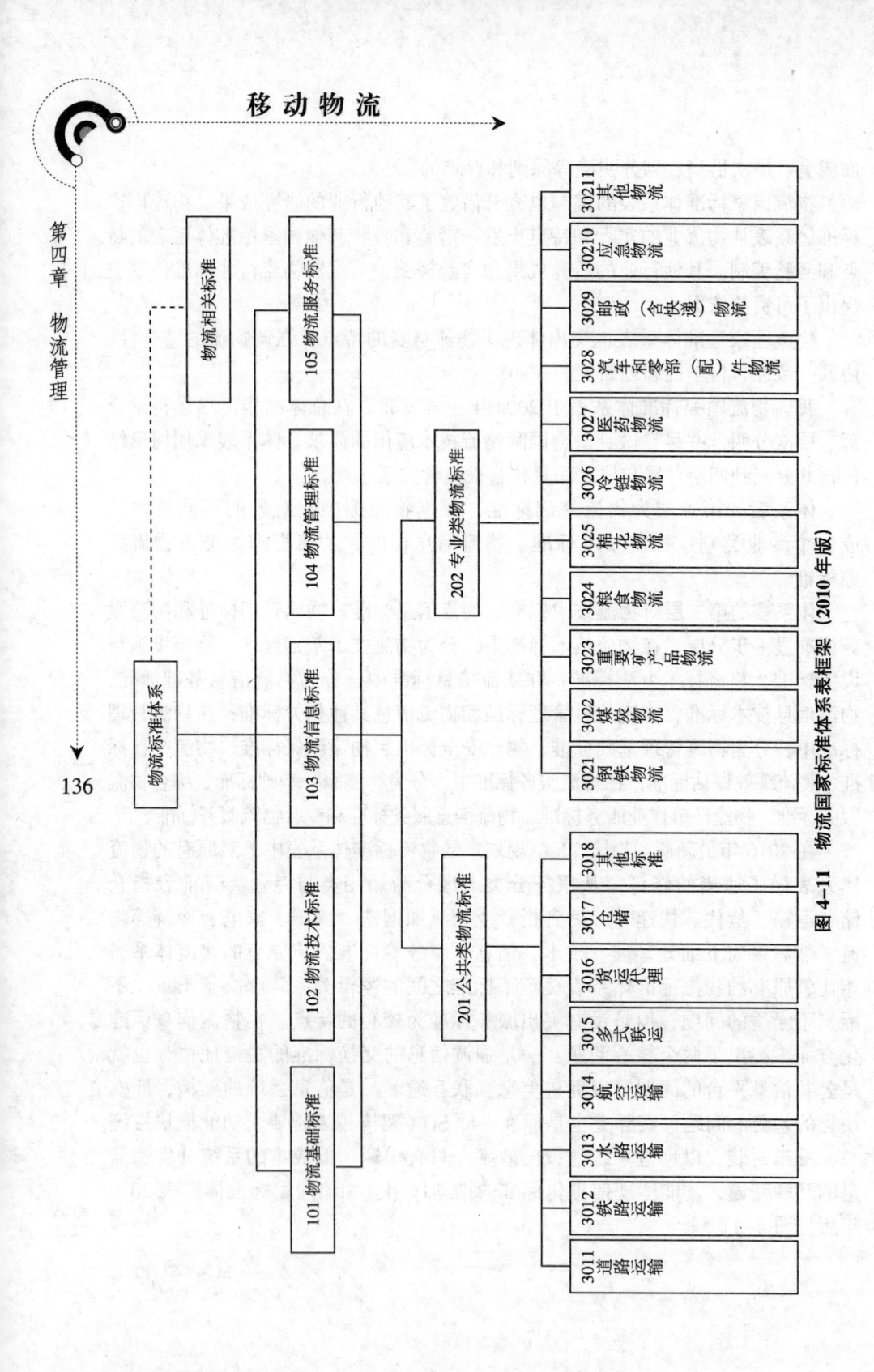

移动物流

图 4—11 物流国家标准体系表框架（2010 年版）

## 四、中国物流标准化的现状

鉴于物流标准化的重要性，我国的物流标准化工作从组织管理上、标准制定和企业的推广应用上都得到了很大的发展。

### 1. 物流标准化的组织管理现状

从组织方面，经国家标准化管理委员会批准，我国已经成立了"全国物流标准化技术委员会"和"全国物流信息管理标准化技术委员会"两个标准化技术委员会。"全国物流信息管理标准化技术委员会"主要负责物流信息基础、物流信息系统、物流信息安全、物流信息管理、物流信息应用等领域的标准化工作，秘书处设在中国物品编码中心。"全国物流标准化技术委员会"主要负责物流信息以外的物流基础、物流技术、物流管理和物流服务等领域标准化工作，秘书处挂靠在中国物流与采购联合会。这两个标准化技术委员会同受国家标准化管理委员会的直接领导。自此，困扰我国物流标准化工作多年的没有统一的物流标准化归口单位问题终于得到解决，为在我国系统开展物流标准化工作奠定了组织保证。

### 2. 物流标准化的标准制定现状

从标准的制修订方面，我国的有关部门已经制定了物流标准体系框架、电子商务标准体系框架及发展现代物流的关键标准。中国物品编码中心等单位制定的《国家物流标准体系表》，给出了我国物流国家标准的体系框架，并进行了系统分析，针对当前我国物流相关的国家标准的应用现状，提出了当前亟须制定和推广的物流国家标准，对我国物流标准化有非常重要的推动作用。

目前，中国物品编码中心等单位已经制定了《物流标准化总体规范》，规定了物流相关术语及概念、物流设施与装备、物流作业流程、关键支撑技术、物流系统建设等内容，是物流系统建设的基础。近几年我国制定的一些包括《物流术语》、《储运单元条码》、《商品条码》、《物流单元的编码与符号标记》、《店内条码》、《大宗商品电子交易规范》和《数码仓库应用系统规范》等在内的国家标准，都极大地推动了物流标准化。

针对当前物流信息系统建设中，物流信息标识的非标准化现象，中国物品编码中心进行了"现代物流信息标准体系研究"，系统地分析了我国物流供应链上的各作业环节及各个环节存在的各级包装单元、用到的物流设施和产生的物流单证等，给出其分类与编码方案，并提出目前实现物流现代化亟须制定的物流信息标识标准，为物流信息系统的建设打下了技术基础。

随着当前电子商务应用，利用互联网进行物流信息交换将逐步取代传统EDI方式而成为新型的物流信息交换模式。在物流领域，基于XML的物流信息交换是未来的趋势。2003年，有关的科研机构已经制定了一些物流行业的XML标准，开始系统开展物流信息交换标准化。

3. 物流标准化的企业推广现状

从标准化企业推广方面，随着人们对标准化认识的提高，物流企业参与物流标准化的积极性比以前显著提高。首先，企业积极参与标准的制定；其次，企业在物流管理过程中积极采用物流标准，提高物流效率。物流标准化工作的开展，为我国物流产业今后的发展奠定了一定的技术基础，但总体来说，距我国现代物流业的发展需求还相差很大。

## 五、物流标准化的问题

### (一) 物流新课题的标准化问题

物流标准化与物流的各个方面紧密相关，包括一些新兴课题也都需要标准化的支撑。

1. RFID/EPC与物联网技术的标准化问题

（1）物联网的发展。"物联网"概念的出现最早是在1999年，是由美国Auto-ID首先提出，当时的物联网主要是建立在物品编码、RFID技术和互联网的基础上。它是以美国麻省理工学院Auto-ID中心研究的产品电子代码（Electronic Product Code，EPC）为核心，利用射频识别、无线数据通信等技术，基于计算机互联网构造的实物互联网。简单地说，物联网就是将各种信息传感设备如射频识别装置、红外感应器等与互联网结合形成的一个巨大网络，让相关物品都与网络连接在一起，以实现物品的自动识别和信息的互联共享，我们称为"EPC/物联网"。

2005年11月17日，在突尼斯举行的信息社会世界峰会（WSIS）上，国际电信联盟（ITU）发布了《ITU互联网报告2005：物联网》，提出了"物联网"的新概念。提出任何时刻、任何地点、任意物体之间的互联，无所不在的网络和无所不在计算的发展愿景，除RFID技术外，传感器技术、纳米技术、智能终端等技术将得到更加广泛的应用，由于其强调了传感技术，我们称为"传感/物联网"。

2009年8月7日，国务院总理温家宝来到中国科学院无锡高新微纳传感网工程技术研发中心考察并发表重要讲话后，"物联网"这一概念在中国迅速走红。沪深股市一夜间打造出了新的板块——"物联网板块"。我们给物联网赋予了新的内涵——"中国/物联网"。

物联网由"EPC/物联网"发展到"传感/物联网"，再发展到今天的"中国/物联网"，我们相信，"国际/物联网"离我们会越来越近。

总的来说,"物联网"是指各类传感器和现有的"互联网"相互衔接的一种新技术。物联网是在计算机互联网的基础上,利用 RFID、无线数据通信等技术,构造一个覆盖世界上万事万物的"Internet of Things"。在这个网络中,物品(商品)能够彼此进行"交流",而无须人的干预。其实质是利用射频自动识别(RFID)技术,通过计算机互联网实现物品(商品)的自动识别和信息的互联与共享。"物联网就是把所有物品通过射频识别(RFID)和条码等信息传感设备与互联网连接起来,实现智能化识别和管理。其实质就是将 RFID 技术与互联网相结合加以应用。""物联网主要解决物品到物品(Thing to Thing,T2T)、人到物品(Human to Thing,H2T)、人到人(Human to Human,H2H)之间的互联。""物联网是未来互联网的一个组成部分,可以被定义为基于标准的和可互操作的通信协议,且具有自配置能力的、动态的全球网络基础架构。物联网中的'物'都具有标识、物理属性和实质上的个性,使用智能接口实现与信息网络的无缝整合。"

(2)产品电子代码(EPC)。1999 年,美国麻省理工学院成立 Auto-ID 中心,将 RFID 与网络技术结合,提出了 EPC 概念。EPC 的全称是 Electronic Product Code,中文称为产品电子代码。EPC 的载体是 RFID 电子标签,并借助互联网来实现信息的传递。EPC 系统(物联网)是一个复杂、全面、综合的系统,它在计算机互联网和射频技术 RFID 的基础上,利用全球统一标识系统编码技术给每一个实体对象一个唯一的代码,构造一个实现全球物品信息实时共享的实物物联网,旨在为每一件单品建立全球的、开放的标识标准,实现全球范围内对单件产品的跟踪与追溯,从而有效提高供应链管理水平、降低物流成本。这是继条码技术之后在物流配送及产品跟踪管理领域又一革命性技术。2004 年 1 月,全球产品电子代码管理中心授权中国物品编码中心为国内代表机构,负责在中国推广 EPC 与物联网技术。北京建立了第一个 EPC 与物联网概念演示中心,并提出"一个实验平台、一条产业链、几个试点工程"的发展思路。2005 年,RFID 与物联网相关技术将在国内有关行业获得重大推进。物联网系统相关的核心技术 RFID 已经开始在物流系统逐步应用,EPC 标准也开始推广,物联网应用已经在国内启动。

(3)物联网关键技术的标准化问题。"物联网"中,RFID 标签可谓最为关键的技术与产品环节。RFID 标签存储着规范而可互用性的信息,通过无线网络,可采集到中央系统信息,实现物品识别,进而通过开放性网络,实现信息交换和共享,管理物品。但中国在 RFID 底层专利上,并无主导权。全球 RFID 专利布局战已延续多年。

目前,美国在这方面,其申请总量超过了欧盟、世界知识产权组织、日本以及中国大陆等多个区域专利申请总量的总和，占53%。

据不完全统计，中国专利多以实用新型为主，发明型专利数量较少。而国外企业与组织在中国申请的专利，发明专利授权量远高于国内。

全球许多国家已经制定出标准，并加速向中国输出。在技术与标准化方面，北京邮电大学、中国科学院、南京邮电大学、无锡中国物联网产业研究院等积极参与，有望在物联网标准和关键技术方面取得突破性进展，一系列重点行业应用产品将被推向市场并逐步开始规模化应用。

2005年，中国RFID产业联盟正式成立，几年来一直持续累积核心技术，规划产业链建设，逐步统一规范。编码、空中切口协议在RFID技术领域占有重要地位，标准化课题重点已向这方面倾斜。目前，我国已完成几十项标准的制定工作。

2. 物流单元化技术的标准化问题

物流单元化技术是提高物流运作效率额的起点，也是中国制造业企业提高物流管理水平的重要技术手段。物流单元化技术就是以标准化为前提，以单元化为基础，将物料集装成一标准重量、标准尺寸的单元化器具内，这一器具称为单元化器具，在结构上便于物流设备进行装卸、搬运和保管作业的特点，各类单元集装单元器具不仅将零星物料集装成一个单元，而且是物流设备进行机械化、自动化作业的必要条件，它贯穿于工厂物流分析和供应链物资流分析全过程。

总的来看，标准小单元包装、物流单元化周转箱、生产现场工位器具、标准化托盘、标准化仓库及集装箱等物流产品都可归类为单元化器具。使用物流单元化技术可以使物品在生产、储存、运输、分拣、配送等整个物流系统中，以单元化、标准化形式进行组合作业。标准小单元可以集装组合成标准中单元，标准中单元可以集装组合成标准大单元，从而起到保护物品、利用空间、提高搬运效率的作用。

这是一个简单的技术创新，但这也是一个系统的、标准化的技术创新，由于涉及物流作业整个系统，涉及各个行业及企业，因此又是一个十分复杂的系统技术创新。在制造企业，物流单元化技术也是企业物流的重要技术，它体现了工厂生产的组织管理模式和效率、质量、成本、规范化、标准化等管理理念，是生产活动的基础。中国正在成为世界制造业大国，但要建立先进制造业能力，提高物流作业水平，就必须充分重视物流单元化技术。

2004年，中国许多大型企业开始重视物流单元化技术应用，纷纷利用单元化技术对企业物流作业系统进行改造，物流单元化产品销售也获得了快速增长。我国许多企业通过学习国际大型制造企业的物流改善经验，已经开始关注物流单元化技术的系统应用，超前应用，有些企业在制造车间规划设计时，就开始引入物流单元化理念，采用国际先进的物流单元化技术规划设计新厂区，系统购买物流单元化产品，组建物流单元化系统，进入工业企业工厂环境设计阶段。从流通的大物流作业角度来看，中国物流的标准化已经普遍引起政府与协会重视，托盘、车厢的标准化工作进展顺利，也为大物流系统单元化技术推进创造了重要条件。

(二) 物流标准化工作存在的问题

目前，我国物流标准化方面主要存在以下四个方面的问题：

1. 部门分割问题严重，标准协调难度大

多年来在计划经济体制下，使得原本是一个系统资源的物流业的管理权限分别划归若干个部门。比如，铁路、公路、航空、海运等运输资源，除了像深圳等个别新建城市统一由运输局管辖外，分别直属铁道部、交通部、航空总局、海运局等统辖，由于条块分割严重，运输资源无法做到科学有效地统一配置，资源浪费惊人。

2. 没有形成有利于物流标准化发展的政策法规环境

物流的各项作业分属于不同部门管理，部门制定的众多法规如运输方面的《公路货物运输合同实施细则》、《水路货物运输合同实施细则》、《铁路货物运输合同实施细则》、《航空货物运输合同实施细则》；包装、仓储方面的《关于商品包装的暂行规定》、《国家物资储备局仓库设施完好标准》、《商业仓库管理办法》、《国家粮油仓储设施管理办法》，以及涉及物流企业的工商、税务、海关、检验的企业登记规则及单证的有关法规和规定，虽然对规范作业和行业发展起过积极的作用，但很难适应新形势下的现代物流发展趋势。

3. 物流信息标准化工作滞后

信息技术在现代物流中的作用至关重要，而信息的采集、处理和传递一定要以标准化为基础。目前，企业要建立物流管理信息系统、货物跟踪和信息交换系统，迫切需要物流标识系统、物流数据采集系统、物流信息交换系统等方面的系列标准。

4. 在实际操作中，许多标准尚未得到承认和推广

标准化的普及有赖于产业自身的发育程度。目前国内除了几家大型物流企业外，很多物流企业是从传统行业转型的中小企业。在这些企业中推行物流标准化显然具有很大难度。例如，尽管我国已经建立了物流标识标准体系，并制定了一些重要的国家标准，如GB/T 12904—2003《商品条码》、GB/T 16830—1997《储运单元条码》、GB/T 18127—2000《物流单元的编码与符号标记》等。除了《商品条码》应用较好以外，其他标准在应用上不容乐观，如《储运单元条码》的应用正确率不足20%。

# 移动物流

## 本章案例

### 解读丰田公司物流管理战略

当前国外企业管理理论和实践正朝着精细化方向发展，其中实时管理JIT (Just in Time) 得到了广泛的应用并卓有成效。实时物流是伴随实时生产而产生的，随着实时生产的发展与普及，实时物流也得到了迅速发展和广泛应用。

实时物流与一般物流有很大不同，实时物流不再是传统的规模经济学的范畴，而是立足于时间的经济。

管理学，核心是恰好在需求的时候到达。实时制的采用可以加快货物的流通速度，降低库存水平，使补货时间更加精确，达到降低成本、提高服务水平的目标。高效、灵活的生产体系，离开了高效的实时物流的支持，是根本无法实现的。下面介绍日本丰田公司的实时物流战略以及影响企业物流战略的主要因素。

**一、零部件厂商对整车企业的实时物流供应**

在实时物流中，取消了仓库的概念，例如，丰田公司只设"置场"临时堆料，原材料和零配件只在此堆放几个小时，短的只要几分钟，就被领用。在看板制度下，许多零件是等到下一个制造过程需要的几个小时才上线生产。为使物流跟上生产的步伐不造成缺货或生产延误，丰田公司采用了全新的"拉出方式"，即在需要时由后工序的人员去前工序领取加工品的"领取方式"，此种方式存在于整个生产范围（包括企业外部的零部件、原材料的供给）。这种方式使主动权掌握在本企业手中，使得在需要时得到物流的实时服务。

实时生产要发挥作用，除了要求"准时化生产"外，还需要零配件厂商的实时物流做保障。为此，丰田公司采用了CAD/CAM技术生产设计零计算机分解画面进行设计，并根据此资料设计车体的各部分构造，再用CAM生产出样机模型，然后分派给零配件厂商，以适应生产需要。零配件厂商大多位于同一个工业园区，这样不仅降低了运输成本，使运送途中的损耗降低到最低程度，而且降低了所需的库存量。

零配件厂商和企业的关系是一种长期的、稳定的合作关系，是一种特殊的契约关系。一个零配件厂商的绝大部分产出都供应给一个或两个主机厂，而主机厂一般会在供应商那里拥有一定的股份和指挥权。由于在长期交易关系中居支配地位，大企业可以要求协作企业采用"最佳时态"供货制，通过适时适量供应零部件来降低库存量，提高有效开工率。实时物流的要求者会提供一定的资金、技术援助以推广实时生产和实时物流的概念和方式。同时，供应商或多或少会建立一定的缓冲库存以备不测,以免失掉长期的合同。不能完全避免,但数量大大降低。

## 二、整车企业对经销商及顾客的实时物流服务

丰田公司将JIT生产体制和销售网络相结合,将日本全国经销商的电脑和丰田总公司的电脑联网,销售人员可以将客户订货的内容实时通知生产线,从而形成一个大规模的信息系统,订货手续大为简化,订单当天就可以传入总公司的计算机中,交货时间就可以减少10天以上,而且经销商的库存率也减少70%~80%,大幅度降低了存货成本。由于建立了"灵活销售体系",将产品分成小批量,以更快的速度销售出去,进一步降低了产品在流通领域的费用。

在运输方面,对于出口海外的产品,丰田公司所在的丰田市距海岸只有50公里,汽车可以一直由生产线开到码头,而远洋轮船也实时地等待装船。消除了由于必须凑齐一定数量的汽车才能装船的库存费用。到岸以后,由计算机分配,直接交至各经销商手中,中间不需要存储。

丰田公司实施以人为本的实时物流战略,对全体经销商进行教育培训,根据市场反馈的信息,对经销商的促销政策和经营上的问题给予适当的指导,以提高销售效率,如商品知识指导、推销员培训、经营管理或财务指导、店铺设计、广告发布指导等,并从人员上和技术上协助他们进行销售和售后服务。不景气的时期,通过协商,共同承担利润减少带来的负面影响,形成一种风险共担、利益共享的关系。

## 三、影响企业物流战略的主要因素

经济全球化——随着经济全球化的发展,世界大商场概念在今天已变成现实。跨国企业从世界各地寻找并控制原材料来源,在不同的国家建立生产基地,并将产出品销往国际市场。全球化使世界市场竞争加剧,同时使发达国家看到发展中国家市场所蕴涵的巨大潜力。市场全球化必然要求企业物流功能的全球化。实施全球物流战略,需要建立与保持一个国际物流网络,其中重要的一点就是发展企业的实时物流系统,推进企业的全球化物流战略。

资料来源:www.jctrans.com,2012-05-04。

➡ 问题讨论:

1. 影响企业物流战略的主要因素有哪些?
2. 简述实时物流与一般物流的区别。

移动物流

## 本章小结

传统物流之所以发展成为现代物流，一个重要的原因就在于"系统化"：用系统思想重新认识的物流总功能并不是原有那些功能的简单加和，而是系统化后产生的新的总功能，正是这种新的总功能使物流合理化得以实现。

物流的系统化是其物流合理化的基础，而物流的合理化是整个物流管理所追求的总目标——通过达到物流活动的合理化获得"第三利润"。

标准化是物流管理的重要手段，物流标准化对物流成本、效益有着重大决定作用。它能加快流通速度，保证物流环节，降低物流成本，从而较大地提高经济效益。同时，物流标准化，对国际物流也是非常重要的保证。

## 本章复习题

1. 简述供应物流和销售物流的地位与作用。
2. 物流成本合理化管理的主要内容是什么？
3. 简述物流企业管理的基本含义。
4. 物流企业对 MIS 的要求是什么？

# 第五章 物流信息技术

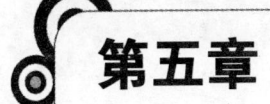

## 学习目的

**知识要求** 通过本章的学习，掌握：

- 条码定义
- 无线射频的概念
- 电子数据交换（EDI）技术的主要应用
- 地理信息系统（GIS）概念
- 物联网的基本概念

**技能要求** 通过本章的学习，能够：

- 了解条码基本知识
- 熟悉条码主要种类
- 了解EDI标准的内容
- 掌握物联网的基本知识

## 学习指导

1. 本章内容包括：条码技术的基本概念，商品条码，物流条码等；无线射频的概念及其组成、分类、特点；EDI标准、EDI在供应链管理中的应用、EDI与移动物流；自动跟踪技术；移动商务网络信息技术；物联网。

2. 学习方法：独立思考，抓住重点；充分理解条码的含义及其主要分类；理解无线射频的概念以及基本构成要素；了解EDI标准的内容；掌握物联网的基本知识，关注其未来发展趋势。

3. 建议学时：8学时。

## 引导案例

### 自动识别技术在军事领域中的应用

物流与军事有着密切的关系，事实上，物流的概念也诞生于军事领域。在第二次世界大战期间，美国海军出于军事上的需要，引入了实物配送理论，对军事物资的供应实行物流管理，取得了显著成效，并在此基础上逐步发展了完整的物流理论。

以全球军事装备技术最为领先的美军为例，在信息技术的支持下，美军提出了全球资产可视系统的概念。该系统将自动识别技术、全球运输网络、联合资源信息库和决策支持系统等综合在一起，使得部队指挥官可以不间断、可视化地掌握全部后勤资源的动态情况，全程跟踪"人员流"、"装备流"和"物资流"，并指挥和控制其接收、分发和调换，从而大大提高了后勤保障效率。正是依托该系统，在1991年海湾战争中，美军后勤信息处理中心工作人员只有1500人，但却使数万部队的输送、数亿元的开支，以及几十万种不同型号、规格的装备物资供应得以顺利进行。

### 一、军事物流现代化需要信息技术的支持

在军队信息化建设中，军事物流现代化是一个重要的组成部分。军事物流信息化离不开高科技手段的应用，这些高新技术主要包括条码技术、射频识别技术、电子数据交换（EDI）、全球定位系统、地理信息系统、卫星通信技术等。

其中，条码技术是最基本的物流管理技术手段，应用条码技术可准确标识物流单元，包括人员、物品、设备、资产等，并通过条码识读设备实现数据采集的自动化，从而将物流转变为信息流，实现对物流的跟踪和管理。因此，条码技术在各国军事物流领域得到广泛的应用。

### 二、二维条码在军事物流领域的应用

传统的一维条码在常规物流领域得到了广泛的应用，它具有信息容量较小、依赖数据库网络的特点。在军事物流领域的特殊环境下，数据通信网络容易遭到战争的破坏。因此，对军事物流单元的标识、识别和应用，必须能有效适应网络中断的环境。对于这一特殊要求，一维条码是难以满足的。而二维条码则具有信息容量大的特点，可全面地对物品进行标识和描述，具体可包括数字、文字（包括汉字）、图形等信息，从而可在数据库网络中断的情况下，获得物品的基本信息，实现物流的基本管理功能。当数据库网络恢复后，又可进

一步获得物品的更多相关信息,实现更多的物流管理功能。此外,二维条码还具有译码可靠性高、错误纠正能力强、条码占用面积小、容易制作且成本很低的特点。同时,也可通过密码设置,实现一定程度的信息保密特性。

二维条码的这些特点,使它非常适合军事物流应用的要求。因此,它在各个军队得到了广泛的应用。例如,美国军方要求,所有的军品供应商必须使用基于PDF417二维条码的运输标签,并于1999年颁布标签标准MILSTD197,在全美24个后勤军需仓库中使用PDF417二维条码。同时,二维条码还被美国军方应用到军械仓库、军械维修、军官证件、弹药标识、物资运输等各个领域。

在法国军队,二维条码也被广泛地应用于运输后勤管理,并在耐高温的金属牌上采用激光蚀刻PDF417二维条码来实现军事人员的身份标识,在军事抢救时,带有二维条码的军事人员的基础医疗信息,包括身份、血型、用药禁忌等信息,可在脱离网络的环境下,从二维条码中迅速获得,从而加速了医疗救护的过程。英国军队已在其所有的武器装备和设施上使用PDF417二维条码,条码中包含了部件名、序列号、部队番号等信息,从而极大地提高了对武器装备的精确管理。

此外,中国海军某军械器材仓库,也在军队仓库管理运用二维条码技术和计算机网络方面,进行了前瞻性的探讨和实践。经过8个月的探索和建设,军械器材入库、出库、统计、出库跟踪及库房温湿度、安全警卫,全部实现以二维条码为核心技术的信息化管理,彻底告别"一口清"、"一摸准"的旧管理模式,且保密性强。过去,向部队分发300种军械器材,需要3~6个月,而且还有差错。如今,分发9000多种军械器材,只需3天。战士手持条码识别机,一下就能"扫"出集装箱里的军械器材名称、型号、数量、生产厂家和使用要求,还能看到图像,误差率小于百万分之一。在一次大型演练中,他们利用便携电脑,仅4名官兵就开设了野战军械仓库,保障速度成倍增加。

目前,我国军事物流领域应用二维条码的条件已经逐步成熟。我国国家质量监督局已于1997年,正式颁布PDF417条码的国家标准《四一七条码》。并且,一批国内厂商已经成功地掌握了二维条码的关键技术。例如,北京南开戈德公司已开发出具有自主知识产权的二维条码识读设备及移动数据终端,并在军队物流、金融物流、企业物流等领域取得了成功应用。业界专家指出,二维条码技术的成熟,以及国产二维条码厂商的崛起,为二维条码在我国军事物流管理的应用带来了广阔的前景。

### 三、全球定位系统在军事物流中的应用

全球定位系统GPS是指利用美国发射的27颗导航卫星进行测时和测距,从而为地面或空中的活动目标提供定位和导航。GPS产生于20世纪70

年代的美国，整套系统于1994年得到完善，是当今最先进的信息设施之一。GPS最初是美国国防部门为其基于全球范围的军事需要而建立的，30年来已经为美国军队建立了卓著的功勋。在举世瞩目的海湾战争中，美国就大量使用了GPS，为多国部队的海上舰船、空中战斗机、陆地军队、地面车辆等活动目标提供精确的位置数据，从而实现了对军事物流的实时和动态管理。目前，大多数西方国家的军队都用上了GPS。我国军事部门也在运用GPS技术。

**四、射频技术在军事物流中的应用**

射频技术（Radio Frequency，RF）的基本原理是电磁理论。射频系统的优点是不局限于视线，识别距离比光学系统远，射频识别卡具有读写能力，可携带大量数据，难以伪造，且有智能。RF适用于物料跟踪、运载工具和货架识别等要求非接触数据采集和交换的场合，由于RF标签具有可读写能力，对于需要频繁改变数据内容的场合尤为适用。

美国和北大西洋公约组织（NATO）在波斯尼亚的"联合作战行动"中，便在军事物流系统中采用了射频技术，以识别和跟踪军用物资。这是充分吸取了"沙漠风暴"军事行动中大量物资无法跟踪造成重复运输的教训，无论军用物资处于采购、运输、仓储、使用、维修的任何环节，各级指挥人员都可以实时掌握其状态和信息。具体的应用是依靠贴在集装箱和装备上的射频识别标签实现的。RF接收转发装置通常安装在运输线的一些检查点上（如门柱上、桥墩旁等），以及仓库、车站、码头、机场等关键地点。

资料来源：陈景文.自动识别技术及其在军事领域中的应用[J].现代电子技术，2006（9）.

➡ 问题：
1. 二维条码的主要特点是什么？
2. 目前，国际上军事领域主要运用哪些自动识别技术？

# 第一节　条码技术

自动识别技术是信息数据自动识读、自动输入计算机的重要方法和手段，它是以计算机技术和通信技术的发展为基础的综合性科学技术。自动识别技术近几十年在全球范围内得到了迅猛发展，初步形成了一个包括条码技术、磁条（卡）技术、光学字符识别、系统集成化、射频技术、声音识别及视觉识别等集计算机、光、机电、通信技术为一体的高新技术学科。

计算机、网络技术的发展，彻底改变了人们传统的工作方式。但是如何解决计算机的快速录入问题，一直是影响计算机应用的"瓶颈"。手工键盘输入速度慢、容易出错，而且工作强度大。到目前为止，先后涌现出多种自动识别技术，如手写识别技术、语音识别技术、条码识别技术、磁识别技术等。尤其以条码技术为首的自动识别技术，因其输入速度快、准确率高、成本低、可靠性强等原因，发展十分迅速。现已广泛应用于物流业的各个环节。

## 一、条码基础

条码是由一组按特定规则排列的条、空及其对应字符组成的表示一定信息的符号。条码中的条、空分别由深浅不同且满足一定光学对比度要求的两种颜色（通常为黑、白色）表示。条为深色，空呈浅色。这组条、空和相应的字符代表相同的信息。前者用于机器识读，后者供人直接识读或通过键盘向计算机输入数据使用。这种用条、空组成的数据编码很容易译成二进制和十进制数。这些条和空可以有各种不同的组合方法，从而构成不同的图形符号，即各种符号体系，也称码制，适用于不同的场合。

（一）名词解释

（1）条码（Bar Code）：由一组规则排列的条、空及对应字符组成的标记，用以表示一定的信息。

（2）条码系统（Bar Code System）：由条码符号设计、制作及扫描阅读组成的自动识别系统。

（3）条（Bar）：条码中反射率较低的部分。

（4）空（Space）：条码中反射率较高的部分。

（5）空白区（Clear Area）：条码左右两端外侧与空的反射率相同的限定区域。

（6）起始符（Start Character）：位于条码起始位置的若干条与空。

（7）终止符（Stop Character）：位于条码终止位置的若干条与空。

（8）条码字符（Bar Code Character）：表示一个字符的若干条与空。

（9）条码校验符（Bar Code Check Character）：表示校验码的条码字符。

（10）条码长度（Bar Code Length）：从条码起始符前缘到终止符后缘的长度。

（11）条码密度（Bar Code Density）：单位长度的条码所表示的字符个数。

（12）模块（Module）：组成条码的基本单位。

（二）常用的几种码制

如前所述，条码符号的不同组合就形成了不同的条码种类，每一种条码都有自己特定的标准码制。条码种类很多，常见的大概有 20 多种码制，其中包括：Code39 码（标准 39 码）、Codabar 码（库德巴码）、Code25 码（标准 25 码）、ITF25 码（交叉 25 码）、Matrix25 码（矩阵 25 码）、UPC-A 码、UPC-E 码、EAN-13 码（EAN-13 国际商品条码）、EAN-8 码（EAN-8 国际商品条码）、中国邮政码（矩阵 25 码的一种变体）、Code-B 码、MSI 码、Code11 码、Code93 码、ISBN 码、ISSN 码、Code128 码（Code128 码，包括 EAN128 码）、Code39EMS（EMS 专用的 39 码）等一维条码和 PDF417 等二维条码。

除以上列举的一维条码外，二维条码也已经在迅速发展，并在许多领域得到了应用。

**（三）条码的特点**

在信息输入技术中，采用的自动识别技术种类很多。条码作为一种图形识别技术与其他识别技术相比有如下特点：

（1）简单、易于制作，可印刷，被称为"可印刷的计算机语言"。条码标签易于制作，对印刷技术设备和材料无特殊要求。

（2）信息采集速度快。普通计算机的键盘录入速度是每分钟 200 字符，而利用条码扫描录入信息的速度是键盘录入的 20 倍。

（3）采集信息量大。利用条码扫描一次可以采集十几位字符的信息，而且可以通过选择不同码制的条码增加字符密度，使录入的信息量成倍增加。

（4）可靠性高。键盘录入数据，误码率为三百分之一，利用光学字符识别技术，误码率约为万分之一，而采用条码扫描录入方式，误码率仅有百万分之一，首读率可达 98% 以上。据统计，键盘输入平均每 300 个字符一个错误，而条码输入平均每 15000 个字符一个错误。如果加上校验位，误码率则是千万分之一。

（5）设备结构简单、成本低。与其他自动化识别技术相比较，推广应用条码技术，所需费用较低。

（6）灵活、实用。条码符号作为一种识别手段可以单独使用，也可以和有关设备组成识别系统实现自动化识别，还可和其他控制设备联系起来实现整个系统的自动化管理。同时，在没有自动识别设备时，也可实现手工键盘输入。

（7）自由度大。识别装置与条码标签相对位置的自由度要比 OCR 大得多。条码通常只在一维方向上表达信息，而同一条码上所表示的信息完全相同并且连续，这样即使是标签有部分缺欠，仍可以从正常部分输入正确的信息。

**（四）条码技术**

条码技术是在计算机技术与信息技术基础上发展起来的一门集编码、印刷、识别、数据采集和处理于一体的新兴技术。条码技术的核心内容是利用光电扫描设备识读条码符号，从而实现机器的自动识别，并快速准确地将信息录入计算机进行数据处理，以达到自动化管理的目的。条码技术主要研究以下内容：

1. 符号技术

主要研究各种码制条码的编码规则、特点及应用范围；条码符号的设计及制作；条码符号印刷质量的控制等。只有按规则编码，符合质量要求的条码符号才能最终被识读器识别。

2. 识别技术

主要由条码扫描和译码两部分构成。

（1）扫描是利用光束扫读条码符号，将光信号转换为电信号，这部分功能由扫描器完成。

（2）译码是将扫描器获得的电信号按一定的规则翻译成相应的数据代码，然后输入计算机（或存储器），这个过程由译码器完成。

3. 条码应用系统设计

条码应用系统由条码、识读设备、电子计算机及通信系统组成。应用范围不同，条码应用系统的配置不同。一般来讲，条码应用系统的应用效果主要取决于系统的设计。

系统设计主要考虑三个因素：①条码设计；②符号印制；③识读设备选择。

（五）主要应用领域

目前条码技术已在多个领域中得到了广泛的应用，比较典型的应用有以下几种。

1. 商业零售领域

零售业是条码应用最为成熟的领域。EAN商品条码为零售业应用条码进行销售奠定了基础。目前大多数在超市中出售的商品都申请使用了EAN条码，在销售时，用扫描器扫描EAN条码，POS系统从数据库中查找到相应的名称、价格等信息，并对客户所购买的商品进行统计，大大加快了收银的速度和准确性，同时各种销售数据还可作为商场和供应商进货、供货的参考数据。由于销售信息能够及时准确地被统计出来，所以商家在经营过程中可以准确地掌握各种商品的流通信息，大大地减少库存量，最大限度地利用资金，从而提高商家的效益和竞争能力。

2. 图书馆

条码也被广泛用于图书馆中的图书流通环节，图书和借书证上都贴上了条码，借书时只要扫描一下借书证上的条码，再扫描一下借出的图书上的条码，相关的信息就被自动记录入数据库中，而还书时只要一扫描图书上的条码，系统就会根据原先记录的信息进行核对，如正确，就将该书还入库中。与传统的方式相比,大大地提高了工作效率。

3. 仓储管理与物流跟踪

对于大量物品流动的场合,用传统的手工记录方式记录物品的流动状况,既费时费力,准确度又低,在一些特殊场合,手工记录是不现实的。况且这些手工记录的数据在统计、查询过程中的应用效率也相当低。应用条码技术,可以实现快速、准确地记录每一件物品,采集到的各种数据可实时地由计算机系统进行处理,使得各种统计数据能够准确、及时地反映物品的状态。

4. 质量跟踪管理

ISO9000质量保证体系强调质量管理的可追溯性,也就是说,对于出现质量问题的产品,应当可以追溯出它的生产时间、操作者等信息。在过去,这些信息很难记录下来,即使有一些工厂(如一些家用电器生产厂)采用加工单的形式进行记录,但随着时间的积累,加工单也越来越多,有的工厂甚至要用几间房子来存放这些单据。从这么多的单据中查找一张单据的难度可想而知!如果采用条码技术,在生产过程的主要环节中,对生产者及产品的数据通过扫描条码进行记录,并利用计算机系统进行处理和存储。如产品质量出现问题,可利用计算机系统很快地查到该产品生产时的数据,为工厂查找事故原因、改进工作质量提供依据。

5. 数据自动录入(二维条码)

大量格式化的单据的录入问题是一件很烦琐的事,浪费大量的人力不说,正确率也难以保障。现在有了二维条码技术,可以把上千个字母或几百个汉字放入名片大小的一个二维条码中,并可用专用的扫描器在几秒钟内正确地输入这些内容。目前计算机和打印机作为一种必备的办公用品已相当普及,可以开发一些软件,将格式化报表的内容同时打印在一个二维条码中,在需要输入这些报表内容的地方扫描二维条码,报表的内容就自动录入完成了。同时还可对数据进行加密,确保报表数据的真实性。国外有的彩票上就用PDF417二维条码来鉴别彩票的真伪。设想一下,如果证件上使用了二维条码,其中放入证件上的全部信息,并进行加密处理,那么在需要记录身份的地方,只要扫描一下证件上的条码,信息就被正确录入了。同时这样也为证件伪造者出了难题——他们不再可能伪造一个证件,因为他们不知道证件上的加密算法,无法制作出正确的条码。当然,他们可以原样复制一个,但这又有什么意义呢?互联网技术也在迅速发展,大量单据内容可通过网络来传递。然而IC卡的成本较高,而目前的情况下,要实现互联网时时在身边还不太现实。因此,条码技术还是大有其用武之地的。

## 二、商品条码

### （一）商品代码与商品条码

商品编码是指用一组阿拉伯数字标识商品的过程，这组数字称为代码。商品编码与商品条码是两个不同的概念。商品代码是代表商品的数字信息，而商品条码是表示这一信息的符号。在商品条码工作中，要制作商品条码符号，首先必须给商品编一个数字代码。

商品条码的代码是按照国际物品编码协会（GS1）统一规定的规则编制的，分为标准版和缩短版两种。标准版商品条码的代码由 13 位阿拉伯数字组成，简称 EAN-13 码。缩短版商品条码的代码由 8 位数字组成，简称 EAN-8 码。EAN-13 码和 EAN-8 码的前 3 位数字叫"前缀码"，是用于标识 EAN 成员的代码，由 EAN 统一管理和分配，不同的国家或地区有不同的前缀码。中国的前缀码目前为 690~695。

### （二）商品编码原则

1. 唯一性

唯一性是指商品项目与其标识代码一一对应，即一个商品项目只有一个代码，一个代码只标识同一商品项目。商品项目代码一旦确定，永不改变，即使该商品停止生产、停止供应了，在一段时间内（有些国家规定为 3 年）也不得将该代码分配给其他商品项目。

2. 无含义

无含义代码是指代码数字本身及其位置不表示商品的任何特定信息。在 EAN 及 UPC 系统中，商品编码只是一种识别商品的手段，而不是商品分类的手段。无含义使商品编码具有简单、灵活、可靠、充分利用代码容量、生命力强等优点，这种编码方法尤其适合于较大的商品系统。

3. 永久性

产品代码一经分配，就不再更改，并且是终身的。当此种产品不再生产时，其对应的产品代码只能搁置起来，不得重复起用再分配给其他的商品。

### （三）商品条码的编码结构简介

1. 标准版商品条码的结构

标准版商品条码所表示的代码由 13 位数字组成，其结构如下：

结构一：$x_{13}\ x_{12}\ x_{11}\ x_{10}\ x_9\ x_8\ x_7\ x_6\ x_5\ x_4\ x_3\ x_2\ x_1$

其中：$x_{13} \cdots x_7$ 表示厂商识别代码；$x_6 \cdots x_2$ 表示商品项目代码；$x_1$ 表示校验码。

结构二：$x_{13}\ x_{12}\ x_{11}\ x_{10}\ x_9\ x_8\ x_7\ x_6\ x_5\ x_4\ x_3\ x_2\ x_1$

其中：$x_{13}\cdots x_6$ 表示厂商识别代码；$x_5\cdots x_2$ 表示商品项目代码；$x_1$ 表示校验码。

当 $x_{13} x_{12} x_{11}$ 为 690、691 时，其代码结构同结构一；当 $x_{13} x_{12} x_{11}$ 为 692、693、694、695 时，其代码结构同结构二。

（注：$x_{13} x_{12} x_{11}$ 是由国际物品编码协会（GS1）统一分配给各国或地区编码组织的前缀码。它与原产地是不同的概念，不能视为原产地代码。目前，GS1 已将 690~695 分配给中国物品编码中心使用，今后，GS1 还将根据中国物品编码中心的申请，陆续分配 $x_{13}x_{12}x_{11}$ 三位前缀码。商品项目代码由厂商自行分配。）

校验码计算参见 GB/T 12904《通用商品条码》国家标准规定的方法。

2. 缩短版商品条码的结构

缩短版商品条码由 8 位数字组成，其结构如下：

$x_8 x_7 x_6 x_5 x_4 x_3 x_2 x_1$

其中：$x_8 x_7 x_6$：其含义同标准版商品条码的 $x_{13} x_{12} x_{11}$。$x_5 x_4 x_3 x_2$ 表示商品项目代码，由 GS1 编码组织统一分配。在我国，由中国物品编码中心统一分配。$x_1$ 表示校验码。计算时，需在缩短版商品条码代码前加 5 个"0"，然后按标准版商品条码校验的计算方法计算。

（注：当标准版商品条码所占面积超过商品包装面积或者占标签可印刷面积的 1/4 时，可使用缩短码。）

3. 标准版商品条码的符号

表示 13 位数字的 EAN 条码（EAN-13）称为标准版的 EAN 条码，其符号如图 5-1 所示。

图 5-1 标准版商品条码标签

商品条码标签由左侧空白区、起始符、左侧数据符、中间分隔符、右侧数据符、校验符、终止符、右侧空白区构成。各区的宽度如表 5-1 所示，商品编码与条码符号的对应规则如表 5-2 所示（表中的"0"和"1"分别表示具有一个模块宽度的"空"和"条")。

## 三、物流条码

### (一) 物流条码概念

为了实现以最少的投入获得最大的经济效益，就要使物流过程快速、合理、消耗低，将物流、商流、信息流综合地考虑，发挥物流系统的功能效用。物流条码可以使我们更好地实现这一目标。条码是由一组规则的条空及对应字符组成的标记，用以表示一定的信息。物流条码则是物流过程中用以标识具体实物的一种特殊代码，它是由一组黑白相间的条、空组成的图形，利用识读设备可以实现自动识别、自动数据采集。在商品从生产厂家到运输、交换，整个物流过程中都可以通过物流条码来实现数据共享，使信息的传递更加方便、快捷、准确，提高整个物流系统的经济效益。

### (二) 物流条码与商品条码的区别

当今通用商品条码已经普及，使商业管理实现了自动化，而物流条码却刚刚起步。物流条码与通用商品条码相比有许多不同之处，我们可以从以下几个方面加以比较：

1. 标识目标不同

通用商品条码是最终消费单元的唯一标识，它常常是单个商品的条码。消费单元是指通过零售渠道，直接销售给最终用户的商品包装单元；物流条码则是货运单元的唯一标识。货运单元是由若干消费单元组成的稳定的和标准的产品集合，是收发货、运输、装卸、仓储等项物流业务所必需的一种商品包装单元，一般是单个商品的集合，也可以是多种商品的集合，应用于现代化的物流管理中。

2. 应用领域不同

通用商品条码用于零售业现代化的管理，在零售业的POS系统中通用商品条码印在单个商品上，可以实现商品的自动识别、自动寻址、自动结账，使零售业管理高度自动化和信息化；物流条码则是用于物流现代化的管理，贯穿于整个物流过程中。产品从生产厂家生产出来，要经过包装、运输、仓储、分拣、配送等众多环节，才能到达零售商店，物流条码应用于众多的环节之中，实现了对物品的跟踪和数据的共享。

3. 采用的码制不同

通用商品条码采用的是EAN/UPC码制，条码的长度固定，信息容量少；物流条码主要采用UCC/EAN-128条码（Uniform Code Council Inc，UCC."美国统一编码委员会"的缩写），条码的长度可变，信息容量多，且条码精度要求低，易于制作，容易推广。

#### 4. 标准维护不同

通用商品条码已经实现了国际新标准，维护的要求比较低；物流条码是可变性条码，贸易伙伴根据贸易的具体需要而增减信息，而且随着国际贸易的发展，物流条码的内容需要不断地补充、丰富，因此，对物流条码的标准维护应该更加重视。

正是因为物流条码具有以上特点，才使其能够区别于通用商品条码，物流条码在物流领域的实施才具有可行性。通过对物流条码信息的收集、传递和反馈，提高整个物流系统的经济效益是研究物流条码的最终目的。

### （三）物流条码的标准体系

物流条码体系的涉及面广，相关标准很多，它的实施和标准化与物流系统的机械化、现代化、规范化和标准化有非常密切的关系。正因为物流条码体系的复杂性和广泛性，其建立与应用将是一个长期探索、实践的过程。物流条码标准体系只是物流条码体系的一个组成部分，也是极其重要的一个组成部分。条码技术标准是对条码技术中重复性事物和概念所作的统一规定。它以科学、技术和实践经验的综合成果为基础，经有关方面协商一致，由主管机构批准，以特定形式发布，作为共同遵守的准则和依据。

在国际贸易中，物流条码标准体系已基本成熟，并随着世界经济的发展而日趋完善。我国也已经制定出了许多相关标准，可以据此建立物流条码标准体系，但还有待进一步完善。

#### 1. 第一部分 码制标准

条码的码制是指条码符号的类型，每种类型的条码符号都是由符合特定编码规则的条和空组合而成，都有固定的编码容量和条码字符集。虽然现在正在使用的条码码制有很多种，但国际上公认的物流条码只有三种，即 EAN-13 码、交叉 25 条码和 UCC/EAN-128 条码，这三种码制基本上可以满足物流条码体系的应用要求。

（1）通用商品条码。我国于 1990 年制定了《GB/T 12904—91：通用商品条码》国家标准。通用商品条码结构与国际物品编码协会推行的 EAN 码结构相同，其标准与国际标准是兼容的。物流条码应用的是 EAN 码制中的 EAN-13 码。EAN-13 码是国际通用符号体系，它是一种定长、无含义的条码，没有自校验功能。

（2）交叉 25 条码。交叉 25 条码在仓储和物流管理中被广泛采用。1983 年，交叉 25 条码完整的规范，被编入有关物资储运条码符号的美国国家标准 ANSI MH10.8 中。1997 年，我国制定了《GB/T 16829—1997：交叉 25 条码》国家标准，并于1998年3月开始实施。

交叉25条码是一种连续、非定长、具有自校验功能，且条、空都表示信息的双向条码。

（3）贸易单元128条码。我国制定的《GB/T 15429—1994：贸易单元128条码》国家标准等效采用了UCC/EAN-128条码。UCC/EAN-128条码是由国际物品编码协会、美国统一代码委员会和自动识别制造商协会共同设计而成的。它是一种连续型、非定长、有含义的高密度代码。贸易单元128条码是物流条码实施的关键。它能够更多地标识贸易单元的信息，如产品批号、数量、规格、生产日期、有效期、交货地等，使物流条码成为贸易中的重要工具。

贸易单元128条码有A、B、C三套字符集，其中C字符集能以双倍的密度来表示全数字的数据。这三套字符集覆盖了128个ASCII码字符。

2. 第二部分　应用标准

在物流条码标准体系中，还有许多应用标准。应用标准大多采用以上三种码制，适用于不同的实际情况，解决不同的具体问题，使物流条码在我国物流领域的应用具有可行性和实用性。

（1）位置码。参与方位置代码（Global Location Number，GLN）是对参与供应链等活动的法律实体、功能实体和物理实体进行唯一标识的代码。参与方位置代码由厂商识别代码、位置参考代码和校验码组成，用13位数字表示，具体结构见表5-1。

表5-1　GLN代码结构

| 结构种类 | 厂商识别代码 | 位置参考代码 | 校验码 |
| --- | --- | --- | --- |
| 结构一 | $N_1 N_2 N_3 N_4 N_5 N_6 N_7$ | $N_8 N_9 N_{10} N_{11} N_{12} N_{13}$ | $N_{13}$ |
| 结构二 | $N_1 N_2 N_3 N_4 N_5 N_6 N_7 N_8$ | $N_9 N_{10} N_{11} N_{12}$ | $N_{13}$ |
| 结构三 | $N_1 N_2 N_3 N_4 N_5 N_6 N_7 N_8 N_9$ | $N_{10} N_{11} N_{12}$ | $N_{13}$ |

法律实体是指合法存在的机构，如供应商、客户、银行、承运商等。功能实体是指法律实体内的具体的部门，如某公司的财务部。物理实体是指具体的位置，如建筑物的某个房间、仓库或仓库的某个门、交货地点等。

位置码当用条码符号表示时，应与位置码应用标识一起使用，条码符号采用贸易单元128码制。

（2）储运单元条码。中国物品编码中心在遵守国际物品编码协会GS1规范中《关于储运单元条码与标识的EAN规范》的前提下，结合我国的具体情况制定了《GB/T16830：储运单元条码》国家标准，此标准适用于商品储运单元的条码标识。

储运单元是指由若干消费单元组成的稳定和标准的产品集合，是装卸、仓储、收发货、运输等项业务所必需的一种产品单元。储运单元分为定量储运单元和变量储运单元，因此，储运单元条码也应分为两种不同的情况。

①定量储运单元。定量储运单元是指内含预先确定的、规定数量商品的储运单元。

单个大件商品的储运单元又是消费单元时，其代码就是通用商品代码；当定量储运单元内含有不同种的定量消费单元时，给储运单元分配一个区别于消费单元的13位数字代码，条码标识可用EAN-13码，也可用14位交叉25条码（ITF-14）。

②变量储运单元。变量储运单元是指按基本计量单位记价的商品的储运单元。其编码是由14位数字的主代码和6位数字的附加代码组成的，都用交叉25条码表示。附加代码是指包含在变量储运单元内按确定的基本计量单位计量取得的商品数量。

运输和仓储是物流过程的重要环节，《储运单元条码》国家标准起到了对货物储运过程中物流条码的规范作用，在实际应用中具有标识货运单元的功能，是物流条码标准体系中一个重要的应用标准。

（3）条码应用标识。中国物品编码协会根据国际物品编码协会（GS1）《应用标识符标准规范》和我国的实际需要制定了《GB/T16986—1997：条码应用标识》国家标准。条码应用标识是商品统一条码有益和必要的补充，填补了其他EAN/UCC标准遗留的空白。它不仅是一个标准，更是一种信息交换的工具，将物流和信息流有机地结合起来，成为联结条码与电子数据交换的纽带。

条码应用标识是指一组用条码表示的数据，用来表示贸易单元的相关信息，它由应用标识符和数据两部分组成，通常不包含校验符。应用标识符是用于定义条码数据域的前缀，每个不同的前缀唯一地标识其后数据域的含义及格式。每个应用标识符由2~4个数字构成。使用应用标识符，可以将很多不同内容的数据元表示在一个条码符号中。不同的数据域间无须分隔，既节省空间，又为计算机的数据处理创造了条件。条码应用标识是一个开放的标准，可根据用户的要求，随时定义新的应用标识符。

条码应用标识的内容包括：系列货运包装箱代码，EAN物品编码/货运包装箱代码、批号和组号、生产日期、包装日期、保质期、有效期、长度、重量、面积、体积等。

条码应用标识用贸易单元 128 条码码制来表示，多个应用标识共同使用，可以用同一个条码符号来表示，当前一个应用标识是一个定长的数据时，应用标识之间可以直接连接，当前一个应用标识是可变长度的数据时，必须加 FNC1 分隔，但编码数据字符的最大数量为 48，包括空白区在内的条码长度不能超过 16.5 厘米。

关于条码应用标识的具体应用，可以参考《条码应用标识》国家标准。

3. 第三部分产品包装标准

物流条码的使用是为了实现物流过程中各个环节的数据共享，通过物流条码数据的收集、反馈来提高整个物流系统的经济效益，为了更好地实现这一目标，物流条码标准体系应该具有相应的包装标准，保证物流条码能够被快速准确地识别。现在已经有一些国家标准作为物流条码的保证，但仍然还有一部分空白等待填补，使物流条码标准体系更加完善。

为了便于运输和仓储，物流单元一般采用箱式包装或集装箱托盘。与消费单元包装相比，物流单元大多体积比较大，包装选材更坚硬，表面较粗糙。因此，物流条码应该符合物流单元包装的特点，选择适当的位置，以便于识读。

（1）贸易单元 128 条码一般平行地放在主代码的右侧，在留有空白区的条件下，尽可能缩小两个符号间的距离。如果不能满足上述要求，应明显地印在与主代码关联的位置上，且两者方向一致。

（2）箱式包装一般应把物流条码置于包装箱的侧面，条码符号下边缘距印刷面下边缘的最小距离为 32 毫米，条码符号保护框外边缘距垂直边的最小距离为 19 毫米。

（3）集装箱托盘的条码符号的底边距托盘上表面 45 厘米，垂直于底边的侧边不小于 50 毫米。

（4）贸易单元 128 条码符号最小放大系数的选择取决于印刷质量，并且由印刷扩展的变化或允许误差来决定。当贸易单元 128 条码作为通用商品条码或交叉 25 条码的补充条码时，实际放大系数的选择必须考虑通用商品条码或交叉 25 条码的尺寸。一般原则是：贸易单元 128 条码的模块宽度不能小于主代码最窄宽度的 75%。

对于不同码制的代码，在国家标准中都有具体的要求，来保证条码符号的质量。我国已经制定了《GB/T14257—1993：通用商品条码符号位置》国家标准和《GB/T14258—1993：条码符号印刷质量的检测》国家标准，可以作为物流条码标准体系的引用标准。

## 四、二维条码

### (一) 二维条码的产生

条码给人们的工作和生活带来巨大变化是有目共睹的。然而，一维条码仅是一种商品的标识，它不含有对商品的任何描述，人们只有通过后台的数据库，提取相应的信息才能明白上面商品标识的具体含义。在没有数据库或联网不便的地方，这一商品标识变得毫无意义。例如，我们手上有一个6901028072151 的条码标识，我们从 690 可知它产于中国，但还是不清楚究竟是什么商品。当然，当我们通过网络的数据库链接后，在数据库中找到其对应的信息后才知道这是北京牌香烟。

此外，一维条码无法表示汉字的图像信息，在有些应用汉字和图像的场合，显得十分不便。同时，即使我们建立了数据库来存储产品信息，而这些大量的信息需要一个很长的条码标识。如应用储运单元条码，应用 EAN/UPC128 条码，都需要占有很大的印刷面积，对印刷和包装带来的困难就可想而知了。

于是人们迫切希望不从数据库中查出信息，便能直接从条码中获得大量产品信息。现代高新技术的发展，迫切要求条码在有限的几何空间内表示更多的信息，从而满足千变万化的信息需求。二维条码正是为了解决一维条码无法解决的问题而诞生的，在有限的几何空间内印刷大量的信息。

### (二) 二维条码的定义

二维条码是用某种特定的几何图形按一定规律在平面（二维方向上）分布的黑白相间的图形记录数据符号信息的；在代码编制上巧妙地利用构成计算机内部逻辑基础的 "0"、"1" 比特流的概念，使用若干个与二进制相对应的几何形体来表示文字数值信息，通过图像输入设备或光电扫描设备自动识读以实现信息自动处理，它具有条码技术的一些共性：每种码制有其特定的字符集；每个字符占有一定的宽度；具有一定的校验功能等。同时还具有对不同行的信息自动识别功能处理图形旋转变化等特点。

### (三) 二维条码类型

二维条码的研究在技术路线上从两个方面展开：一是在一维码基础上向二维码方向扩展；二是利用图像识别原理，采用新的几何形体和结构设计出二维码制。

堆积式二维码在实现原理、结构形状、检校原理、识读方式等方面继承了一维码的特点，识读设备与条码印制兼容一维条码技术。但由于行数的增加，行的鉴别、译校算法与软件不完全相同于一维条码。有代表性的堆积式二维码有 Code49 码、PDF417 码、Code16K 码和 UPSCodeSM 码等。

点阵码是用几何形状为实用圆以矩阵的形式组成。在矩阵相应元素位置上，用"1"表示圆点的出现，"0"表示没有圆点出现。圆点的排列组合确定了条码所代表的意义，矩阵点阵就可以转换为矩阵的二进制字阵，经过译码解码反映出所代表的信息。点阵码是建立在计算机图像处理技术、组合编码原理等基础上的一种新型图形符号自动识读处理码制。

### （四）二维条码特点

**1. 信息容量大**

根据不同的条空比例每平方英寸可以容纳 250~1100 个字符。在国际标准的证卡有效面积上（相当于信用卡面积的 2/3，约为 76 毫米×25 毫米），二维条码可以容纳 1848 个字母字符或 2729 个数字字符，约 500 个汉字信息。这种二维条码比普通条码信息容量高几十倍。

**2. 编码范围广**

二维条码可以将照片、指纹、掌纹、签字、声音、文字等凡可数字化的信息进行编码。

**3. 保密、防伪性能好**

二维条码具有多重防伪特性，它可以采用密码防伪、软件加密及利用所包含的信息如指纹、照片等进行防伪，因此具有极强的保密防伪性能。

**4. 译码可靠性高**

普通条码的译码错误率约为百万分之二，而二维条码的误码率不超过千万分之一，译码可靠性极高。

**5. 修正错误能力强**

二维条码采用了世界上最先进的数学纠错理论，如果破损面积不超过 50%，条码由于沾污、破损等所丢失的信息，可以照常破译出。

**6. 容易制作且成本很低**

利用现有的点阵、激光、喷墨、热敏/热转印、制卡机等打印技术，即可在纸张、卡片、PVC、甚至金属表面上印出二维条码。由此所增加的费用仅是油墨的成本。

**7. 条码符号的形状可变**

同样的信息量，二维条码的形状可以根据载体面积及美工设计等进行调整。

### （五）常见的二维条码

**1. PDF417**

（1）PDF417 定义。PDF417 条码是由留美华人王寅军博士发明的一种行排式二维条码。PDF 取自英文"Portable Data File"三个单词的首字母，意为"便携数据文件"。因为组成条码的每一符号字符都是由 4 个条和 4 个空共 17 个模块构成，所以称为 PDF417 条码，如图 5-2 所示。PDF417 是一种多层、可变长度、具有高容量和纠错能力的二维条码。

图 5-2　PDF417 条码

（2）PDF417 条码符号的特性。PDF417 条码符号的特性如表 5-2 所示。

表 5-2　PDF417 条码符号的特性

| 项目 | 特性 |
| --- | --- |
| 可编码字符集 | 全 ASCII 字符或 8 位二进制数据，可表示汉字 |
| 类型 | 连续、多层 |
| 字符自校验功能 | 有 |
| 符号尺寸 | 可变，高度 3~90 行，宽度 90~583 个模块宽度 |
| 双向可读 | 是 |
| 错误纠正码词数 | 2~512 个 |
| 最大数据容量（错误纠正级别为 0 时） | 1850 个文本字符<br>或 2710 个数字<br>或 1108 个字节 |
| 附加属性 | 可选择纠错级别、可跨行扫描、宏 PDF417 条码、全球标记标识符等 |

### 2. QR Code 条码

QR Code 码（Quick Response Code）（如图 5-3 所示）是由日本 Denso 公司于 1994 年 9 月研制的一种矩阵二维码符号。它除了具有一维条码及其他二维条码所具有的信息容量大、可靠性高、可表示汉字及图像多种文字信息、保密防伪性强等优点外，还具有以下主要特点。

（1）超高速识读。超高速识读是 QR Code 区别于 PDF417、DataMatrix 等二维条码的主要特点。用 CCD 二维条码识读设备，每秒可识读 30 个 QR Code 条

图 5-3　QRCode 条码

码字符，对于含有相同数据信息的 PDF417 条码字符，每秒仅能识读 3 个条码字符。

（2）全方位识读。QR Code 具有全方位（360°）识读的特点，这是 QR Code 优于行排式二维条码如 PDF417 条码的另一主要特点。

（3）能够有效地表示中国汉字和日本汉字。QRCode 用特定的数据压缩模式表示中国汉字和日本汉字，仅用 13 比特就可以表示一个汉字，而 PDF417 条码、DataMatrix 等二维码没有特定的汉字表示模式，需要用 16 比特（两个字节）表示一个汉字。因此，QR Code 比其他的二维条码表示汉字的效率提高了 20%。

**3. 汉信码**

汉信码是由中国物品编码中心与北京网路畅想科技有限公司等联合研发具有完全自主知识产权的一种二维条码，是国家"十五"重要技术标准研究专项《二维条码新码制开发与关键技术标准研究》课题的研究成果。汉信码的研制成功有利于打破国外公司在二维条码生成与识读核心技术上的商业垄断，降低我国二维条码技术的应用成本，推进二维条码技术在我国的应用进程。

汉信码在汉字表示方面，支持 GB18030 大字符集，汉字表示信息效率高，达到了国际领先水平。汉信码具有抗畸变、抗污损能力强、信息容量高的特点，达到了国际先进水平。

汉信码相比于其他条码还有如下特点：

（1）信息容量大。汉信码可以表示数字、英文字母、汉字、图像、声音、多媒体等一切可以二进制化的信息，并且在信息容量方面远远领先于其他码制，如图 5-4 所示。

（2）具有高度的汉字表示能力和汉字压缩效率。汉信码支持 GB18030 中规定的 160 万个汉字信息字符，并且采用 12 比特的压缩比率，每个符号可表示 12~2174 个汉字字符，如图 5-5 所示。

## 移动物流

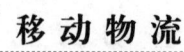

| 汉信码的数据容量 | |
|---|---|
| 数字 | 最多 7829 个字符 |
| 英文字符 | 最多 4350 个字符 |
| 汉字 | 最多 2174 个字符 |
| 二进制信息 | 最多 3262 个字节 |

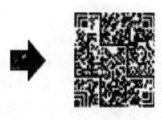

图 5-4　汉信码的信息表示

汉信码可以表示 GB18030 全部 160 万码位，单个符号最多可以表示 2174 个汉字

图 5-5　汉信码汉字信息表示

（3）编码范围广。汉信码可以将照片、指纹、掌纹、签字、声音、文字等凡可数字化的信息进行编码。

（4）支持加密技术。汉信码是第一种在码制中预留加密接口的条码。它可以与各种加密算法和密码协议进行集成，因此具有极强的保密防伪性能。

（5）抗污损和畸变能力强。汉信码具有很强的抗污损和畸变能力，可以被附着在常用的平面或桶装物品上，并且可以在缺失两个定位标的情况下进行识读，如图 5-16 所示。

图 5-6　汉信码抗污损和畸变能力

（6）修正错误能力强。汉信码采用世界先进的数学纠错理论和太空信息传输中常采用的 Reed-Solomon 纠错算法，使汉信码的纠错能力可以达到 30%。

（7）可供用户选择的纠错能力。汉信码提供四种纠错等级，使用户可以根据自己的需要在 8%、15%、23% 和 30% 各种纠错等级上进行选择，从而具有高度的适应能力。

(8) 容易制作且成本低。利用现有的点阵、激光、喷墨、热敏/热转印和制卡机等打印技术，即可在纸张、卡片、PVC 甚至金属表面上印出汉信码。由此所增加的费用仅是油墨的成本，可以称得上是一种真正的"零成本"技术。

(9) 条码符号的形状可变。汉信码支持 84 个版本，可以由用户自主进行选择，最小码仅有指甲大小。

(10) 外形美观。汉信码在设计之初就考虑到人的视觉接受能力，所以较之现有国际上的二维条码技术，汉信码在视觉感官上具有突出的特点。

## 五、条码技术与移动物流

互联网物流服务体系的兴起并非是对传统物流体系和物流网络的否定，相反，它们之间是相互依存、相互补充的关系，就是因为虚拟化企业之间的合作必然在实践中产生大量的实物商品的转移，而这些管理活动必须以发达的物流网络为基础才能够实现，或者说互联网物流是建立在发达的实体物流网络基础之上。

无线技术应用已远远超越了简单的数据采集和数据处理，从卡车司机使用的与企业信息系统通信的无线设备，到跟踪贴上标签的企业资产以及即将出现的电子产品码，无线技术在实现供应链实时数据采集和传输上举足轻重。随着声音和数据采集功能融合以及射频识别（RFID）技术成本降低，专家们称无线和移动技术将成为所有供应链业务必需的一部分。便携式数据采集终端，也称为便携式数据采集器，或手持终端。又因其用于自动识别条码故称作便携式条码扫描终端。便携式数据采集器是集激光扫描、汉字显示、数据采集、数据处理、数据通信等功能于一体的高科技产品，它相当于一台小型的计算机，将计算机技术与条码技术完美的结合，利用物品上的条码作为信息快速采集手段。

通过在便携式数据采集终端上嵌入浏览器，通过 WAP 协议与应用服务器进行数据交换，可以快速地获得公司总部及客户的需要信息。如位于田纳西州孟菲斯的联邦快递货运部门目前在给提货和送货司机装备第五代无线通信设备。这些司机只需将一个工作清单下载到他们的手持设备上，就知道当天的每条运输路线和每个停留地点。在每处停留时他们用手持终端设备生成一个到达记录以确认拿到或送达货物。这个记录立即无线传回公司主机并更新联邦快递货运网站主页，以便客户可以即时查询订单执行情况并掌握货物最新信息。如果最后一分钟公司接到一个提货请求，这条请求能马上无线传送到司机手持设备上并返回要求收到确认。

可以预见，在未来几年，基于无线条码技术的互联网物流必将成为未来发展的趋势。

# 第二节 无线射频（RFID）技术

## 一、无线射频的概念

射频技术（Radio Frequency）的基本原理是电磁理论，利用无线电波对记录媒体进行读写。射频系统的优点是不局限于视线，识别距离比光学系统远，射频识别卡可具有读写能力，可携带大量数据、难以伪造和有智能等。

射频识别（RFID）系统的传送距离由许多因素决定，如传送频率、天线设计等，射频识别的距离可达几十厘米至几米，且根据读写的方式，可以输入数千字节的信息，同时，还具有极高的保密性。射频识别技术适用的领域：物料跟踪、运载工具和货架识别等要求非接触数据采集和交换的场合，要求频繁改变数据内容的场合尤为适用。如中国香港的车辆自动识别系统——驾易通，采用的主要技术就是射频技术。目前中国香港已经有约8万辆汽车装上了电子标签，装有电子标签的车辆通过装有射频扫描器的专用隧道、停车场或高速公路路口时，无须停车缴费，大大提高了行车速度，提高了效率。射频技术在其他物品的识别及自动化管理方面也得到了较广泛的应用。

## 二、射频识别系统的组成

射频识别系统在具体的应用过程中，根据不同的应用目的和应用环境，系统的组成会有所不同，但从射频识别系统的工作原理来看，系统一般都由信号发射机、信号接收机、编程器、发射接收天线四部分组成。

### （一）信号发射机

在射频识别系统中，信号发射机为了不同的应用目的，会以不同的形式存在，典型的形式是标签（TAG）。标签相当于条码技术中的条码符号，用来存储需要识别传输的信息，另外，与条码不同的是，标签必须能够自动或在外力的作用下，把存储的信息主动发射出去。标签一般是带有线圈、天线、存储器与控制系统的低电集成电路。

按照不同的分类标准，标签有许多不同的分类。

1. 主动式标签、被动式标签

在实际应用中，必须给标签供电它才能工作，虽然它的电能消耗是非常低的（一般是百万分之一毫瓦级别）。按照标签获取电能的方式不同，可以把标签分成主动式标签与被动式标签。

主动式标签内部自带电池进行供电，它的电能充足，工作可靠性高，信号传送的距离远。另外，主动式标签可以通过设计电池的不同寿命对标签的使用时间或使用次数进行限制，它可以用在需要限制数据传输量或者使用数据有限制的地方，比如，一年内，标签只允许读写有限次。主动式标签的缺点主要是标签的使用寿命受到限制，而且随着标签内电池电力的消耗，数据传输的距离会越来越小，影响系统的正常工作。

被动式标签内部不带电池，要靠外界提供能量才能正常工作。被动式标签典型的产生电能的装置是天线与线圈，当标签进入系统的工作区域，天线接收到特定的电磁波，线圈就会产生感应电流，再经过整流电路给标签供电。

被动式标签具有永久的使用期，常常用在标签信息需要每天读写或频繁读写多次的地方，而且被动式标签支持长时间的数据传输和永久性的数据存储。被动式标签的缺点主要是数据传输的距离要比主动式标签小。因为被动式标签依靠外部的电磁感应而供电，它的电能就比较弱，数据传输的距离和信号强度就受到限制，需要敏感性比较高的信号接收器（阅读器）才能可靠识读。

2. 只读标签与可读可写标签

根据内部使用存储器类型的不同，标签可以分成只读标签与可读可写标签。

只读标签内部只有只读存储器（Read Only Memory，ROM）和随机存储器（Random Access Memory，RAM）。ROM用于存储发射器操作系统说明和安全性要求较高的数据，它与内部的处理器或逻辑处理单元完成内部的操作控制功能，如响应延迟时间控制、数据流控制、电源开关控制等。另外，只读标签的ROM中还存储有标签的标识信息。这些信息可以在标签制造过程中由制造商写入ROM中，也可以在标签开始使用时由使用者根据特定的应用目的写入特殊的编码信息。这种信息可以只简单地代表二进制中的"0"或者"1"，也可以像二维条码那样，包含复杂的相当丰富的信息。但这种信息只能是一次写入，多次读出。只读标签中的RAM用于存储标签反应和数据传输过程中临时产生的数据。另外，只读标签中除了ROM和ROM外，一般还有缓冲存储器，用于暂时存储调制后等待天线发送的信息。

可读可写标签内部的存储器除了ROM、RAM和缓冲存储器之外，还有非活动可编程记忆存储器。这种存储器除了存储数据功能外，还具有在适当的条件下允许多次写入数据的功能。非活动可编程记忆存储器有许多种，EEPROM（电可擦除可编程只读存储器）是比较常见的一种，这种存储器在加电的情况下，可以实现对原有数据的擦除以及数据的重新写入。

### 3. 标识标签与便携式数据文件

根据标签中存储器数据存储能力的不同，可以把标签分成仅用于标识目的的标识标签与便携式数据文件两种。

对于标识标签来说，一个数字或者多个数字字母字符串存储在标签中，为了识别的目的或者是进入信息管理系统中数据库的钥匙（Key）。条码技术中标准码制的号码，如 EAN/UPC 码，或者混合编码，或者标签使用者按照特别的方法编的号码，都可以存储在标识标签中。标识标签中存储的只是标识号码，用于对特定的标识项目，如人、物、地点进行标识，关于被标识项目的详细的特定的信息，只能在与系统相连接的数据库中进行查找。

顾名思义，便携式数据文件就是说标签中存储的数据非常大，足可以看做一个数据文件。这种标签一般都是用户可编程的，标签中除了存储标识码外，还存储有大量的被标识项目其他的相关信息，如包装说明、工艺过程说明等。在实际应用中，关于被标识项目所有信息都是存储在标签中的，读标签就可以得到关于被标识项目的所有信息，而不用再连接到数据库进行信息读取。另外，随着标签存储能力的提高，可以提供组织数据的能力，在读标签的过程中，可以根据特定的应用目的控制数据的读出，实现在不同的情况下读出的数据部分不同。

### （二）信号接收机

在射频识别系统中，信号接收机一般叫做阅读器。根据支持的标签类型不同与完成的功能不同，阅读器的复杂程度是显著不同的。阅读器基本的功能就是提供与标签进行数据传输的途径。另外，阅读器还提供相当复杂的信号状态控制、奇偶错误校验与更正功能等。标签中除了存储需要传输的信息外，还必须含有一定的附加信息，如错误校验信息等。识别数据信息和附加信息按照一定的结构编制在一起，并按照特定的顺序向外发送。阅读器通过接收到的附加信息来控制数据流的发送。一旦到达阅读器的信息被正确地接收和译解后，阅读器通过特定的算法决定是否需要发射机对发送的信号重发一次，或者知道发射器停止发信号，这就是"命令响应协议"。使用这种协议，即便在很短的时间、很小的空间内阅读多个标签，也可以有效地防止"欺骗问题"的产生。

### （三）编程器

只有可读可写标签系统才需要编程器。编程器是向标签写入数据的装置。编程器写入数据一般来说是离线（Off-Line）完成的，也就是预先在标签中写入数据，等到开始应用时直接把标签黏附在被标识项目上。也有一些 RFID 应用系统，写入数据是在线（On-Line）完成的，尤其是在生产环境中作为交互式便携数据文件来处理时。

### （四）发射接收天线

天线是标签与阅读器之间传输数据的发射、接收装置。在实际应用中，除了系统功率，天线的形状和相对位置也会影响数据的发射和接收，需要专业人员对系统的天线进行设计、安装。

### 三、射频识别系统的特点与分类

射频卡的几个主要模块集成到一块芯片中，完成与读写器的通信。芯片上有内存部分用来储存识别号码或其他数据，内存容量从几比特到几十千比特。芯片外围仅需连接天线（和电池）。卡封装可以有不同形式，如常见的信用卡的形式及小圆片的形式等。与条码、磁卡、IC 卡等同期或早期的识别技术相比，射频卡具有非接触、工作距离长、适于恶劣环境、可识别运动目标等优点。因此完成识别工作时无须人工干预，适于实现自动化且不易损坏，可识别高速运动物体并可同时识别多个射频卡，操作快捷方便。射频卡不怕油渍、灰尘污染等恶劣的环境，短距离的射频卡可以在这样的环境中替代条码，长距离的产品多用于交通上，可达几十米。

根据射频系统完成的功能不同，可以粗略地把射频系统分成四种类型：EAS 系统、便携式数据采集系统、物流控制系统、定位系统。

### （一）EAS 系统

EAS 系统是一种设置在需要控制物品出入的门口的 RFID 技术。这种技术的典型应用场合是商店、图书馆、数据中心等地方，当未被授权的人从这些地方非法取走物品时，EAS 系统会发出警告。

在应用 EAS 系统时，首先在物品上黏附 EAS 标签，当物品被正常购买或者合法移出时，在结算处通过一定的装置使 EAS 标签失活，物品就可以取走。物品经过装有 EAS 系统的门口时，EAS 装置能自动检测标签的活动性，发现活动性标签 EAS 系统会发出警告。EAS 技术的应用可以有效防止物品的被盗，不论是大件的商品，还是很小的物品。

应用 EAS 技术，物品不用再锁在玻璃橱柜里，可以让顾客自由地观看、检查商品，这在自选超市日益流行的今天有着非常重要的现实意义。典型的 EAS 系统一般由三部分组成：

（1）附着在商品上的电子标签、电子传感器。

（2）电子标签激活装置，以便授权商品能正常出入。

（3）监视器，在出口造成一定区域的监视空间。

EAS 系统的工作原理是：在监视区，发射器以一定的频率向接收器发射信号。发射器与接收器一般安装在零售店、图书馆的出入口，形成一定的监视空间。当具有特殊特征的标签进入该区域时，会对发射器发出的信号产生干扰，这种干扰信号也会被接收器接收，再经过微处理器的分析判断，就会控制警报器的鸣响。根据发射器所发出的信号不同以及标签对信号干扰原理不同，EAS可以分成许多种类型。关于EAS技术最新的研究方向是标签的制作，人们正在讨论EAS标签能不能像条码一样，在产品的制作或包装过程中加进产品，成为产品的一部分。

### （二）便携式数据采集系统

便携式数据采集系统是使用带有RFID阅读器的手持式数据采集器采集RFID标签上的数据。这种系统具有比较大的灵活性，适用于不宜安装固定式RFID系统的应用环境。手持式阅读器（数据输入终端）可以在读取数据的同时，通过无线电波数据传输方式（RFDC）实时地向主计算机系统传输数据，也可以暂时将数据存储在阅读器中，成批地向主计算机系统传输数据。

### （三）物流控制系统

在物流控制系统中，RFID阅读器分散布置在给定的区域，并且阅读器直接与数据管理信息系统相连，信号发射机是移动的，一般安装在移动的物体、人上面。当物体、人流经阅读器时，阅读器会自动扫描标签上的信息并把数据信息输入数据管理信息系统存储、分析、处理，达到控制物流的目的。

### （四）定位系统

定位系统用于自动化加工系统中的定位以及对车辆、轮船等进行运行定位支持。阅读器放置在移动的车辆、轮船上或者自动化流水线中移动的物料、半成品、成品上，信号发射机嵌入操作环境的地表下面。信号发射机上存储着位置识别信息，阅读器一般通过无线的方式或者有线的方式连接到主信息管理系统。

我国射频技术的应用已经开始了，一些高速公路的收费站口，使用射频技术可以不停车收费，我国铁路系统使用射频技术记录货车车厢编号的试点已运行了一段时间，一些物流企业也正在准备将射频技术用于物流管理中。

## 四、射频识别技术与移动物流

当前的物流过程存在物流信息不对称、得不到及时的信息等弊端，难以实现及时的调节和协同。随着全球经济一体化进程的推进，调度、管理和平衡供应链各环节（跨区、跨国）之间的资源变得日益迫切，以产品电子代码（EPC码）和RFID为核心在互联网之上构造"物联网"，将在全球范围内从根本上改变对产品生产、运输、仓储、销售各环节物品流动监控和动态协调的管理水平。

RFID 可以实现多目标、运动目标的非接触式自动识别，基于 RFID 的物联网强调物质与信息的交互，将 RFID 技术应用于物流业的信息采集和物流跟踪，可以极大地提高行业内服务水平。表现在：一是可以实现信息采集、信息处理的自动化；二是可以实现商品实物运动等操作环节的自动化，如分拣、搬运、装卸、存储等；三是可以实现管理和决策的自动化乃至智能化，如库存管理、自动生成订单、优化配送线路等。将 RFID 技术应用于物流管理，需要我们将物流过程从一个大系统的角度来看待，在更大范围内共享 RFID 信息，以最低的整体成本达到最高的供应链物流管理效率。

## 第三节　电子数据交换（EDI）技术

### 一、EDI 概述

EDI（Electronic Data Interchange）意为电子数据交换。国际标准化组织（ISO）于 1994 年确认了电子数据交换（EDI）的技术定义：根据商定的交易或电文数据的结构标准实施商业或行政交易从计算机到计算机的电子传输。这表明 EDI 应用有它自己特定的含义和条件，即：

（1）使用 EDI 的是交易的两方，是企业之间的文件传递，而非同一组织内的不同部门。

（2）交易双方传递的文件是特定的格式，采用的是报文标准，现在是联合国的 UN/EDIFACT。

（3）双方各有自己的计算机（或计算机管理信息系统）。

（4）双方的计算机（或计算机系统）能发送、接收并处理符合约定标准的交易电文的数据信息。

（5）双方计算机之间有网络通信系统，信息传输是通过该网络通信系统实现的。要说明的是，信息处理是由计算机自动进行的，无须人工干预和人为的介入。

这里所说的数据或信息是指交易双方互相传递的具备法律效力的文件资料，可以是各种商业单证，如订单、回执、发货通知、运单、装箱单、收据发票、保险单、进出口申报单、报税单、缴款单等，也可以是各种凭证。如进出口许可证、信用证、配额证、检疫证、商检证等。

与其说 EDI 是一项技术，不如说是一项严谨的规范与作业流程。这项流程的完成需要计算机系统和超过技术以外的企业和企业、银行各部门的配合来完成数据传输的作业流程。

**（一）EDI 的特点**

（1）EDI 的使用对象是具有固定格式的业务信息和具有经常性业务联系的单位。

（2）EDI 所传送的资料是一般业务资料，如发票、订单等，而不是指一般性的通知。

（3）采用共同标准化的格式，这也是与一般 E-mail 的区别，如联合国 EDIFACT 标准。

（4）尽量避免人工的介入操作，由收送双方的计算机系统直接传送，交换资料。

（5）与传真或电子邮件（E-mail）的区别是：

①传真与电子邮件，需要人工的阅读判断处理才能进入计算机系统。

②传真与电子邮件，需要人工将资料重复输入计算机系统中，浪费人力资源，也容易发生错误。

**（二）EDI 构成要素**

数据标准、EDI 软件及硬件、通信网络是构成 EDI 系统的三要素。

1. 数据标准

EDI 标准是由各企业、各地区代表共同讨论、制定的电子数据交换共同标准，可以使各组织之间的不同文件格式通过共同的标准，获得彼此文件交换的目的。

2. EDI 软件及硬件

实现 EDI，需要配备相应的 EDI 软件和硬件。

EDI 软件具有将用户数据库系统中的信息，译成 EDI 的标准格式，以供传输交换的能力。由于 EDI 标准具有足够的灵活性，可以适应不同行业的众多需求，然而，每个公司有其自己规定的信息格式，因此，当需要发送 EDI 电文时，必须用某些方法从公司的专有数据库中提取信息，并把它翻译成 EDI 标准格式，进行传输，这就需要 EDI 相关软件的帮助。

EDI 软件构成如图 5-7 所示。

（1）转换软件（Mapper）。转换软件可以帮助用户将原有计算机系统的文件，转换成翻译软件能够理解的平面文件（Flatfile），或是将从翻译软件接收来的平面文件，转换成原计算机系统中的文件。

```
应用系统文件
   ↓
转换软件          → 将应用系统原文件转换成 FLAT FILE
(Mapper)
   ↓
翻译软件          → 将 FLAT FILE 转换成 EDI 标准文件
(Translator)
   ↓
通信软件          → 在 EDI 标准格式的文件加上通信层
                    (Envelope)
   ↓
传送给增值网络系统
```

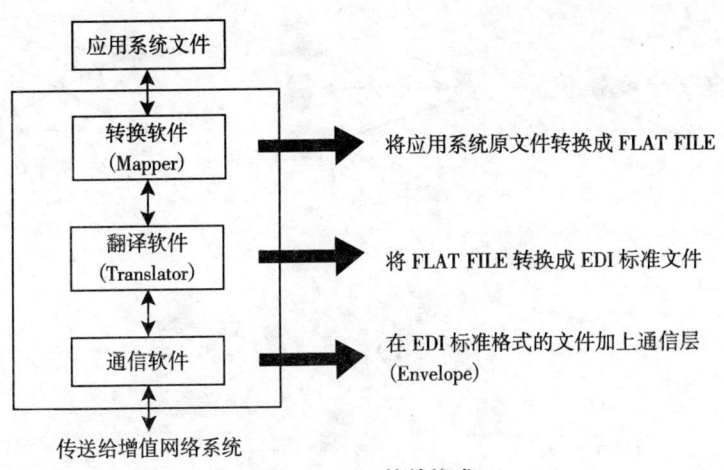

图 5-7 EDI 软件构成

（2）翻译软件（Translator）。将平面文件翻译成 EDI 标准格式，或将接收到的 EDI 标准格式翻译成平面文件。

（3）通信软件。将 EDI 标准格式的文件外层加上通信信封（Envelope），再送到 EDI 系统交换中心的邮箱（Mailbox），或由 EDI 系统交换中心内，将接收到的文件取回。

EDI 所需的硬件主要是计算机，无论是 PC 还是工作站、小型机、主机，均可利用。

（4）Modem。由于使用 EDI 进行电子数据交换，需通过通信网络，目前采用电话网络进行通信是很普遍的方法，因此 Modem 是必备硬件设备。Modem 的功能与传输速度，应根据实际需求而决定选择。

（5）通信线路。一般最常用的是电话线路，如果传输时效及资料传输量上有较高要求，可以考虑租用专线（Leased Line）。

3. 通信网络

通信网络是实现 EDI 的手段。早期的 EDI 通信方式如图 5-8 所示。

一段时期，人们主要是通过增值网络传送 EDI 文件。这样可以大幅度降低相互传送资料的复杂度和困难度，大大提高 EDI 的效率。但是也带来成本加大，技术复杂等困难。随着互联网的广泛应用，目前，Internet-EDI 开始普及，XML-EDI 得到推广。

二、EDI 标准

EDI 标准的发展历史如下：

点对点　　一点对多点　　　　　多点对多点

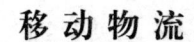

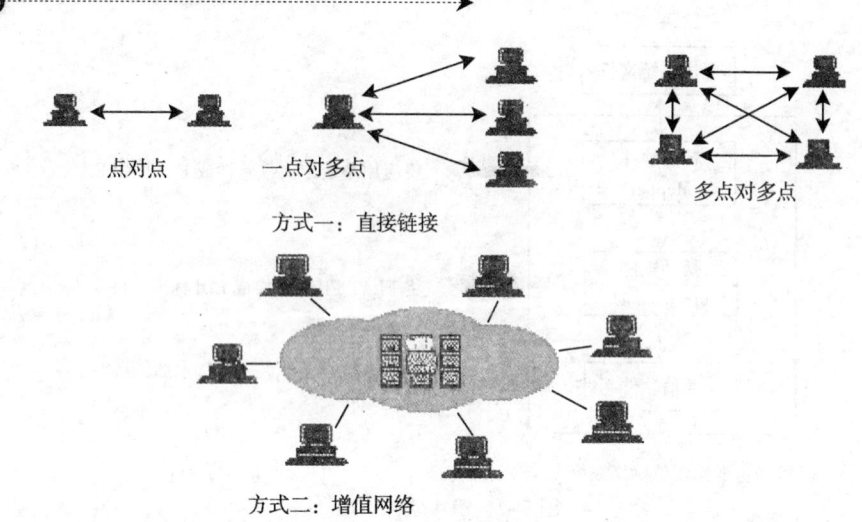

方式一：直接链接

方式二：增值网络

图 5-8　EDI 通信方式

1. 产业标准阶段（1970~1980 年）

此阶段开始于 20 世纪 70 年代，美国几家运输行业的公司联合起来，成立了运输数据协调委员会（TDCC）。该委员会的目的是开发一种传输运输业文件的共同语言或标准。1975 年公布了它的第一个标准。继 TDCC 之后，其他行业也陆续开发了它们自己行业的 EDI 标准，如杂货行业的标准（UCS）、仓储行业的标准（WINS）等行业标准。

2. 国家标准阶段（1980~1985 年）

当产业标准应用成熟后，企业界发现，维持日常交易运作的对象，并不局限于单一产业的对象，为此，国家性标准由此诞生。首先在 1979 年，美国国家标准协会（ANSI）授权 ASCX12 委员会依据 TDCC 的标准，开始开发、建立跨行业且具有一般性 EDI 国家标准 ANSIX12。

与此同时，欧洲方面也由官方机构及贸易组织共同推动共同的 EDI 标准，并获联合国的授权，由联合国欧洲经济理事会第四工作组（UN/ECE/WP.4）负责发展及制定 EDI 的标准格式，并在 20 世纪 80 年代早期提出 TDI（Trade Data Interchange）及 GTDI（GUILDINESFORTDI）标准，但该标准只定义了商业文件的语法规则，还欠缺报文标准。

3. 国际通用标准阶段（1985 年至今）

在欧、美两大区域的 EDI 标准制定、试行几年后，1985 年两大标准——北美 ANSIASCX12 与欧洲 GTDI 开始广泛接触与合作，进行国际间 EDI 通用标准的研究发展。

联合国欧洲经济理事会负责国际贸易程序简化的工作小组（UN/ECE/WP.4）

承办了国际性 EDI 标准制定的任务,并于 1986 年正式以 UN/EDIFACT（United Nations/Electronic Data Interchange for Administration, Commerceand Transport）作为国际性 EDI 通用的标准。另外，ANSIASCX12 于 1992 年决定在其第四版标准制定后，不再继续发展维护，全力与 UN/EDIFACT 结合，因此预计 1997 年之后，全世界将趋于统一的 EDI 标准。

4. EDI 标准发展（见图 5-9）

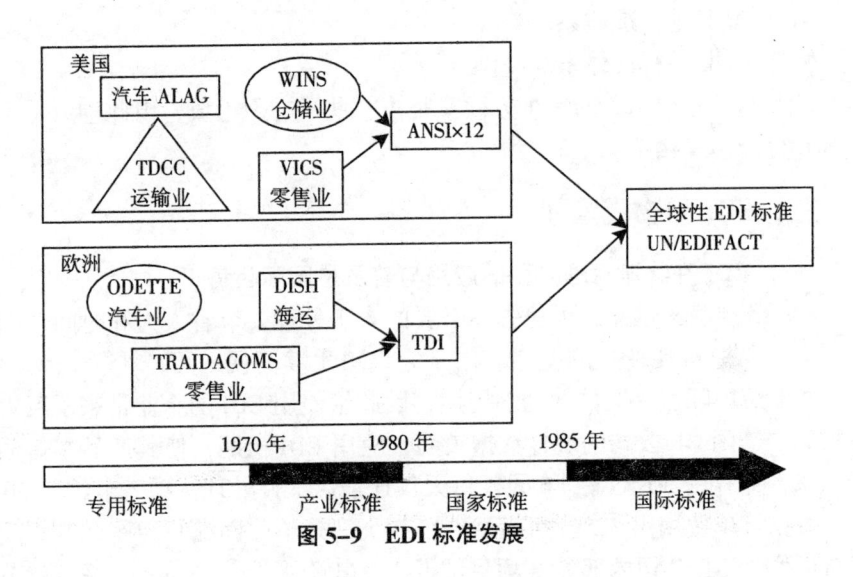

图 5-9 EDI 标准发展

5. 六大标准组织

UN/EDIFACT 标准发展至今，使用的范围愈益扩大，内容日趋成熟，目前在全球已成立六大区域的委员会，推动 UN/EDIFACT 标准相关事务，此六大组织为泛美（Pan American）、西欧（Western European）、中欧及东欧（Central & Eastern European）、澳新（Australa/New Zealand）、非洲（Africa）及亚洲（Asia）等。UN/EDIFACT 标准是相对成熟的标准，由于 EDI 是将商业往来文件转换成标准格式传输，因此除了现有的报文标准外，也不断应新的需求而有新的报文标准的发展与制定。

EDI 标准体系是在 EDI 应用领域范围内的具有内在联系的标准组成的科学有机整体，它又由若干个分体系构成，各分体系之间又存在着相互制约、相互作用、相互依赖和相互补充的内在联系。

EDI 标准体系是指导 EDI 标准化工作的基本规划和蓝图。因此，在编制 EDI 标准体系时，不仅要注重总体的分类合理和结构科学，而且也要考虑具体标准的简洁和实用，同时很关键的是要注重与当前 EDI 国际标准相互衔接。

我国 EDI 标准的需求将大致体现在以下七个方面：
（1）EDI 综合标准体系。
（2）EDI 管理和规则标准体系。
（3）EDI 单证标准体系。
（4）EDI 报文标准体系。
（5）EDI 代码标准体系。
（6）EDI 其他标准体系。
（7）EDI 相关标准体系。

以上七个方面标准的每个方面又是由一些子方面组成，由此构成一个完整的 EDI 标准体系构架。

## 三、EDI 与物流管理

### （一）EDI 在物流管理方面的应用与普及是国际趋势

EDI 既准确又迅速，可免去不必要的人工处理，节省人力和时间，同时可减少人工作业可能产生的差错。由于它出口手续简便，可减少单据费用的开支，并缩短国际贸易文件的处理周期，因此给使用 EDI 的企业带来了巨大的经济利益。美国 GE 公司的统计数据表明，应用 EDI 初期，使其产品零售额上升了 60%，库存由 30 天降到 6 天，每天仅连锁店文件处理一项就节约了 60 万美元，每张订单费用由 325 美元降到 125 美元，运输时间缩短 80%，其下属汽车制造厂作为 GE 公司内部 EDI 项目试点，就其购买钢锭一项，第一年就节约了 25 万美元。

正因为 EDI 所具有的这种种优势，所以已被广泛应用于运输、商检、报关、货物跟踪等多种物流管理活动。

### （二）EDI 系统可处理的物流单证类型

1. 运输单证

运输单证包括提单、订仓确认书、多联式运单证、货物运输收据、铁路发货通知单、陆运单、空运单、联运提单、货物仓单、装货清单、集装箱装货单和到货通知等。

2. 贸易单证

贸易单证包括订单、发票、装箱单、尺码单和装船通知。

3. 海关单证

海关单证包括报关单、海关发票、出口货物报关单、离港货物报关单、海关转运报关单、海关放行通知等。

4. 商检单证

5. 其他单证

### （三）EDI 在国际运输中的应用

近年来，国际运输领域已经通过 EDI 系统用电子提单代替了传统的提单实现运输途中货物所有权的转移，这象征着一场结构性的商业革命的到来，这不仅对国际运输，甚至整个国际物流领域都是一场深刻变革。

1. 电子提单的定义及优点

电子提单是一种利用 EDI 系统对海运途中的货物所有权进行转让的程序。我们知道由于提单是货物所有权的凭证，长期以来的国际贸易实践形成了通过背书来实现货物所有权的转让，而电子提单则是利用 EDI 系统根据特定密码使用计算机进行的，因此它具有许多传统提单无法比拟的优点。

（1）所有权快速、准确地转移。EDI 是一种高度现代化的通信方式，可利用计算机操纵、监督运输活动，使所有权快速、准确地转移。在近海运输中，常常出现船货到港而提单未到的事情，电子提单的使用使这个问题迎刃而解。

（2）可防冒领和避免误交。由于计算机科技的使用使整个过程具有高度的保密性，能大大减少提单欺诈案件的发生。一方面，承运人可通过 EDI 系统监视提单内容，以防止托运人涂改，欺骗受货人与银行；另一方面，托运人、银行或收贷人可以监视承运人行运，以避免船舶失踪。两个方面的互相监督使双方对整个过程都心中有数；另外，只有当某收货人付款后，银行才通告货物所有权的转移。

2. 使用电子提单应具备的条件

从 EDI 的优点来看，它的普及应是相当迅速的，然而事实并非如此，在海运方面，EDI 只在海运单证方面应用较早；在空运方面，就提单而言，也只不过是在海运单和记名提单方面应用，而且局限于大宗货品。

### （四）澳大利亚 FLIWAY 公司的货运跟踪系统

FLIWAY 货运跟踪系统是澳大利亚 EDI 系统的一部分，它把进出口商、海运、空运和海关、银行联系在一起。它的主要任务是：对进出口商提供 EDI 服务，当用户（进出口商）需要进出口时，利用 PC 机运行 EDI 用户软件，输入有关信息，送入 FLIWAY 货运跟踪系统主机（服务器），此后，只需通过该 PC 机，用户随时可以查找到进出口货物在何处，并通过贸易部门传送，自动向海关报关、清关，缴纳应付税款。对用户来说，提高了效益，得到了时间，跟踪了货物，并可以知道进出口的成本价等多种服务。该系统由以下三部分组成：

1. 会计部

它是心脏部分，与银行连接，最重要。可提供任何时间内知道有多少客户，各客户历史情况，谁欠多少钱，代用户垫支，外汇控制，关税和成本计算，整个财务盈利分析等。

### 2. 清关部

与海关、银行连接，可为用户提供自动报关、自动付关税等服务。给出进口许可证、空运提单或海运提单、做发票等。

### 3. 运作部

清关后，把货物从仓库运回，为用户提供货物跟踪服务。

上述功能是由一台小型机，通过运行 EDI 货运跟踪应用软件来实现。

## 四、EDI 在供应链管理中的应用

EDI 是一种信息管理或处理的有效手段，它是对供应链上的信息流进行运作的有效方法。EDI 的目的是充分利用现有计算机及通信网络资源，提高贸易伙伴间通信的效益，降低成本。

国际物品编码协会（EAN）为了提高整个供应链的运作效率，已在 UN/EDIFACT 标准的基础上制定了流通领域 EDI 标准 EANCOM。EDI 报文是 EDI 传送的载体，它是对传统业务单证中数据的结构化和标准化。比如订购单报文是对传统业务中数据进行结构化和标准化。在供应链上涉及的 EDI 报文有参与方信息报文、价格销售目录报文、报价请求报文、报价报文、订购单报文、订购单应答报文、发货通知报文、收货通知报文、发票报文、汇款通知报文等。我们可以拿通常的商业交易为例，说明 EDI 在供应链上的运用，如图 5-10 所示。

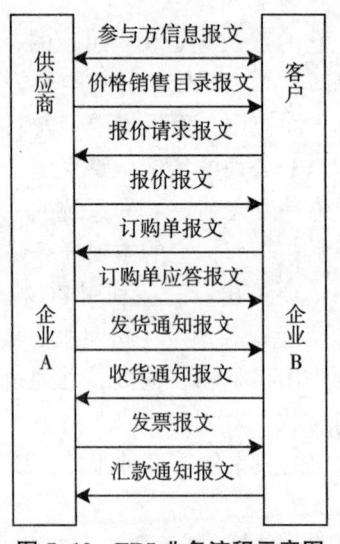

图 5-10　EDI 业务流程示意图

例如，一个企业 A 要把它的基本信息让企业 B 知道，它往往会把一个参与信息报文发往企业 B，以便企业 B 了解它。同样，企业 B 也可以将其企业信息发至 A。若企业 A 是供应商，B 是客户，则 A 可通过一产品或销售目录报文，将其产品的有关信息发往 B；若 B 对 A 的某种产品感兴趣，发了解 A 的产品价格与交货条款等相关信息，B 可以向 A 发出一个报价请求报文，A 以报价报文来回答 B；若 B 对 A 的产品的价格以及交货条款等内容能够接受，B 就可以向 A 发出一份订购单报文，A 可用订购单应答报文对 B 订购单报文进行答复；若答复是肯定的，A 便立即开始备货，备齐货后就可以向 B 发货为了预先通知 B 货物已发出，A 可向 B 发出一份发货通知，B 可以向 A 发出一份收货通知报文，以说明自己对货物的收受情况；当 A 接到收货通知后可以向 B 发出发票报文，申明对货物的支付，B 收到发票报文经确认后，可发出一份汇款通知报文，以说明即将付款的通知，紧接着便是实际付款的发生。从这一例子可以看出 EDI 在整个交易过程中的应用情况。

## 五、EDI 与移动物流

物流 EDI 的优点在于供应链组成各方基于标准化的信息格式和处理方法通过 EDI 共同分享信息、提高流通效率、降低物流成本。主要可以表现为：

1. 节省时间和资金，提高工作效率和竞争力

在全球范围内发送一份电子单证最快只需几秒钟。发票能在更短的时间内投递，数据能立即进行处理。采用 EDI 之后，订购、制造和货运之间的周期被大大缩短，减少了库存开销。

EDI 意味着更准确的数据，实现了数据标准化及计算机自动识别和处理，消除了人工干预和错误，减少了人工和纸张费用。

2. 改善对客户的服务

EDI 也是一种改善对客户服务的手段，它巩固了 EDI 贸易伙伴之间的市场和分销关系，提高了办事效率，加快了对客户需求的反应。

3. 消除纸面作业和重复劳动

经济的增长带来了各种贸易单证、文件数量的激增。纸张协会曾有统计得出以下用纸量超速增长的规律：年国内生产总值每增加 100 亿元，用纸量就会增加 8 万吨。此外，在各类单证中有相当大的一部分数据是重复出现的，需要反复地录入。同时重复录入浪费人力、浪费时间、降低效率。纸面贸易文件成了阻碍贸易发展的一个比较突出的因素，EDI 能够有效地解决以上两个问题。

4. 扩展了客户群

许多大的制造商和零售商都要求他们的供应商采用 EDI。当他们评估选择

**移动物流**

一种新的产品或一个新的供应商时,其做 EDI 的能力是一个重要因素。由于 EDI 的应用领域很广,一个具有 EDI 实施能力的公司无疑会扩大其客户群,引来更多的生意。

在 EDI 诞生之初,应用成本曾较高,一是因为通过 VAN 进行通信的成本高,二是制定和满足 EDI 标准较为困难。但近年来,虚拟专用网(VPN)及互联网的迅速普及,为物流信息活动提供了快速、简便、廉价的通信方式,为企业实施物流 EDI 提供坚实的基础。

移动通信及其移动终端的应用,使得 EDI 报文可以随时随地地接收与发送,保证了移动商务的顺利进行,也促进了移动物流的进步。

## 第四节　自动跟踪技术

### 一、地理信息系统(GIS)概念

地理信息系统是以地理空间数据库为基础,采用地理模型分析方法,适时提供多种空间的和动态的地理信息,为地理研究和地理决策服务的计算机技术系统。其具有以下三个方面的特征:

(1)具有采集、管理、分析和输出多种地理空间信息的能力,具有空间性和动态性。

(2)以地理研究和地理决策为目的,以地理模型方法为手段,具有区域空间分析、多要素综合分析和动态预测能力,产生高层次的地理信息。

(3)由计算机系统支持进行空间地理数据管理,并由计算机程序模拟常规的或专门的地理分析方法,作用于空间数据,产生有用信息,完成人类难以完成的任务。

通俗地讲,地理信息系统是整个地球或部分区域的资源、环境在计算机中的缩影;严格地讲,地理信息系统是反映人们赖以生存的现实世界(资源或环境)的现实与变迁的各类空间数据及描述这些空间数据特征的属性,在计算机软件和硬件的支持下,以一定的格式输入、存储、检索、显示和综合分析应用的技术系统。它是一种特定而又十分重要的空间信息系统,它是以采集、储存、管理、处理分析和描述整个或部分地球表面(包括大气层在内)与空间和地理分布有关的数据的空间信息系统。

地理信息系统(GIS)作为支持空间定位信息数字化获取,管理和应用的技术体系，随着计算机技术、空间技术和现代信息基础设施的飞速发展，在全国经济信息化进程中的重要性与日俱增。特别是当今"数字地球"概念的提出，使人们对 GIS 的重要性有了更深的了解。

## 二、GIS 的组成和功能

### （一）GIS 的组成

GIS 由五个主要元素构成：硬件、软件、数据、人员和方法。

1. 硬件

硬件是 GIS 操作的计算机。今天，GIS 软件可以在很多类型的硬件上运行。从中央计算机服务器到桌面计算机，从单机到网络环境。

2. 软件

GIS 软件提供所需的存储、分析和显示地理信息的功能和工具。主要的软件部件有：

（1）输入和处理地理信息的工具。

（2）数据库管理系统（DBMS）。

（3）支持地理查询、分析和视觉化的工具。

（4）容易使用这些工具的图形化界面。

3. 数据

一个 GIS 系统中最重要的部件就是数据了。地理数据和相关的表格数据可以自己采集或者从商业数据提供者处购买。GIS 将把空间数据和其他数据源的数据集成在一起，而且可以使用那些被大多数公司用来组织和保存数据的数据库管理系统来管理空间数据。

4. 人员

GIS 技术如果没有人来管理系统和制订计划应用于实际问题，将没有什么价值。GIS 的用户范围包括从设计和维护系统的技术专家，到那些使用该系统并完成每天工作的人员。

5. 方法

成功的 GIS 系统，具有好的设计计划和自己的事务规律，这些是规范、方法，而对每一个企业来说是具体的、独特的操作实践。

### （二）GIS 的功能

1. 输入

在地理数据用于 GIS 之前，数据必须转换成适当的数字格式。从图纸数据转换成计算机文件的过程叫做数字化。目前，许多地理数据已经是 GIS 兼容的数据格式，这些数据可以从数据提供商那里获得并直接装入 GIS 中，无须用户来数字化。

### 2. 处理

将数据转换成或处理成某种形式以适应系统的要求。这种处理可以是为了显示的目的而做的临时变换，也可以是为了分析的目的而做的永久变换。GIS 技术提供了许多工具来处理空间数据和去除不必要的数据。

### 3. 数据管理

对于小的 GIS 项目，把地理信息存储成简单的文件就足够了。但是，当数据量很大而且数据用户数很多时，最好使用一个数据库管理系统（DBMS），来帮助存储、组织和管理数据。

### 4. 查询分析

GIS 提供简单的鼠标单击查询功能和复杂的分析工具，为管理者提供及时的直观的信息。

### 5. 可视化

对于许多类型的地理操作，最终结果能以地图或图形来显示。

## 三、全球定位系统（GPS）概念

全球定位系统（GPS）是美国国防部发射的 24 颗卫星组成的全球定位、导航及授时系统。这 24 颗卫星分布在高度为 2 万公里的 6 个轨道上绕地球飞行。每个轨道上拥有 4 颗卫星，在地球上任何一点，任何时刻都可以同时接收到来自 4 颗卫星的信号。也就是说，GPS 的卫星所发射的空间轨道信息覆盖着地球表面。

GPS 的工作概念是基于卫星的距离修正。用户通过测量到太空各可视卫星的距离来计算他们的当前位置，卫星的左右相当于精确的已知参考点。每颗 GPS 卫星时刻发布其位置和时间数据信号，用户接收机可以测量每颗卫星信号到接收机的时间延迟，根据信号传输的速度就可以计算出接收机到不同卫星的距离。同时收集到至少四颗卫星的数据时就可以解算出三维坐标、速度和时间。

## 四、GPS 的组成和特点

### （一）GPS 的组成

GPS 由空间卫星系统、地面监控系统、用户接收系统三大子系统构成。

#### 1. 空间卫星系统

空间卫星系统由均匀分布在 6 个轨道平面上的 24 颗高轨道工作卫星构成，各轨道平面相对于赤道平面的倾角为 55°，轨道平面间距 60°。在每一轨道平面内，各卫星交角距差 90°，任一轨道上的卫星比西边相邻轨道上的相应卫星超前30°。

事实上，空间卫星系统的卫星数量要超过24颗，以便及时更换老化或损坏的卫星，保障系统正常工作。该卫星系统能够保证在地球的任一地点向使用者提供4颗以上可视卫星。

空间系统的每颗卫星每12小时（恒星时）沿近圆形轨道绕地球一周，由星载高精度原子钟（基频F=10.23MHz）控制无线电发射机在"低噪声窗口"（无线电窗口中，2~8区间的频区天线噪声最低的一段是空间遥测及射电干涉测量优先选用频段）附近发射$L_1$、$L_2$两种载波，向全球的用户接收系统连续地播发GPS导航信号。GPS工作卫星组网保障全球任一时刻、任一地点都可对4颗以上的卫星进行观测（最多可达11颗），实现连续地、实时地导航和定位。

GPS卫星向广大用户发送的导航电文是一种不归零的二进制数据码$D(t)$，码率50Hz。为了节省卫星的电能、增强GPS信号的抗干扰性、保密性，实现遥远的卫星通信，GPS卫星采用伪噪声码对D码作二级调制，即先将D码调制成伪噪声码（P码和C/A码），再将上述两噪声码调制在$L_1$、$L_2$两种载波上，形成向用户发射的GPS射电信号。因此，GPS信号包括两种载波（$L_1$、$L_2$）和两种伪噪声码（P码、C/A码）。这四种GPS信号的频率皆源于10.23MHz（星载原子钟的基频）的基准频率。基准频率与各信号频率之间存在一定的比例。其中，P码为精确码，美国为了自身的利益，只供美国军方、政府机关以及得到美国政府批准的民用用户使用，C/A码为粗码，其定位和时间精度均低于P码，目前，全世界的民用客户均可不受限制地免费使用。

2. 地面监控系统

地面监控系统由均匀分布在美国本土和三大洋的美军基地上的五个监测站、一个主控站和三个注入站构成。该系统的功能是：对空间卫星系统进行监测、控制，并向每颗卫星注入更新的导航电文。

3. 用户接收系统

用户接收系统主要由以无线电传感和计算机技术支撑的GPS卫星接收机和GPS数据处理软件构成。

（1）GPS卫星接收机。GPS卫星接收机的基本结构是天线单元和接收单元两部分。天线单元的主要作用是：当GPS卫星从地平线上升起时，能捕获、跟踪卫星，接收放大GPS信号。接收单元的主要作用是：记录GPS信号并对信号进行解调和滤波处理，还原出GPS卫星发送的导航电文，解求信号在站星间的传播时间和载波相位差，实时地获得导航定位数据或采用测后处理的方式，获得定位、测速、定时等数据。

微处理器是GPS接收机的核心，承担整个系统的管理、控制和实时数据处理。视屏监控器是接收机与操作者进行人机交流的部件。

目前，国际上已推出几十种测量用 GPS 接收机，各厂商的产品朝着实用、轻便、易于操作、美观价廉的方向发展。

(2) GPS 数据处理软件。GPS 数据处理软件是 GPS 用户系统的重要部分，其主要功能是对 GPS 接收机获取的卫星测量记录数据进行"粗加工"、"预处理"，并对处理结果进行平差计算、坐标转换及分析综合处理。解得测站的三维坐标，测体的坐标、运动速度、方向及精确时刻。

GPS 所以能够定位导航，是因为每台 GPS 接收机无论在任何时刻、在地球上任何位置都可以同时接收到最少 4 颗 GPS 卫星发送的空间轨道信息。接收机通过对接收到的每颗卫星的定位信息的解算，便可确定该接收机的位置，从而提供高精度的三维（经度、纬度、高度）定位导航及授时系统，而且和以前各种定位系统大不一样的是，GPS 接收机简单，小型的只有香烟盒大小，重量约 500 克，价格仅几百美元。任何人拿着这种接收机，都可以准确地知道自己在地球上的哪一点。GPS 接收机是被动式全天候系统，只收不发信号，故不受卫星系统和地面控制系统的控制。用户数量也不受限制。

目前，全球定位系统已广泛应用于军事和民用等众多领域中。GPS 技术按待定点的状态分为静态定位和动态定位两大类。静态定位是指待定点的位置在观测过程中固定不变的，如 GPS 在大地测量中的应用。动态定位是指待定点在运动载体上，在观测过程中是变化的，如 GPS 在船舶导航中的应用。静态相对定位的精度一般在几毫米、几厘米范围内，动态相对定位的精度一般在几厘米到几米范围内。对 GPS 信号的处理从时间上划分为实时处理及后处理。实时处理就是一边接收卫星信号一边进行计算，获得目前所处的位置、速度及时间等信息；后处理是指把卫星信号记录在一定的介质上，回到室内统一进行数据处理。一般来说，静态定位用户多采用后处理，动态定位用户采用实时处理或后处理。

(二) GPS 系统特点

GPS 的问世标志着电子导航技术发展到了一个更加辉煌的时代。GPS 系统与其他导航系统相比，主要特点是：

(1) 全球地面连续覆盖。由于 GPS 卫星数目较多且分布合理，所以在地球上任何地点均可连续同步地观测到至少 4 颗卫星，从而保障了全球、全天候连续实时导航与定位的需要。

(2) 功能多、精度高。GPS 可为各类用户连续地提供高精度的三维位置、三维速度和时间信息。

(3) 实时定位速度快。目前 GPS 接收机的一次定位和测速工作在一秒甚至更少的时间内便可完成,这对高动态用户来讲尤其重要。

(4)抗干扰性能好、保密性强。由于 GPS 系统采用了伪码扩频技术,因而 GPS 卫星所发送的信号具有良好的抗干扰性和保密性。

## 第五节　移动商务网络信息技术

### 一、移动通信技术

#### (一)定义

移动通信(Mobile Communication)是指通信中的一方或双方处于运动中的通信。

移动通信是移动体之间的通信或移动体与固定体之间的通信。移动体可以是人,也可以是汽车、火车、轮船、收音机等在移动状态中的物体。

移动通信系统从 20 世纪 80 年代诞生以来,到 2020 年大体经过 5 代的发展历程,而且到 2010 年,将从第 3 代过渡到第 4 代(4G)。到 4G,除蜂窝电话系统外,宽带无线接入系统、毫米波 LAN、智能传输系统(ITS)和同温层平台(HAPS)系统将投入使用。未来几代移动通信系统最明显的趋势是要求高数据速率、高机动性和无缝隙漫游。实现这些要求在技术上将面临更大的挑战。此外,系统性能(如蜂窝规模和传输速率)在很大程度上将取决于频率的高低。考虑到这些技术问题,有的系统将侧重提供高数据速率,有的系统将侧重增强机动性或扩大覆盖范围。从用户角度看,可以使用的接入技术包括:蜂窝移动无线系统,如 3G;无绳系统,如 DECT;近距离通信系统,如蓝牙和 DECT 数据系统;无线局域网(WLAN)系统;固定无线接入或无线本地环系统;卫星系统;广播系统,如 DAB 和 DVB-T;ADSL 和 Cable Modem。

#### (二)特点

(1)移动性。就是要保持物体在移动状态中的通信,因而它必须是无线通信,或无线通信与有线通信的结合。

(2)电波传播条件复杂。因移动体可能在各种环境中运动,电磁波在传播时会产生反射、折射、绕射、多普勒效应等现象,产生多径干扰、信号传播延迟和展宽等效应。

(3)噪声和干扰严重。在城市环境中的汽车火花噪声、各种工业噪声,移动用户之间的互调干扰、邻道干扰、同频干扰等。

（4）系统和网络结构复杂。它是一个多用户通信系统和网络，必须使用户之间互不干扰，能协调一致地工作。此外，移动通信系统还应与市话网、卫星通信网、数据网等互联，整个网络结构是很复杂的。

（5）要求频带利用率高、设备性能好。

（三）分类

移动通信的种类繁多，按使用要求和工作场合不同可以分为以下几种：

1. 集群移动通信

集群移动通信，也称大区制移动通信。它的特点是只有一个基站，天线高度为几十米至百余米，覆盖半径为 30 公里，发射机功率可高达 200 瓦。用户数为几十至几百，可以是车载台，也可是以手持台。它们可以与基站通信，也可以通过基站与其他移动台及市话用户通信，基站与市站有线网链接。

2. 蜂窝移动通信

蜂窝移动通信，也称小区制移动通信。它的特点是把整个大范围的服务区划分成许多小区，每个小区设置一个基站，负责本小区各个移动台的联络与控制，各个基站通过移动交换中心相互联系，并与市话局连接。利用超短波电波传播距离有限的特点，离开一定距离的小区可以重复使用频率，使频率资源可以充分利用。每个小区的用户在 1000 户以上，全部覆盖区最终的容量可达 100 万用户。

3. 卫星移动通信

卫星移动通信。利用卫星转发信号也可实现移动通信，对于车载移动通信可采用赤道固定卫星，而对手持终端，采用中低轨道的多颗星座卫星较为有利。

4. 无绳电话

对于室内外慢速移动的手持终端的通信，则采用小功率、通信距离近的、轻便的无绳电话机。它们可以经过通信点与市话用户进行单向或双方向的通信。

使用模拟识别信号的移动通信，称为模拟移动通信。为了解决容量增加，提高通信质量和增加服务功能，目前大都使用数字识别信号，即数字移动通信。在制式上则有时分多址（TDMA）和码分多址（CDMA）两种。前者在全世界有欧洲的 GSM 系统（全球移动通信系统）、北美的双模制式标准 IS-54 和日本的 JDC 标准。对于码分多址，则有美国 Qualcomnn 公司研制的 IS-95 标准的系统。总的趋势是数字移动通信将取代模拟移动通信。而移动通信将向个人通信发展。进入21世纪则成为全球信息高速公路的重要组成部分。移动通信将具有更加辉煌的未来。

## 二、移动网络技术

近几年来，不仅是笔记本电脑，而且包括手提电脑、个人数字助手（PDA）都显著增加，甚至蜂窝电话和寻呼机也都可以支持IP。目前的问题在于，不论设备平常是通过有线媒体或无线媒体链接到网络，当设备移动时，如果不论移动设备实际上在何处，其他设备都能够以同一个IP地址来访问该设备，这将是很方便的。

要实现这一点却非常困难，因为节点移动时，可能必须连接到使用不同IP地址的不同网络。移动IP在RFC2002（IP移动性支持）中描述。目前，此RFC还在进行修改和更新以支持IPv6。任何情况下，移动IP都应支持节点从一个网络向另一个网络移动，即"宏观移动性"，而不仅仅是支持"微观移动性"，例如像蜂窝电话一样，从一个蜂窝向另一个蜂窝切换无线连接。

### （一）IPv4中的移动IP

正如RFC2002中所述，移动IP使用移动代理的概念。为移动主机指派一个一直可达的主地址。当主机位于正常驻地时，它使用自己的主地址连接到本地网络，所有的协议都按正常方式操作；而移动代理通常是常规路由器，它作为外地代理，在移动主机离开其驻地网络时像一种邮件领取部一样使用。移动代理也可以作为主代理，处理传送给移动主机的信息。

当移动节点离开驻地时，可以按照下列方法使用移动IP（如IPv4所述）来连接到网络：

（1）外地代理和主代理周期性地发出报文，表明它们的可用性。移动主机也可以主动请求此信息。这些通告以ICMP路由器通告为基础，为移动节点提供足够的信息，使其能够确定它是在自己的驻地网络中还是在外地网络中。

（2）如果移动节点确定自己目前链接到驻地网络，就如同非移动主机一样工作。

（3）如果该节点确定自己是在外地网络中，则它将从外地网络获得"关照地址"。该地址是当移动主机在外地网络中时，可到达移动主机的临时地址。移动主机可以使用外部机制（如DHCP）来获得在外地网络上的有效地址，或者它也可以使用移动代理指定的某个地址，该地址就称为外地代理关照地址。此时，对于所服务的任何移动节点，移动代理使用同一个境内地址，并将进入网络的包转发给正确的节点。

（4）一旦移动主机拥有可在外地网络上寻址的某类地址，通过发送报文，它将该地址注册到其主代理，实际报文的内容类似于"如果你收到发给我的主地址的包，请转发到这个地址"。

（5）一旦主代理知道对于发给移动节点的包应向何处转发，它就把这些包拦截下来，并进行封装，以IP隧道方式发送到移动节点提供的关照地址。如果该关照地址是一个配置的关照地址，则由外地代理来接收封装的IP包，拆包并转发给移动节点；如果该关照地址是在外地网络上分配给移动节点的单独IP地址，移动节点就可以接收到带封装的IP包，自己进行拆包。如果外地网络上的移动节点要发送包，则无须进行特殊操作，这些主机将继续使用其主地址为包的源地址，对这些包也无须进行任何特殊处理。

### （二）IPv6中的移动IP

相对而言，移动IPv6将更易于实现和使用。首先，在IPv6中，在无状态自动配置或使用DHCPv6的状态自动配置的支持下，获得关照地址的过程更加简单。正因如此，IPv6中没有外地代理关照地址，而只有配置的关照地址。其次，应该有可能使用IPv6的各种特性来改进移动节点的操作。例如，主代理可以使用邻居发现的代理通告来截获发给移动节点的IPv6包。对于通过目的地选项来将地址更新与地址相捆绑的路由优化，节点也应该有基本的支持。

移动IPv6中包含的另一个新特性是：即使在移动节点的常规主代理不可达的情况下，移动节点也有能力和驻地网络建立联系。移动节点可以向驻地网络中为主代理保留的地址发送任意点播包，结果任何可用的主代理将把自己的选项通知移动节点。

## 三、移动安全技术

### （一）早期基本的无线局域网安全技术

无线网卡物理地址过滤每个无线工作站网卡都由唯一的物理地址标示，该物理地址编码方式类似于以太网物理地址，是48位。网络管理员可在无线局域网访问点AP中手工维护一组允许访问或不允许访问的MAC地址列表，以实现物理地址的访问过滤。

服务区标识符（SSID）匹配无线工作站必须出示正确的SSID，与无线访问点AP的SSID相同，才能访问AP；如果出示的SSID与AP的SSID不同，那么AP将拒绝它通过本服务区上网。因此可以认为SSID是一个简单的口令，从而提供口令认证机制，实现一定的安全。

在无线局域网接入点AP上对此项技术的支持就是可不让AP广播其SSID号，这样无线工作站端就必须主动提供正确的SSID号才能与AP进行关联。

有线等效保密（WEP）协议是由802.11标准定义的，用于在无线局域网中保护链路层数据。WEP使用40位钥匙，采用RSA开发的RC4对称加密算法，在链路层加密数据。

WEP加密采用静态的保密密钥，各WLAN终端使用相同的密钥访问无线网络。WEP也提供认证功能，当加密机制功能启用，客户端要尝试连接上AP时，AP会发出一个Challenge Packet给客户端，客户端再利用共享密钥将此值加密后送回存取点以进行认证比对，如果正确无误，才能获准存取网络的资源。现在的WEP也一般支持128位的钥匙，提供更高等级的安全加密。

（二）在802.11i或者说WPA之前的安全解决方案

端口访问控制技术（IEEE802.1x）和可扩展认证协议（EAP）也是用于无线局域网的一种增强性网络安全解决方案。当无线工作站与无线访问点AP关联后，是否可以使用AP的服务要取决于802.1x的认证结果。如果认证通过，则AP为无线工作站打开这个逻辑端口，否则不允许用户上网。

802.1x要求无线工作站安装802.1x客户端软件，无线访问点要内嵌802.1x认证代理，同时它还作为Radius客户端，将用户的认证信息转发给Radius服务器。现主流的PC机操作系统WinXP以及Win2000都已经有802.1x的客户端功能。

无线客户端二层隔离技术在电信运营商的公众热点场合，为确保不同无线工作站之间的数据流隔离，无线接入点AP也可支持其所关联的无线客户端工作站二层数据隔离，确保用户的安全。

VPN-Over-Wireless技术目前已广泛应用于广域网络及远程接入等领域的VPN（Virtual Private Networking）安全技术也可用于无线局域网域，与IEEE802.11b标准所采用的安全技术不同，VPN主要采用DES、3DES以及AES等技术来保障数据传输的安全。对于安全性要求更高的用户，将现有的VPN安全技术与IEEE802.11b安全技术结合起来，这是目前较为理想的无线局域网络的安全解决方案之一。

（三）WPA（Wi-Fi保护访问）技术

在IEEE802.11i标准最终确定前，WPA（Wi-Fi Protected Access）技术是在2003年正式提出并推行的一项无线局域网安全技术，将成为代替WEP的无线，其将为现有的大量的无线局域网硬件产品提供一个过渡性的高安全解决方案。WPA是IEEE802.11i的一个子集，其核心就是IEEE802.1x和TKIP。

WPA在WEP的基础上为现有的无线局域网设备大大提高了数据加密安全保护和访问认证控制。为了更好地支持用户对WPA的实施，WPA针对中小办公室/家庭用户推出了WPA-PSK、而针对企业用户则采用完整的WPA-

## 移动物流

Enterprise 的形式。WPA 是完全基于标准的并且在现有已存的大量无线局域网硬件设备上只需简单地进行软件升级便可完成，并且也能保证兼容将来要推出的 IEEE802.11i 安全标准。

### （四）高级的无线局域网安全标准——IEEE802.11i

为了进一步加强无线网络的安全性和保证不同厂家之间无线安全技术的兼容，IEEE802.11 工作组目前正在开发作为新的安全标准的 IEEE802.11i，并且致力于从长远角度考虑解决 IEEE802.11 无线局域网的安全问题。IEEE802.11i 标准草案中主要包含加密技术：TKIP 和 AES，以及认证协议 IEEE802.1x。预计完整的 IEEE802.11i 的标准将在 2004 年的上半年得到正式批准。IEEE802.11i 将为无线局域网的安全提供可信的标准支持。

## 四、移动数据处理技术

### （一）定义

数据处理是对数据的采集、存储、检索、加工、变换和传输。数据是对事实、概念或指令的一种表达形式，可由人工或自动化装置进行处理。数据的形式可以是数字、文字、图形或声音等。数据经过解释并赋予一定的意义之后，便成为信息。数据处理的基本目的是从大量的、可能是杂乱无章的、难以理解的数据中抽取并推导出对于某些特定的人们来说是有价值、有意义的数据。数据处理是系统工程和自动控制的基本环节。数据处理贯穿于社会生产和社会生活的各个领域。数据处理技术的发展及其应用的广度和深度，极大地影响着人类社会发展的进程。

### （二）方式

根据处理设备的结构方式、工作方式，以及数据的时间空间分布方式的不同，数据处理有不同的方式。不同的处理方式要求不同的硬件和软件支持。每种处理方式都有自己的特点，应当根据应用问题的实际环境选择合适的处理方式。

数据处理主要有四种分类方式：

（1）根据处理设备的结构方式区分，有联机处理方式和脱机处理方式。

（2）根据数据处理时间的分配方式区分，有批处理方式、分时处理方式和实时处理方式。

（3）根据数据处理空间的分布方式区分，有集中式处理方式和分布处理方式。

（4）根据计算机中央处理器的工作方式区分，有单道作业处理方式、多道作业处理方式和交互式处理方式。

数据处理对数据（包括数值的和非数值的）进行分析和加工的技术过程。

包括对各种原始数据的分析、整理、计算、编辑等的加工和处理。比数据分析含义广。随着计算机的日益普及，在计算机应用领域中，数值计算所占比重很小，通过计算机数据处理进行信息管理已成为主要的应用。如测绘制图管理、仓库管理、财会管理、交通运输管理、技术情报管理、办公室自动化等。在地理数据方面既有大量自然环境数据（土地、水、气候、生物等各类资源数据），也有大量社会经济数据（人口、交通、工农业等），常要求进行综合性数据处理。故需建立地理数据库，系统地整理和存储地理数据减少冗余，发展数据处理软件，充分利用数据库技术进行数据管理和处理。

## 第六节　物联网

### 一、物联网的内涵

EPC 最初提出的时候就引发人们联想到了物联网（Internet of Things）。EPC 主要是在物流供应链环节开放领域的应用，随着 EPC 的提出并成功实施，其他行业如航空、邮政、交通等领域纷纷借鉴了 EPC 的思想，对各自原有的技术管理体系重新进行规划升级，也在部分领域试点开展基于 RFID 或其他自动识别技术、信息网络技术的物联网的研究，不断拓展和完善自己的信息管理技术，于是一个更大范围的物联网逐渐形成。

2005 年 11 月 17 日，在突尼斯举行的信息社会世界峰会（WSIS）上，国际电信联盟（ITU）发布了《ITU 互联网报告 2005：物联网》，提出了"物联网"的概念。报告指出：无所不在的"物联网"通信时代即将来临，世界上所有的物体从轮胎到牙刷、从房屋到纸巾都可以通过互联网主动进行信息交换。射频识别技术（RFID）、传感器技术、纳米技术、智能嵌入技术将得到更加广泛的应用。

现在的物联网，指的是将各种信息传感设备，如射频识别（RFID）装置、红外感应器、全球定位系统、激光扫描器等种种装置与互联网结合起来而形成的一个巨大网络。在这个网络中，所有的物品都与网络链接在一起，系统可以自动地、实时地对物体进行识别、定位、追踪、监控并触发相应事件。"物联网"是继计算机、互联网与移动通信网之后的世界信息产业第三次浪潮。

打个比方：人的眼睛、耳朵、鼻子好比单个的"传感器"。一杯牛奶摆在面前，眼睛看到的是杯子，杯子里有白色的液体，鼻子闻一闻，有一股奶香味，嘴巴尝一下，有一丝淡淡的甜味，用手再摸一下，感觉有温度……这些感官的感知综合在一起，人便得出关于这一杯牛奶的判断。假如把牛奶的感知信息传上互联网，坐在办公室的人通过网络随时能了解家中牛奶的情况，这就是"传感网"，假如给你授权，你也可以看到这杯牛奶的情况。如果家中设置的传感器节点与互联网链接，经过授权的人通过网络了解家里是否平安、老人是否健康等信息，并利用传感器技术及时处理解决，这就是"物联网"。

## 二、移动物流是物联网业发展的基础

物流业是最早接触物联网理念的行业，也是中国物联网在 2003~2004 年第一轮热潮中被寄予厚望的一个行业。

2010 年，我国物流信息化在产业升级的宏观环境下，信息化浪潮应时而动，围绕制造、商贸等企业如何通过信息数据的集约化管理推进内部物流资源整合与优化，以及物流企业如何与客户的信息数据整合推进供应链建设这两大主线，加快信息化发展的步伐。在这一进程中，物联网的兴起引发物流信息化整合进入一个新周期，在这个阶段，信息技术的单点应用将会逐步整合成一个体系，以追求整体效应，从而带来物流信息化的变革，推进物流系统的自动化、可视化、可控化、智能化、系统化、网络化的发展，形成智慧物流系统。

根据物联网发展现状，在分析国内外物联网发展对物流业影响的基础上，中国物流技术协会认为物联网的发展必将推动中国智慧物流的变革。因此在 2009 年 10 月，该协会提出了"智慧物流"理念，开始在物流业全面倡导智慧物流变革。

中国物流技术协会副理事长王继祥认为，物流业是物联网很早就实实在在落地的行业之一，很多先进的现代物流系统已经具备了信息化、数字化、网络化、集成化、智能化、柔性化、敏捷化、可视化、自动化等先进技术特征。很多物流系统和网络也采用了最新的红外、激光、无线、编码、认址、自动识别、定位、无接触供电、光纤、数据库、传感器、RFID、卫星定位等高新技术，这种集光、机、电、信息等技术于一体的新技术在物流系统的集成应用就是物联网技术在物流业应用的体现。

2010 年，在物流领域相对成熟的物联网应用已经进入人们的视野。在产品的智能可追溯网络系统方面，如食品的可追溯系统、药品的可追溯系统等，为保障食品、药品等的质量与安全提供了坚实的物流保障。为破解食品安全的瓶颈，2010 年 9 月 26 日，商务部办公厅、财政部办公厅发出《关于肉类蔬菜流通追溯体系建设试点指导意见的通知》，并推动上海、重庆、大连、青岛、宁波、南京、杭州、成都、昆明及无锡市 10 个城市作为第一批试点城市开展肉类蔬菜流通追溯体系建设。

在物流过程的可视化智能管理网络系统方面，采用基于 GPS 技术、RFID 技术、传感技术等多种技术，对物流过程中实时实现车辆定位、运输物品监控、在线调度与配送可视化与管理。目前，全网络化与智能化的可视管理网络还没有，但初级的应用比较普遍，如有的物流公司或企业建立了 GPS 智能物流管理系统；有的公司建立了食品冷链的车辆定位与食品温度实时监控系统等，初步实现了物流作业的透明化、可视化管理。

物联网正在助推智能化的企业物流配送中心的形成。这是基于传感、RFID、声、光、机、电、移动计算等各项先进技术，建立全自动化的物流配送中心，建立物流作业的智能控制、自动化操作的网络，可实现物流与生产联动，实现商流、物流、信息流、资金流的全面协同。例如，一些先进的自动化物流中心，就实现了机器人码垛与装卸，采用无人搬运车进行物料搬运，自动输送分拣线开展分拣作业，出入库操作由堆垛机自动完成，物流中心信息与企业 ERP 系统无缝对接，整个物流作业与生产制造实现了自动化、智能化。这也是物联网的初级应用。

企业的智慧供应链建设离不开物联网。在竞争日益激烈的今天，面对着大量的个性化需求与订单，怎样能使供应链更加智慧？怎样才能做出准确的客户需求预测？这些是企业经常遇到的现实问题。这就需要智慧物流和智慧供应链的后勤保障网络系统支持。打造智慧供应链，这也是 IBM 提出的智慧地球解决方案重要的组成部分。

此外，基于智能配货的物流网络化公共信息平台建设、物流作业中手持终端产品的网络化应用等，也是目前很多地区推动的物联网在物流领域应用的模式。如广东省以"南方物流公共信息平台数据交换中心"建设为纽带，依托广东省物流行业协会的平台，在全省 21 个地级市建立相应的市级"南方物流公共信息平台"物联网示范工程，联合全省代表性企业共同推进的大型物流信息化项目正在全面推进中。

目前，物联网在物流行业的应用，在物品可追溯领域的技术与政策等条件都已经成熟，应加快全面推进。在可视化与智能化物流管理领域应该开展试点，力争取得重点突破，取得有示范意义的案例。在智能物流中心建设方面需要物联网理念进一步提升，加强网络建设和物流与生产的联动。在智能配货的信息化平台建设方面应该统一规划，全力推进。

## 三、移动物流是物联网的组成部分

当前,物联网发展正推动着中国智慧物流的变革。随着物联网理念的引入,技术的提升,政策的支持,相信未来物联网将给中国物流业带来革命性的变化,中国智慧物流将迎来大发展的时代。

智慧供应链与智慧生产融合。随着 RFID 技术与传感器网络的普及,物与物的互联互通,将给企业的物流系统、生产系统、采购系统与销售系统的智能融合打下基础,而网络的融合必将产生智慧生产与智慧供应链的融合,企业物流完全智慧地融入企业经营之中,打破工序、流程界限,打造智慧企业。

智慧物流网络开放共享,融入社会物联网。物联网是聚合型的系统创新,必将带来跨行业的网络建设与应用。如一些社会化产品的可追溯智能网络能够融入社会物联网,开放追溯信息,让人们可以方便地借助互联网或物联网手机终端,实时便捷地查询、追溯产品信息。这样,产品的可追溯系统就不仅是一个物流智能系统了,它将与质量智能跟踪、产品智能检测等紧密联系在一起,从而融入人们的生活。

多种物联网技术集成应用于智慧物流。目前在物流业应用较多的感知手段主要是 RFID 和 GPS 技术,今后随着物联网技术的发展,传感技术、蓝牙技术、视频识别技术、M2M 技术等多种技术也将逐步集成应用于现代物流领域,用于现代物流作业中的各种感知与操作。例如,温度的感知用于冷链物流、侵入系统的感知用于物流安全防盗、视频的感知用于各种控制环节与物流作业引导等。

物流领域物联网创新应用模式将不断涌现。物联网带来的智慧物流革命远不是我们能够想到的以上几种模式。实践出真知,随着物联网的发展,更多的创新模式会不断涌现,这才是未来智慧物流大发展的基础。

目前,很多公司已经开始积极探索物联网在物流领域应用的新模式。例如,有的公司在探索给邮筒安上感知标签,组建网络,实现智慧管理,并把邮筒智慧网络用于快递领域。当当网在无锡新建的物流中心就探索物流中心与电子商务网络融合,开发智慧物流与电子商务相结合的模式。无锡新建的粮食物流中心探索将各种感知技术与粮食仓储配送相结合,实时了解粮食的温度、湿度、库存、配送等信息,打造粮食配送与质量检测管理的智慧物流体系等。

## 四、移动物流与物联网建设前景

"物联网前景非常广阔,它将极大地改变我们目前的生活方式。"南京航空航天大学国家电工电子示范中心主任赵国安说。业内专家表示,物联网把我们的生活拟人化了,万物成了人的同类。在这个物物相连的世界中,物品(商品）能够彼此进行"交流"，而无须人的干预。物联网利用射频自动识别（RFID）技术，通过计算机互联网实现物品（商品）的自动识别和信息的互联与共享。可以说，物联网描绘的是充满智能化的世界。在物联网的世界里，物物相连、天罗地网。

2008年11月在北京大学举行的第二届中国移动政务研讨会"知识社会与创新2.0"上，专家们提出移动技术、物联网技术的发展带动了经济社会形态、创新形态的变革，推动了面向知识社会的以用户体验为核心的下一代创新（创新2.0）形态的形成，创新与发展更加关注用户、注重以人为本。

有研究机构预计10年内物联网就可能大规模普及，这一技术将会发展成为一个上万亿元规模的高科技市场，其产业要比互联网大30倍。

据悉，物联网产业链可以细分为标识、感知、处理和信息传送四个环节，每个环节的关键技术分别为RFID、传感器、智能芯片和电信运营商的无线传输网络。EPOSS在《Internet of Things in 2020》报告中分析预测，未来物联网的发展将经历四个阶段，2010年之前RFID被广泛应用于物流、零售和制药领域，2010~2015年物体互联，2015~2020年物体进入半智能化，2020年之后物体进入全智能化。

作为物联网发展的排头兵，RFID成为了市场最为关注的技术。数据显示，2008年全球RFID市场规模已从2007年的49.3亿美元上升到52.9亿美元，这个数字覆盖了RFID市场的方方面面，包括标签、阅读器、其他基础设施、软件和服务等。RFID卡和卡相关基础设施将占市场的57.3%，达30.3亿美元。来自金融、安防行业的应用将推动RFID卡类市场的增长。易观国际预测，2009年中国RFID市场规模将达到50亿元，年复合增长率为33%，其中电子标签超过38亿元、读写器接近7亿元、软件和服务达到5亿元。

MEMS是微机电系统的缩写，MEMS技术是建立在微米/纳米基础之上的，市场前景广阔。MEMS传感器的主要优势在于体积小、大规模量产后成本下降快，目前主要应用在汽车和消费电子两大领域。根据ICInsight最新报告，预计2007~2012年，全球基于MEMS的半导体传感器和制动器的销售额将达到19%的年均复合增长率（CAGR），与2007年的41亿美元相比，五年后将实现97亿美元的年销售额。

### 五、物联网供应链管理系统中的移动物流

物流行业不仅是国家十大产业振兴规划的其中一个，也是信息化及物联网应用的重要领域。它的信息化和综合化的物流管理、流程监控不仅能为企业带来物流效率提升、物流成本控制等效益，也从整体上提高了企业以及相关领域

的信息化水平，从而达到带动整个产业发展的目的。

以江苏为例，利用传感网大规模产业化和应用对传统产业带来的根本变革，重点推进带动效应大的现代装备制造业、现代农业、现代服务业、现代物流业等产业的发展。智能物流传感网作为十大经济领域传感网示范工程之一，成为其传感网产业规划的重要内容。

## （一）IT 服务商助力物流行业提高其信息化水平

目前，国内物流行业的信息化水平仍不高，对内而言，企业缺乏系统的 IT 信息解决方案，不能借助功能丰富的平台，快速制定解决方案，保证订单履约的准确性，满足客户的具体需求。对外而言，各个地区的物流企业分别拥有各自的平台及管理系统，信息共享水平低，地方壁垒较高。针对行业目前存在的问题，一些第三方的 IT 系统提供商以及电信运营商提出了基于行业信息化的不同解决方案，并且也取得了一定的进展。

从国内看，物流信息化的核心是一体化，并涉及 IT 整体方案的设计和配置、主机管理、贸易伙伴扩展以及运行中的管理服务等。IBM 也于近期推出一项名为"IBMe Distribution"的解决方案，以满足电子行业市场高质量、低成本的需求。方案能够以较低成本建立和维护符合行业标准的数据交换中心，把标准的互联网连通能力与先进的窗体技术结合起来，用户无须进行设置操作就能够轻松的与贸易伙伴的系统相结合，随时随地开展贸易业务，打造低成本高效率的供需链条。

从国外看，以 Omnitrol Networks 公司和英国电信的合作为例，Omnitrol Networks 公司提供用于业务流程优化的实时应用网络平台和基于 RFID（无线射频识别）的资产追踪与追溯解决方案，英国电信供应链解决方案业务部将可利用 RFID 技术、无线技术及传感器技术，提供扩展性好、功能更完善的实时供应链、资产及操作可见性解决方案。通过本次合作，RFID、超宽频及 Wi-Fi 实时定位系统（RTLS）、移动手持设备、PLC、传感器得到了统一融合，能显著降低成本，并提供功能强大的服务。

## （二）发展中应注意的问题

整体来看，我国的传感网产业发展仍处于起步阶段，其中中国的物流信息化建设以及物联网领域的拓展，若能借鉴现有经验及有效模式，便可在短时间内取得飞速发展，但发展中仍存在不少问题，主要表现为企业规模水平不一、技术标准缺乏、创新体系不完善、应用领域不广、层次偏低、运营模式不成熟等，针对此，必须注意以下几个问题：

传感网产业具有爆发力强、关联度大、渗透性高、应用范围广的特点，现代物流业属于传感网带动产业，在发展过程中必须兼顾传感器、传感网芯片、

## 移动物流

传感节点、操作系统、数据库软件、中间件、应用软件、系统集成、网络与内容服务、智能控制系统及设备等核心产业以及集成电路、网络与通信设备、软件等支撑产业的发展。

在引进借鉴目前成熟的物流经验的同时，也要加快创新平台和人才队伍建设，着力提升自主创新能力，尤其是发展物流产业的工业园区，需要采取引进、合作、培育等方式，快速集聚一批传感网领域高层次科研力量和研发机构，建立健全技术和中介服务体系，加强人才引进和培养，通过自主创新掌握其核心技术。

### 本章案例

#### e物流及其应用

电子商务（e）作为数字化生存方式，代表未来的贸易方式、消费方式和服务方式；而物流是人们生产、生活、商业活动过程中重要的流通环节和供应链组成部分。因此电子商务物流的统一，要求打破电子商务和物流行业原有的格局，建设和发展以商品代理和配送为主要特征，物流、商流、信息流有机结合的社会化电子商务物流配送体系，使各种流通和谐统一，达到畅通无阻。当电子商务和物流二者完全融合的时候，才是电子商务物流的真正成熟，即电子商务+物流=e物流。

目前来看，国内外的各种物流配送虽然大都跨越了简单送货上门的阶段，但在层次上仍是传统意义上的物流配送，因此在经营中存在着传统物流配送无法克服的种种弊端和问题，尚不具备或基本不具备信息化、现代化、社会化的新型物流配送的特征。而且电子商务的发展速度领先物流的太多，所以未来e物流之路需要付出很高的成本。

让我们看一看e物流的发展历史。

前期：以物易物。人类最早采取"以物易物"的交换方式，当时没有资金流，商品所有权的转换是紧紧地伴随物流的转换而发生的。随着货币的产生，人类的交易链上出现了第一层中介——货币，人们开始用钱来买东西，不过这时是"一手交钱，一手交货"，商品所有权的转换仍然是紧随物流的（只不过是以货币为中介），这个阶段由于生产力的发展和社会分工的出现，信息流开始表现出来，并开始发挥作用。

中期：物流和资金流分离。随着社会分工的日益细化和商业信用的发展，专门为货币做中介服务的第二层中介出现了。它们是一些专门的机构，如银行，它们所从事的是货币中介服务和货币买卖，由于有了它们，物流和资金流

## 移动物流

开始分离，产生了多种交易方式：交易前的预先付款、交易中的托收、支票、汇票、交易后的付款如分期付款、延期付款。这就意味着商品所有权的转换和物流的转换脱离开来，在这种情况下，信息流的作用就凸显出来了。因为这种分离带来了一个风险问题，要规避这种风险就得依靠尽可能多的信息，比如对方的商品质量信息、价格信息、支付能力、支付信誉等。总体来说，在这一阶段，商流与资金流分离，信息流的作用日益重要起来。

后期：信息流、商流、资金流、物流"四流"。随着网络技术和电子技术的发展，电子中介作为一种工具被引入了生产、交换和消费中，人类进入了电子商务时代。在这个时代，人们做贸易的顺序并没有改变，还是要有交易前、交易中和交易后三个阶段，但进行交流和联系的工具变了，如从以前的纸面单证变为现在的电子单证。这个阶段的一个重要特点就是信息流发生了变化（电子化），更多地表现为票据资料的流动。此时的信息流处于一个极为重要的地位，它贯穿于商品交易过程的始终，在一个更高的位置对商品流通的整个过程进行控制，记录整个商务活动的流程，是分析物流、导向资金流、进行经营决策的重要依据。在电子商务时代，由于电子工具和网络通信技术的应用，使交易各方的时空距离几乎为零，有力地促进了信息流、商流、资金流、物流这"四流"的有机结合。对于某些可以通过网络传输的商品和服务，甚至可以做到"四流"的同步处理，如通过上网浏览、查询、挑选、点击，用户可以完成对某一电子软件的整个购物过程。

现在进入了网络时代，企业生存和发展的环境有了很大的变化，电子商务的出现，加速了全球经济一体化，致使企业的发展趋向多国化、全球化的模式。现在，世界500强企业已有400多家进入中国市场，加入WTO以后必将有更多的跨国公司、大企业进入中国的制造业和流通业。中国企业面临的竞争将更加激烈。

网络技术把人类社会经济发展带进了一个新的时代，在新千年到来之际由于电子商务浪潮的推动，中国物流出现了前所未有的热潮。新的动向表明，物流现代化成为中国经济发展的杠杆，这一点已得到人们的普遍承认。

一方面，由于网络经济对于物流强烈的影响和更加严格的要求，物流业必须要提高现代化的程度以满足社会的需要，物流系统的规划、设计与管理的复杂性促进了专业第三方物流公司的发展；另一方面，在网络时代，物流对经济的反作用明显强化，制造业更为关心的不是生产量的多少，而是如何占领市场把产品送到用户手中。拥有一个高效而通畅的物流系统是现代企业生存与竞争的可靠保障。从这一点来看，说21世纪是物流的世纪并不过分。

今天，电子商务正以惊人的速度在发展，但是它的实施必须以现代物流系统为保障，这就促使人们把注意力聚焦于物流。信息化、全球化、多功能化和一流的服务水平，已成为电子商务下物流企业追求的目标。

资料来源：http://baike.baidu.com/view/2827378.htm.

➡ 问题讨论：

1. 什么是 e 物流？
2. e 物流的主要优势有哪些？

## 本章小结

物流信息技术是物流现代化的重要标志，也是物流技术中发展最快的领域，从数据采集的条码系统到办公自动化系统中的微机、互联网，各种终端设备等硬件以及计算机软件都在日新月异地发展。同时，随着物流信息技术的不断发展，产生了一系列新的物流理念和新的物流经营方式，推进了物流的变革。在供应链管理方面，物流信息技术的发展也改变了企业应用供应链管理获得竞争优势的方式，成功的企业通过应用信息技术来支持它的经营战略并选择它的经营业务。通过利用信息技术来提高供应链活动的效率性，增强整个供应链的经营决策能力。

## 本章复习题

1. 什么是物流技术？什么是物流信息技术？
2. 条码技术有哪些特点？其应用系统是如何构成的？
3. 无线射频识别系统是由哪几部分组成的？有何特点？
4. EDI 系统是由哪几部分组成的？
5. GPS 系统是由哪几部分组成的？应用 GPS 系统如何实现货物的跟踪和调度？

# 第六章 物流信息管理

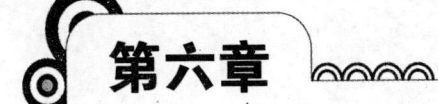

## 学习目的

**知识要求** 通过本章的学习，掌握：

- 物流信息的定义与作用
- 物流信息系统的定义与功能
- 物流公共信息平台基本功能
- 现代物流信息系统的建设

**技能要求** 通过本章的学习，能够：

- 熟练掌握物流信息的定义
- 了解物流信息系统的主要功能
- 熟记物流公共信息平台的主要基本功能
- 熟练操作第三方物流软件

## 学习指导

1. 本章内容包括：物流信息系统；现代物流信息系统的规划设计；移动物流信息化；物流信息系统教学模拟实验。

2. 学习方法：结合案例了解现代物流信息技术的特点；移动物流的发展趋势；熟练操作第三方物流软件。

3. 建议学时：8学时。

# 移动物流

## 引导案例

### 正达物流车辆监控系统解决方案

**一、物流公司需求**

物流公司拟建立一套视频监控系统，用于监看运货车辆在货物运输与装货卸货过程中的货物安全情况，避免货物丢失以及在货物丢失后能够通过录像文件做出快速准确的判断，为今后的调查取证提供可靠的依据。

（1）在货车装货卸货时保证全程录像。

（2）当货车回到总部车场时，将录像资料下载到物流公司总部的指定视频存储服务器中。

（3）能够迅速查找所需查看的车辆及时间的录像资料。

（4）做到摄像机无人监管，管理者只需在总控室计算机上进行所需操作、管理和监看即可。

**二、实现方案**

1. 系统实现所需设备

（1）车载设备：FD961 数字摄像机，移动硬盘，门磁报警设备，AP 无线路由器。

（2）物流公司：AP 无线路由器，主控计算机，视频存储服务器。

2. 方案描述

（1）触发录像的实现。在货车车厢顶部吊装一台 FD961 数字摄像机，同时通过摄像机 USB 接口连接移动硬盘，在车门顶部的中间位置安装门磁报警设备并与摄像机的 RS-232 接口相连，当车门打开时门磁报警设备触发摄像机开始录像，当车门关闭时停止录像。

（2）录像资料下载的实现。在货车驾驶室与物流公司总控计算机室分别放置 AP 无线路由器，当货车进入总部车场时，车载 AP 无线路由器与物流公司 AP 无线路由器的总控计算机网络连通，系统提示是否下载录像资料，此时总控计算机可以选择发出指令下载移动硬盘中的录像资料到录像服务器，也可以选择设定延后的下载提示时间。

（3）物流车辆在一个工作循环中监控的实现。我们把车辆从第一次离开总部到第一次回到总部视为一个工作循环。

物流公司所有车辆通过摄像机 IP 进行统一编号，当车辆在总部时总控计算机认定车辆为待发状态，当车辆离开总部时，无线网络将断开，此时总控计算机将其改为离开状态，车辆在外运货时只要车门开启就会触发自动录像功能，只有车门关闭自动录像才会停止。

当车辆完成运货任务回到总部时，无线网络将连通，此时总控计算机会将此车辆状态由离开变为回归，当车辆处在回归状态时开始将录像资料下载到录像服务器以供浏览查阅，当下载完毕时总控计算机将会改变车辆状态为待发，清空移动硬盘数据，此时一个工作循环完成。

（4）方案拓扑如图 6-1 所示。

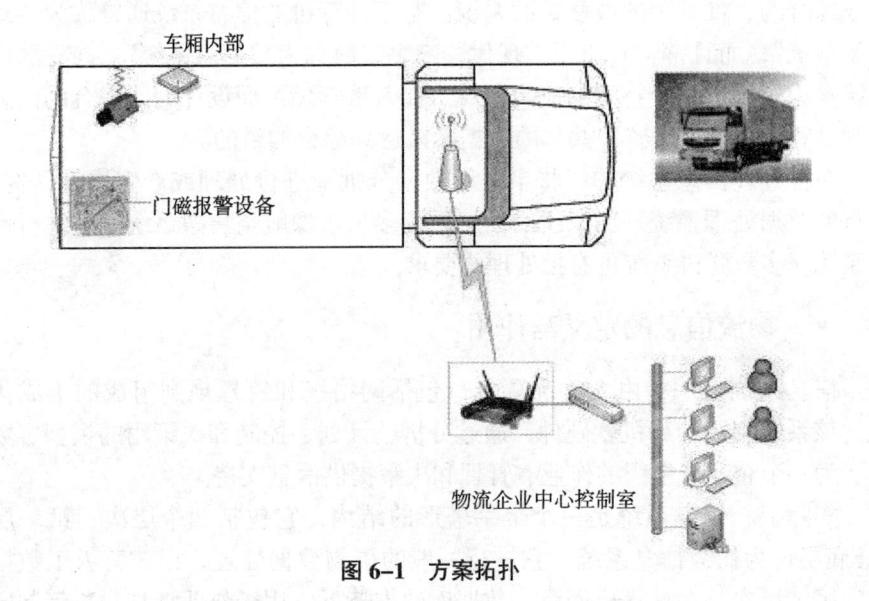

图 6-1　方案拓扑

### 三、方案特点

利用正达 FD961 网络数字摄像机在网络不通时自动转向 USB 接口传输音视频信息的特点和网络连通时网络续传功能，通过无线 AP 实现用户需求。

由于物流车辆每天的开车门的次数和时间有限，假设每天开启车门的时间为 2 小时，则每天的数据流量为 20×25×3600×2=450M，一个 80G 的移动硬盘的录像时间约为 170 天。

资料来源：http://www.exam8.com/zige/wuliu/anli/201010/1657252.html. 2010-10-04.

➡ 问题：

1. 物流公司的需求主要有哪些？
2. 物流车辆监控系统主要解决哪些方面的问题？

## 第一节　物流信息系统

信息系统（Information System，IS）可以是人工的或者基于计算机的、独立或综合的、批处理的或联机的系统。基于计算机的信息系统通常称为"现代信息系统"，而且常常省略了"现代"二字，简称为"信息系统"。独立的信息系统是为了满足某个特定的应用领域（如人事管理）而设计的。综合的信息系统则是利用一个信息资源共享的数据库来达到综合的目的。

在批处理信息系统中，将事务和数据分批地进行处理或产生报表，例如，银行的票据处理系统，而联机的信息系统多见于像航空售票系统这类并行性强的系统。多数联机系统也有批处理的要求。

### 一、物流信息的定义与作用

信息系统是一种由人、计算机（包括网络）和管理规则组成的集成化系统。该系统利用计算机软硬件，通过分析、计划、控制和决策用的模型、数据库，为一个企业或组织的作业、管理和决策提供信息支持。

实际上，信息系统是一个金字塔形的结构，它包括四个层次：第一层次（最底层）为初级信息系统，它进行一般的事物数据处理，以改善人工数据处理。第二层次是在计算机网络、数据库的支持下，用于作业计划、决策制定和控制的信息系统。第三层次为用于辅助战术计划和决策活动的信息系统。第四层次（最顶层）为支持最高决策者进行战略决策的信息系统。这一层不仅要运用数据库、方法库和模型库，而且还要运用人工智能、专家系统的技术，所以最高层又称为智能化信息系统。

从物流企业管理的发展角度来看，借助信息系统，能够更深入地利用实际经营过程中的信息去研究经营活动的发展趋势、经营计划对经营过程的调节与控制、最佳资源配置、企业的经营发展战略等内容。物流业管理信息化是现代化建设和推进国民经济信息化的非常重要的组成部分，要把实施物流业管理信息化放在现代物流发展的重要位置来考虑，并应配合物流企业的改革，围绕增强物流企业的竞争力，提高物流企业的经济效益，积极主动地加快物流企业业务流程的创新、重组与优化，用现代化的信息前沿技术和信息资源支持物流企业的有效运作，即物流信息系统的实施。

物流管理信息化的管理理念和模式要创新，信息社会化服务的力度要加强，运用并行工程的理论与方法，对物流企业进行扁平式管理，实现管理信息过程、物流与商流、人机适应过程、网络需求主体及投入产出的合理化。

### (一) 物流信息概述

物流信息是物流信息系统运作的主体，因此，在介绍物流信息系统之前，先介绍一下物流信息。

信息是客观存在的，是有意义的数据，在一切事物运动过程中，通过物质载体所发生的消息、情报、指令、数据、信号，它们所包含的一切可以传递和交换的知识内容就是信息。不同的物质和事物有不同的特征，不同特征要通过一定的物质形式，产生不同的消息、情报、指令、数据、信号。

物流信息就是物流活动所必需的信息，即由物流引起并能反映物流活动实际特征的，可被人们接收和理解的各种消息、情报、文书、资料、数据等的总称。物流信息不仅对物流活动具有支持保证的功能，而且具有连接整合整个供应链和使整个供应链活动效率化的功能。这些功能，使得物流信息在现代企业经营战略中占有越来越重要的地位，也是现代物流信息系统的流动体。

### (二) 物流信息的性质

物流信息大多表现为企业的管理信息，因此具有一般管理信息的性质，即：

**1. 真实性**

真实性是物流信息最基本的特征，是信息的价值中心。信息价值的大小，关键在于是否符合事物的本来面目。一份不真实的信息，不仅不会给人们带来任何好处，反而会造成巨大损失，其价值为负。如库存信息的错误将直接导致决策的失误，给企业带来巨大损失。

**2. 滞后性**

信息虽然是环境事实的知识内容，但事实与信息毕竟是不相同的。从时间上讲，信息总是落后于事实，同时，信息是有寿命的，而且随时间的推移，信息的衰老性越强，可利用的价值就越低。因此，人们要求信息的传送越快越好，否则，具有一定实用价值的信息将会变成毫无价值的消息。

**3. 不完全性**

由于客观的事实常常不能被人们全部认识和全部得到，所以它具有不完全的性质。信息的不完全是经常的、大量的、绝对的，这就更要求人们力求把信息收集得全面一些，说明得更具体一些。

### (三) 物流信息的特征

除上述信息的普遍性质外，物流信息还具有以下八大特征。

(1) 物流信息涉及面广、数量大。

(2) 高峰时与平时的信息量差别很大。

(3) 每天发生信息的单位（每一件大小），并不那么大。

(4) 信息发生的来源、处理场所、转达对象，分布在很广地区。

(5) 要求与商品流通的时间相适应。

(6) 和仓储、生产等本企业内其他部门的关系密切。

(7) 货主与物流从业者及有关企业之间的物流信息相同，各连接点的信息再输入情况较多。

(8) 有不少物流系统的环节同时兼办信息的中转和转送，贯穿于生产经营活动的全过程。

其中，信息流在物流生产经营活动中起着重要的作用，在企业物流领域中尤为重要，企业物流领域每时每刻都需要大量的内部信息和外部信息。由于及时利用信息可以控制人员、资金、设备、原材料和技术资源的有效使用，从而提高企业物流的劳动生产率、降低成本、提高企业的经济效益。因此，在现代化企业几乎涉及物流活动的所有方面，信息已经成为重要资源。

另外，现代企业物流决策中运用越来越复杂的数学模型，需要大量的信息，靠人工解决既费时又易造成错误。所以，越来越多的企业开始应用计算机等IT技术，实时、精确、高效率地完成对信息的处理，明显提高了企业物流的反应能力，降低了生产成本，提高了企业的经济效益。

（四）物流信息的组成

1. 物流系统内信息

它是伴随物流活动而发生的信息，包括物料流转信息、物流作业层信息、物流控制层信息和物流管理层信息。

2. 物流系统外信息

它是在物流活动以外发生，但提供给物流活动使用的信息，包括供货人信息、顾客信息、订货合同信息、交通运输信息、设备信息、市场信息、政策信息，还有来自企业内生产、财务等部门的与物流有关的信息。

（五）物流信息的功能

（1）市场交易活动功能。交易活动主要指记录接货内容、安排储存任务、作业程序选择、制定价格及相关人员查询等。物流信息的交易作用就是记录物流活动的基本内容，主要特征是程序化、规范化与交互化，强调整个信息系统的效率性和集成性。

（2）业务控制功能。物流服务的水平和质量以及现有管理个体和资源的管理，要有信息系统做相关的控制，应该建立完善的考核指标体系来对作业计划和绩效进行评价与鉴别，这里强调了信息系统作为控制工作和加强控制力度的作用。

（3）工作协调功能。在物流运作中，加强各部门不同种类的信息集成与流通，有利于提高工作的质量与效率，减少劳动强度系数。这里，物流信息系统起了重要作用。

（4）支持物流决策和战略功能。物流信息管理协调工作人员和管理层进行活动评估和成本—收益分析，从而更好地进行决策。强调物流信息系统的信息进行整合，辅以多维数据分析、数据仓库与数据挖掘技术，支持决策和战略定位作用。

**（六）物流信息的作用**

物流信息在物流系统化管理中具有很重要的地位和作用，可以说是物流管理、指挥、控制的灵魂，其具体表现为：

1. 物流管理决策的前提和基础

物流管理中要想保证决策的科学性，首要条件是对决策对象及其相关因素的状况和变化有一个全面、准确的了解，只有这样，才能运筹自如，提高决策的效率，避免"瞎指挥"。例如，在库存管理中，何时进货，进多少货，从哪里进货，必须在对库存量、进货渠道、物资价格、物资需求等因素的现状和变化趋势全面准确了解之后才能做出正确的决策。而要做到对情况了如指掌的唯一有效途径，就是及时掌握大量的信息资料。

2. 实现物流决策目标的重要保证

任何一个物流决策的执行必然要牵涉到许多部门和环节，物流信息在这些部门和环节之间的传递与反馈。能起到沟通和联系功能、化解矛盾、排除障碍等作用，使各部分、各环节的活动按照决策指定的目标方向协调运行。

3. 提高物流企业经济效益的重要条件

市场经济体制的建立，使我国物流企业的经营模式发生了根本性的转变，企业的生存与发展，完全取决于适应市场变化能力的强弱。市场经济是一个信息化了的经济，及时捕捉一条信息就可能带来一笔经济效益可观的物流业务，忽视一条信息也可能就失去一次良好的发展机遇。一个物流企业如果不善于捕捉有关国民经济发展趋势、商流变化、物流市场供求变化、竞争对手经营状况，那么，在当今竞争日益激烈的市场经济中，很有可能遭遇失败。

## 二、物流信息系统的定义与功能

物流信息的流通是物流管理中控制集中化成功与否的关键。对于大型供应商而言，没有全过程的物流管理根本就谈不上建立有效的分销网络。对于大型连锁零售商而言，没有全过程的物流管理根本就谈不上建立供应配送体系。对于大型生产厂家而言，没有全过程的物流管理根本就谈不上生产适销对路的产品。对于货运中心、仓储中心或第三方物流提供商而言，没有全过程的物流管理就无法提供面向全过程物流管理的服务，根本就不可能争取到任何大客户的物流业务。

随着互联网技术的广泛应用，目前，基于互联网的物流信息系统正成为发展物流业务的基本物理条件。也就是说，基于互联网网络的物流信息系统为物流服务商和厂家提供了一个信息交换平台，是支撑全过程物流管理的最重要的基础之一。

所谓物流信息系统，就是由计算机硬件、软件、网络通信设备及其他办公设备组成的人机交互系统，为物流管理者及其他组织管理人员提供决策支持，提高物流运作的效率与效益。

物流信息系统的软件层包含操作系统、通信协议、业务处理系统等，运行于底层的网络硬件设施与各种物流工具上。其中，物流信息系统的软件层又可分为物流企业子系统、运输工具子系统、现场子系统、用户子系统、行业管理子系统等多个子系统，这些子系统分别拥有各自的专用数据库，同时也有一些共用数据运行于一个共用数据库上，构成共用的信息平台。具体如图6-2所示。

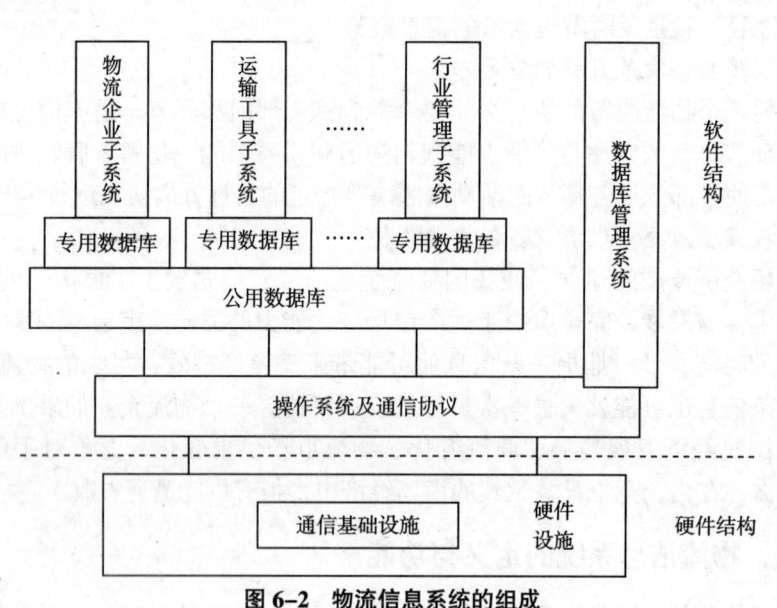

**图 6-2　物流信息系统的组成**

物流信息系统强调从系统的角度来处理企业物流活动中的问题，把局部问题置于整体中，以求整体物流活动最优化，并能使信息及时、准确、迅速送到管理者手中，提高管理水平。

物流信息系统把大量的事务性工作即工作流的问题交由计算机来完成,使人们从烦琐的事务中解放出来,有利于管理效率的提高。物流信息系统在解决复杂的管理问题时,可广泛应用现代数学成果,建立多种数学模型,对管理问题进行定量分析。

(一)物流信息系统的特征

物流信息系统除了具有信息系统的一般特性,如系统的整体性、层次性、目的性、环境适应性之外,还具有一些自身的特征。

1. 主要为物流管理服务

物流信息系统的目的是辅助物流企业进行事务处理,并在一定程度上为管理决策提供信息支持,因此必须同物流企业的管理体制、管理方法、管理风格相结合,遵循管理与决策行为理论的一般规律。为了满足管理方面提出的各种要求,物流信息系统必须准备大量的数据(包括当前的和历史的、内部的和外部的、计划的和实际的),应用各种分析方法、大量数学模型和管理功能模型(如预测、计划、决策、控制模型的等)。

2. 适应性和易用性

根据一般系统理论,一个系统必须适应环境的变化,尽可能做到当环境发生变化时,系统不需要经过大的变动就能适应新的环境。这主要要求系统便于修改。一般认为,最容易修改的系统是积木式模块结构的系统。由于每个模块相对独立,其中一个模块的变动不会或很少影响其他模块。建立在数据库与网络技术基础上的物流信息系统,应具有良好的适应性,并方便用户使用。适应性强,系统的变化就小,用户使用当然就熟能生巧、方便容易了。易用性是物流信息系统便于推广的一个重要因素,要实现这一点,友好的用户操作界面是一个基本条件。

3. 信息与管理互为依存

物流管理与决策必须依赖正确的、及时的信息。信息是一种重要资源,在物流管理控制和战略计划中,必须重视对相关物流信息的管理。物流信息与物流管理之间互为依存的关系,如图6–3所示。

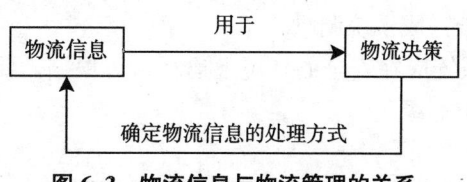

图6–3 物流信息与物流管理的关系

**4. 物流信息系统是一个面向管理的人机系统**

物流信息系统在支持企业的各项管理活动中，计算机及物流设备与用户之间不断地进行信息交换，管理人员要负责将数据及时地输入计算机或设备的计算机中，计算机在对这些数据进行加工处理后将所获得的信息输出来，以满足管理所需，同时在加工处理过程中还需要人的适当干预。因此，企业物流信息系统又是一个人机交互的用户—机器系统。

**5. 数据库系统的特征**

使用数据库技术，将数据有效地组织在相关计算机网络系统中，以实现快速的信息处理及信息共享。

**6. 分布式数据处理特征**

企业的物流管理活动往往分布在一定的地理范围内，这就要求物流信息系统应该是分布式的，现今有线、无线网络与通信技术的发展及其各种先进智能化物流工具的应用使分布式处理得以实现。

**（二）物流信息系统的设计要求**

1. 设计原则

（1）完整性。完整性应包括：①功能的完整性：系统应满足物流企业及相关行业实际物流业务管理的信息化需求；②系统开发的完整性：系统开发过程中，应根据 GB/T8567 的规定，制定出相应的规范文档，如开发文档的管理规范、数据格式规范、报表文件规范等，保证系统开发和操作的完整性和可持续性。

（2）可靠性。系统应具备以下三个方面的可靠性：①系统设计时应保证安全，最大限度地避免内部和外部攻击带来的安全问题；②系统运行时应可靠、准确、稳定；③系统应具备数年内业务操作性能稳定的性能。

（3）协同性。系统应易与 ERP 系统、财务管理系统等其他信息系统连接，实现企业内部协同和与供应链上其他环节的协同。

（4）经济性。系统设计应以成本效益最优为原则，尽可能减少物流企业的建设、运营和维护成本，以最小投入获取最大效益。

（5）可扩展性。系统应易进行应用与业务扩展，以保证在外界要求发生变化时，以较小的代价完成系统调整。

（6）安全性。系统应在安全的环境下运行，可根据需要参照 GB17859 的有关条款设定安全保护等级。

2. 设计方法

物流信息系统可采用原型法、结构化生命周期法、面向对象法等设计方法，并应利用统一建模语言（Unified Modeling Language，UML）辅助系统设计。

（1）原型法（Prototyping）。

把系统设计和开发过程作为一个迭代过程的系统设计方法。其设计原则为：借助开发工具尽快地构造一个实际系统的简化模型，根据用户的反馈准确地获得用户的需求，再根据需求增加系统的功能，以支持系统的最终设计和实现。

（2）结构化生命周期法（Life Cycle Method）。

将整个信息系统划分出相对独立的阶段，采用结构化、工程化的系统开发方法与生命周期方法相结合，自上向下对系统进行分析和设计。

（3）面向对象法（Object Oriented Method）。

根据用户的需求，找出和确定问题领域对象和类，对其进行静态的结构描述和动态的行为描述，建立解决问题领域的模型，利用问题领域对象和类、接口对象和类、运行对象和类、基础与实用对象和类构成一个体系结构，通过不断地反复与累增，尽可能直接描述现实世界，实现模块化、可重用，完全准确地满足用户的所有需求。

3. 设计要求

在物流信息系统的设计上，应从总体结构、代码、数据库、输入/输出、物理配置方案等方面进行规范。所有设计方案都应以文档的形式进行详细描述，并按照 GB/T8567、GB/T16680 的规定进行文档的编制和保存。

（1）总体结构设计。物流信息系统的总体结构设计主要包括物流业务流程、数据流程、逻辑结构、数据资源的分布/存储、功能模块等方面的设计。在进行物流信息系统总体结构设计时，应采用面向服务架构（Service-Oriented Architecture，SOA）、工作流等手段，确保业务流程的可配置性，实现系统的协同性。

（2）代码设计。物流信息系统的代码设计应遵循实用性、唯一性、可扩充性、系统化、规范化、避免出错等原则，便于系统后期维护和协同开发。

（3）数据存储设计。数据存储设计包括文件设计、数据定义、数据库设计等，应根据计算机的硬件要求、网络环境和物流信息系统的应用要求进行设计。

文件设计应根据文件的使用要求、处理方式、存储容量、数据的特性及硬件设备的条件等因素，确定文件的类别，选择文件介质，决定文件的组织方式和存储方式。

数据定义应按照统一技术平台规范标准要求，对数据元定义、数据结构定义、代码表定义进行标准规范，统一数据字典和数据结构。

数据库设计应根据数据库的性能、安全保密性能、数据类型等因素对数据库进行概念结构设计、逻辑结构设计和物理结构设计。

(4) 输入/输出设计。输入设计应以提高效率和减少差错为基本原则，达到控制输入量、减少输入延迟、减少输入错误、输入过程尽量简化的要求和目标。输出设计应包括输出内容设计、输出内容的表示形式等内容。

(5) 物理配置方案设计。物流信息系统的物理配置方案应根据处理能力、可靠性、响应速度、系统结构、区域范围、数据管理方式等因素进行设计，主要包括计算机硬件选择、计算机网络选择等内容。计算机硬件应根据物流信息系统的数据处理方式和系统的架构来选择。计算机网络环境应根据网络拓扑结构、网络的逻辑设计、网络操作系统等因素进行选择。

(6) 安全设计。物流信息系统应满足软件系统设计、开发的有关安全技术规定，具备完善的安全保护措施，确保系统的网络安全和数据安全：①可设置多力度安全访问机制，应具有用户身份及权限管理功能，防止外部非法用户的访问，降低内部合法用户的超权限操作，保证数据安全；②应采用严格的安全体系，保证数据在处理和传输过程中的安全性；③应具备公钥、私钥、口令验证、数据加密等多种不同的加解密和系统验证方式，支持第三方（Certification Authority，CA）认证，保证物流信息系统的安全。

(三) 物流信息系统的功能

物流信息系统应具有的基本功能主要包括：

(1) 数据处理功能。数据处理功能应包括数据的收集、输入、存储、加工、检索、传输和输出等。

(2) 业务管理功能。利用数据处理功能提供的信息完成各种业务的信息化管理工作，如仓储管理、运输管理等。

(3) 决策支持功能。利用积累的数据、数学方法、管理模型、典型案例等资料代替人的经验，结合某些业务活动的具体要求和目标，做出合乎逻辑的分析、推理和判断，辅助管理者完成计划的制订、最优控制等管理决策。

(4) 系统信息安全功能。首先，可采取用户权限分配策略、安全日志策略等技术手段，防止非法用户进入系统盗取数据，保证合法用户安全操作系统，保证数据操作安全。其次，可采取数据备份、快速恢复等策略，防止由于软件病毒、机器物理损坏、误操作等因素造成的系统故障而引起的数据丢失，保证数据存储安全。

本节所述的物流信息系统主要指面向第三方物流企业的物流业务管理信息系统（简称"物流业务管理信息系统"）和面向信息共享的物流公共信息平台（简称"物流公共信息平台"），如图 6-4 所示。

移动物流

```
┌─────────────────────────┐
│      物流信息系统         │
├───────────────┬─────────┤
│物流业务管理信息系统│物流公共信息平台│
└───────────────┴─────────┘
```

| 仓储管理系统 | 运输管理系统 | 货运代理管理系统 | 配送管理系统 | 报关报检管理系统 | 公共信息服务 | 数据处理与交换 | 物流公共信息技术服务 |

图 6-4　物流信息系统主要功能模块

### （四）物流信息系统的作用

企业决策者在物流信息系统的建设中，首先要明确一个概念，即信息化是什么。既不是买软件，也不是买硬件，这只是为达到目的所实施的手段和工具，企业实施物流信息化的最终目的应该还是应用。因为企业经营的最终目的还是为了创造利润。一个企业信息化的建设也离不开企业的经营之本，信息系统只是为经营服务的手段。只有根据先进的物流理念，选用正确的、先进的信息技术、物流技术与工具，使技术应用在有效产品的开发上才可以称为一个成功的物流信息系统。

具体到物流信息系统本身，它是由多个子系统组成的，它们通过物资实体的运动联系在一起，一个子系统的输出是另一个子系统的输入。合理组织物流活动，就是使各个环节相互协调，根据总目标的需求，适时、适量地调度系统内的基本资源。物流系统中的相互衔接是通过信息予以沟通的，而且基本资源的调度也是通过信息的查询来实现的。

例如，在物流系统中各个物流环节的优化所采取的方法、措施以及选用合适的设备、设计合理的路线、决定最佳库存量等，都要切合系统实际，即依靠能够准确反映物流活动的信息。所以，物流信息系统对提高企业物流系统的效率，以至提高企业的经济效益都起着重要的作用，特别是在目前我国物流成本在企业产品费用中占有较高比例的情况下。

总体来说，企业物流信息系统至少具有以下五个主要方面的作用：

（1）仓储管理。使用仓储管理系统管理储存业务的收发、分拣、摆放、补货、配送等，同时仓储管理系统可以进行库存分析与财务系统集成。先进的系统还能帮助企业实现"逆向物流"的管理。

（2）运输与发货管理。使用运输管理系统优化运输模式组合，如空运、陆运、水运或联运等，寻求最佳的运输路线。运输管理系统还可实现在途物品的跟踪，并在必要时调整运输模式，实现车队管理、运输计划、调度与跟踪、与运输商的电子数据交换（信息集成）等。

（3）劳动力资源与设备管理。为了充分发挥人力资源与物流工具的潜力，改进劳动生产率，需要建立员工的培训系统、绩效评估系统以及设备维护系统。

（4）加快供应链的物流响应速度。通过建立物流信息系统，达到全局库存、订单和运输状态的共享和可见性，以降低供应链中的需求订单信息畸变现象。

（5）物流整合。即采用最优化理论，将企业物流上的各个环节综合考虑，制定全局优化的物流策略。

### 三、物流信息系统的结构

物流信息系统的结构，可以从其层次结构、体系结构、通信结构等方面进行阐述。

#### （一）物流信息系统的分层结构

物流信息系统的分层结构是从系统功能的角度分析体系结构中各系统在整个系统中的层次结构。

从物流信息系统体系结构上看，由于物流系统参与者的地位与作用不同，在物流业发展中的功能不同，其各个子系统在整个系统中的层次地位是不同的。分层结构在于分析各子系统如何在不同的层次上对物流业发展起协调、整合的作用。

一个专业的第三方企业级物流信息系统大致可以分成基本功能层、行业管理层、信息增值层及宏观决策层几个层次（企业物流可相应地集中于基本功能层以及信息增值层及宏观决策层上），如图6-5所示。

各个层次说明如下：

1. 基本功能层

对系统中基本要素活动的引导与管理，实现物流系统基础数据采集、作业与管理。

2. 行业管理层

政府相关部门对物流系统的参与和管理，提高行业管理水平，规范物流市场的良性发展。

3. 信息增值层

通过相关信息的支撑与引导，为各种不同物流模式下物流企业的发展提供信息增值服务，提升物流业主体的效益。

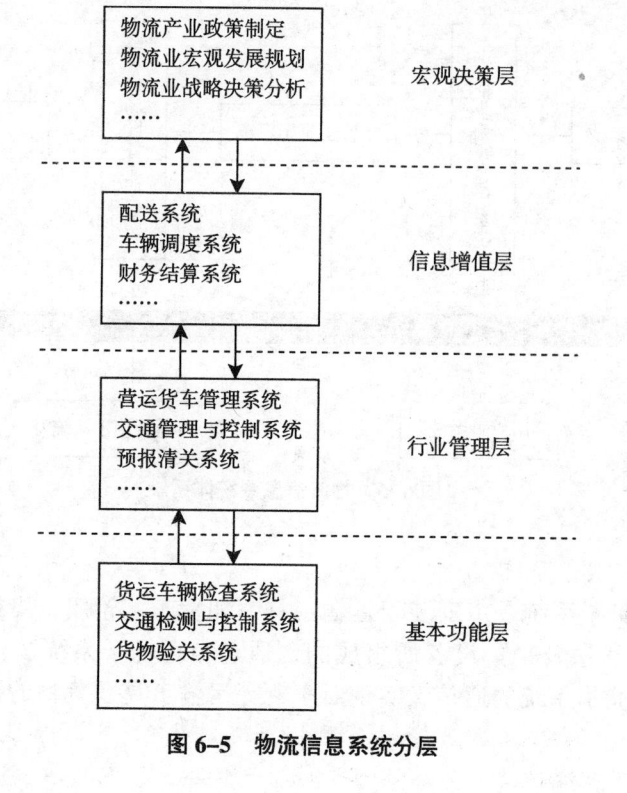

```
┌─────────────────┐
│ 物流产业政策制定 │
│ 物流业宏观发展规划│  宏观决策层
│ 物流业战略决策分析│
│ ……              │
└────────▲────────┘
         │
┌────────▼────────┐
│ 配送系统         │
│ 车辆调度系统     │  信息增值层
│ 财务结算系统     │
│ ……              │
└────────▲────────┘
         │
┌────────▼────────┐
│ 营运货车管理系统 │
│ 交通管理与控制系统│ 行业管理层
│ 预报清关系统     │
│ ……              │
└────────▲────────┘
         │
┌────────▼────────┐
│ 货运车辆检查系统 │
│ 交通检测与控制系统│ 基本功能层
│ 货物验关系统     │
│ ……              │
└─────────────────┘
```

图 6-5　物流信息系统分层

4. 宏观决策层

政府通过对大量物流信息的归类分析，利用信息资料，对物流的整体发展做出宏观分析与决策，使管理与决策的范围与能力都得到极大的延伸。

（二）**物流信息系统的体系结构**

从整个物流行业的角度来看，物流活动是以物流企业为中心展开，涉及物流企业与运输设备之间的信息交换，对运输设备的管理，与用户的信息交换以及从政府相关部门或物流枢纽来获取信息支撑。因此，可以将物流信息系统划分为物流企业子系统、运输工具子系统、现场子系统、用户子系统、行业管理子系统五个子系统。它们之间的关系如图6-6所示。

其中，各个子系统的功能描述如下：

1. 物流企业子系统

物流企业子系统以运输和仓储为主线，管理取货、集货、包装、仓库、装卸、分货、配货、加工、信息服务、送货等物流服务的各环节，控制物流服务的全过程，以提高物流企业战略竞争优势、提高物流效益和效率为目的，支持物流企业高层决策、中层控制、基层运作的信息系统。

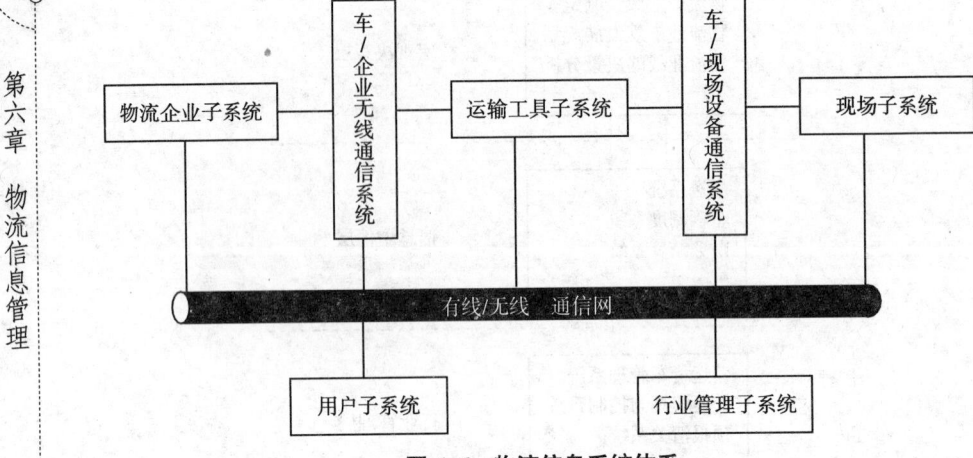

图 6-6 物流信息系统体系

**2. 运输工具子系统**

运输工具子系统是由安装于运输工具（如货车、轮船、飞机等）之上的信息接收、发送及采集设备所组成的，通过与现场子系统、行业管理子系统、物流企业子系统的通信，实现对车辆等运输工具及货物的监测、跟踪等功能。

**3. 现场子系统**

现场子系统是分布于道路、仓库以及场站的物流设施、管理系统等，用来对物流信息进行采集，以及在车辆及货物与行业管理子系统、物流企业子系统之间提供信息交流的子系统。

**4. 用户子系统**

用户子系统是为用户提供查询功能的子系统，包括为一般远程用户提供物流服务委托、信息查询及货物跟踪等服务，与大的、稳定的需求方客户进行信息系统的整合，为制造商提供各类、各层次的信息共享服务等。

**5. 行业管理子系统**

行业管理子系统主要是从政府相关部门及物流枢纽等行业管理的角度来定义的，该系统主要是为在各种物流模式下的物流企业提供信息支撑的。例如，提供物流活动中参与各方货物、运载工具等的管理、跟踪、识别等服务，提供商品、企业（制造业、批发业、零售业）等的信息，提供政府与企业、企业与企业之间的金融结算、信用等服务，以支持电子商务发展。

**（三）物流信息系统的通信结构**

通信技术实现了物流系统各参与者相互之间的联系，可以提高物流系统的整体效益与服务质量。通信技术在物流信息系统中的应用在于：
（1）提高数据采集的统一性。
（2）提高数据传输的安全性、可靠性与及时性。
（3）提高系统的开放性与可扩充性。
（4）满足不同参与者对信息获取渠道的多样性，即通信方式的灵活性。

通过对物流信息系统体系结构中各子系统的分析，对各种不同的通信方式作分析，如表 6-1 所示。

表 6-1 主要参与者间的通信方式

| 参与者 | 通信方式 |
| --- | --- |
| 车与现场设备 | DSRC（专用短程通信系统）、Sensor（传感器）等 |
| 货物与收货人（一般是司机、仓库管理员、交接运输节点管理人员） | 手握式扫描器等 |
| 用户子系统与物流企业子系统之间 | 有线电话/传真（Call Centers）<br>移动电话（Call Centers）<br>互联网（Internet）<br>专线（如与制造商间信息交换） |
| 其他子系统之间 | 互联网（Internet）<br>专线（如与制造商间信息交换）（如 DDN、ISDN 等）<br>无线通信 |

应用上述通信技术，物流信息系统的通信结构如图 6-7 所示。

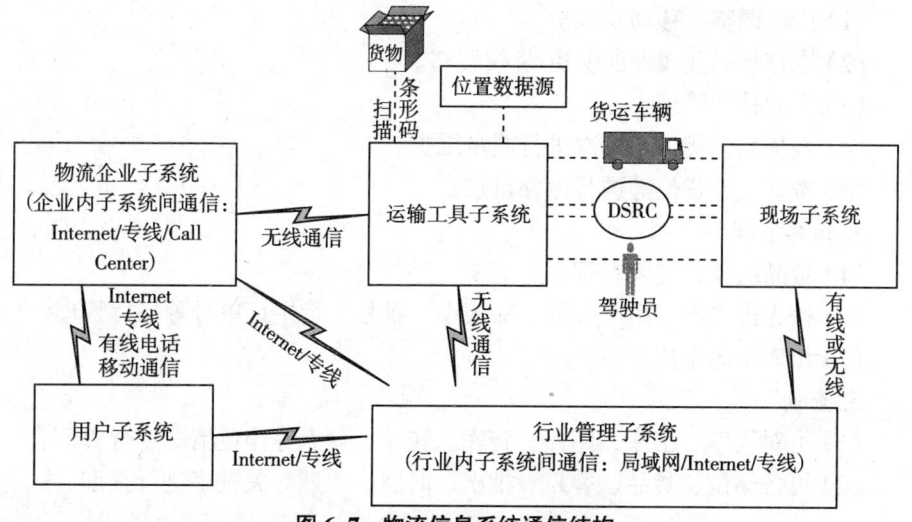

图 6-7 物流信息系统通信结构

## 四、物流业务管理信息系统基本功能

物流业务管理信息系统主要面向仓储型、运输型、综合服务型的第三方物流企业，实现物流业务的信息化管理。物流企业应根据自身实际，构建具备相应基本功能的物流业务管理信息系统。物流业务管理信息系统主要包括仓储管理系统、运输管理系统、货运代理管理系统、配送管理系统、报关报检管理系统等，可采用 B/S（Browser/Server）架构、C/S（Client/Server）架构或 B/S、C/S 混合架构等方式实现。

### （一）仓储管理系统

仓储管理系统主要完成对物品的入库、出库、盘点等作业的全面控制和管理，基本功能应包括：

1. 基础信息管理

（1）用户权限管理：用户登录、操作权限的设置和修改。

（2）基础资料维护：仓储规划、货物信息、储位信息、仓期信息、商品存放规则、仓租收费标准、客户信息、客户合同、员工信息等信息的维护管理。

2. 入库管理

（1）客户订单或收货通知单导入。

（2）货物信息录入及入库单的生成。

（3）货物验收、储位确定及上架管理。

3. 库存管理

（1）库存调整、移动及维护。

（2）库存状态及属性的变更/货权转移。

（3）自动补货管理。

（4）按货品、货位和批次进行质量维护。

（5）按货主、货位等进行库存盘点。

4. 出库管理

（1）货品组装、包装管理。

（2）按先进先出、生产日期、保质期、批号、货主订单号等拣货管理。

（3）出库单的生成。

5. 查询

（1）可对入库、出库、库存、转库、转储、盘点等作业情况进行查询。

（2）可按储位、货品、客户、批次、时间、周期等关键字进行查询。

6. 单据和报表管理

各种业务单据和报表的导出、查询、统计和打印功能。

7. 费用管理

（1）仓储计费合同管理。

（2）仓储费用管理：费用计算、收款、付款、预付款、代收款、应收应付账款等。

此外，系统应具有与仓储相关的信息系统的接口，如基于条形码、射频识别（Radio Frequency Identification，RFID）技术的自动化立体仓库系统、自动分拣系统等，以便于扩展系统功能，提高数据采集的自动化程度。

（二）运输管理系统

运输管理系统的基本功能包括：

1. 基础信息管理

（1）车辆信息管理：自有和协同车辆的车况、种类、承载能力等信息的管理。

（2）客户信息管理：客户基本信息、客户信用信息、运输合同与报价等信息管理。

（3）货物信息管理：货物信息的录入、查询和更改，包括货物的编号、数量、规格、价值金额、运输时间要求等。

（4）路线信息管理：路线里程、种类、起止点、途经地、运行周期、路桥收费情况、结算调整等信息的录入、修改等。

2. 运输管理

（1）运输单的输入、修改、审核、生成、打印。

（2）运输单状态的查询与管理。

3. 运输调度和配载管理

根据货物、客户、车辆等信息，进行物品分析和配载计算，确定最佳的运货车辆和运输路线。

4. 运输跟踪管理

（1）利用全球定位系统（Global Positioning System，GPS）、地理信息系统（Geographic Information System，GIS）、射频识别 RFID 技术、条形码技术等，实现对车辆和货物的实时监控。

（2）通过查看运输单的执行状态，有效跟踪货物的在途状况，为客户提供实时的状态信息反馈。

5. 费用管理

6. 统计报表的统计和查询功能

7. 运输成本及绩效管理

对成本类型、成本设定账期、车辆动态和静态成本，以及车辆出车信息、客户投诉反馈信息、商品损坏赔偿率、人员出勤、配送准点率、客户满意度等的管理，实现对成本和绩效的控制。

### (三) 配送管理系统

配送管理系统的基本功能应包括：

1. 订单管理

订单信息的录入、审核等。

2. 客户管理

客户信息的管理和维护、客户申请受理等。

3. 车辆动态管理

车辆可用状态设定、车辆可用状态查询、车辆动态报告和查询等。

4. 配车计划管理

（1）根据客户货物的重量、体积和时间要求等信息，自动计算出最优的配送计划。

（2）客户路线设置与优化：以实现配送路径最短、配送时间最少、配送成本最低等目标为基础，进行配送线路的优化管理。

（3）配送单据、配送回执的管理。

5. 查询统计分析

各种业务单据、报表的查询、统计和分析。

6. 财务结算

对计费方式、应收/应付、发票、对账单、收款/付款、财务核销的管理。

另外，在财务结算方面，应包括其他扩展功能，如代收货款、到付、预付款等财务结算方式，方便用户、物流企业开展物流业务。

### (四) 货运代理管理系统

货运代理管理系统的基本功能应包括：

1. 基础信息管理

（1）船次信息、提单信息、人员信息等信息的添加、删除、修改等操作管理。

（2）对标准代码项目的维护管理，如客户、国家、港口、运输方式、运输条款、币种、付款方式、包装类型、费用代码、货物类型、航线以及集装箱信息、折扣定义等基本信息。

2. 单证管理

货运委托书、提单、整箱装箱单、拼箱装箱单、报关单、海关单据、客户装箱单客户发票、代理提单、费用单等的生成、维护、打印等功能。

3. 财务结算管理

（1）对应收/应付账、对账单和发票、结算单（收款/付款）、财务核销的管理。

（2）发票的生成、打印等管理。

4. 查询

场站收据、预配清单、载货清单、打印提单、入货通知单、运费明细表、应收/应付账单、费用明细清单、佣金统计表等的查询。

5. 电子数据交换

与船公司、海关等合作公司的基于 EDI（Electronic Data Interchange）报文、EML（Extensible Marked Language）报文等标准的电子数据交换功能。

### （五）报关报检管理系统

报关报检管理系统是与海关报关系统无缝链接的客户端辅助系统，基本功能应包括：

1. 基本信息管理

委托人/受托人信息、物品报关报检委托基础信息的维护、查询、统计等。

2. 报关报检作业管理

（1）对进出口报关的报关单和核销单、报关类型、操作状态等的维护管理。

（2）审单、预录入、生成统一的各种单据号码、进口和出口物品的申报和报检。

（3）报关状态的查询。

3. 费用管理

按海关、商检局以及不同业务、不同口岸等建立不同的收/付费标准管理、业务往来款项、费用核销结算。

4. 电子数据交换

该功能可实现系统与海关规定的电子单证等数据的转换、传输功能。

## 五、物流公共信息平台基本功能

物流公共信息平台应满足区域物流系统中政府管理部门、政府职能部门、物流企业、工商企业等不同层次的参与者的信息需求和功能需求，具备公共信息服务、数据处理与交换、公共物流信息技术服务等基本功能，可采用 B/S 架构，以门户网站的形式实现。

### (一) 公共信息服务功能

基本的公共信息服务功能应包括信息发布和查询、电子商务/交易结算、行业应用托管服务、安全认证、其他服务等。

**1. 信息发布和查询**

相关信息的发布和查询范围应包括水、陆、航空、多式联运价格体系，新闻和电子商务指南，货源程序和运力，航班航期，空车配载，铁路车次，适箱货源，物流供求，物流运作成本和物流服务质量，政策法规，反映物流活动的历史统计数据等企业业务所需数据。

**2. 电子商务/交易结算**

以电子数据处理、互联网络、数据交换和资金汇总技术为基础，集信息交流、商谈、订货、发货、运输、报关、保险、商检、动植物检验和银行结算于一体，包括网上报价、网上询价、网上议价、电子支付与结算等。

**3. 行业应用托管服务**

以数据中心形式向中小物流企业提供应用托管服务，涵盖物流作业各个功能子系统，包括运输、配送、仓储、货运代理、报关报检等，以支持企业以低成本外包物流信息系统，使企业既可降低作业成本，又可将注意力更多地集中在关键作业上。

**4. 安全认证**

为保证电子商务的安全性，系统应具有对用户的身份验证、物流单据的认证、第三方认证等功能。

**5. 其他服务功能**

其他服务功能应包括会员管理功能、电子邮箱功能、社区（论坛）服务功能等。

（1）会员管理功能。会员管理功能应包括会员的申请注册、接受条款，会员的权限和角色的定义，会员的单证信息，会员的信息反馈，会员的资信评估，会员的身份确认等功能。

（2）电子邮箱功能。电子邮箱功能可为用户提供设立账户管理、邮件发送/接收功能。

（3）论坛/博客服务功能。论坛/博客服务功能可为用户提供在线沟通、发表信息的平台。

### (二) 数据处理和交换功能

物流公共信息平台应能进行标准化和规范化的数据定义、采集、处理、组织和存储，提供与不同管理信息系统的有效接口，实现跨平台的无缝链接和数据交换。

1. 数据格式转换功能

通过数据规范化定义，如基于 XML 通用数据格式，支持各类不同格式和系统之间数据的转换与传输，实现各常见数据库、电子单证、Web 数据、文本、图像等多种数据格式之间的转换。

2. 实现物流电子商务中交易双方的无缝对接功能

在交易双方进行询价报价、网上磋商、订单签订等活动中，传输和转换数据，并确保交换数据的可读性、可靠性和安全性。

3. 与其他区域公共物流信息平台的连接和数据交换的功能

可通过提供基于 XML 标准的公共数据接口，实现与其他城市和地区公共物流信息平台的系统互联与信息共享。

4. 信息安全功能

应使会员信息、业务数据、交易数据不被第三方获取和利用，可通过访问授权、应用加密、病毒防范、数据安全等技术手段保证应用的安全。

（三）公共物流信息技术服务功能

公共物流信息技术服务的基本功能可包括：

1. 运输工具和物品的空间定位技术服务

可利用全球定位系统、地理信息系统、射频识别 RFID 技术、条形码技术、无线通信技术和应用软件系统，实现对物流网络中相关资源的实时状态查询，包括仓库、运输配送装备、装卸搬运设备、集装器具、流通加工设备等各种资源的分布及状态查询以及货物位置、状态的查询等。

2. 物品编码应用及维护

物品编码应用及维护服务功能主要是指 GS1 编码、商品名称及编码协调制度（HS）等相关的编码的查询、更新等功能。

3. 物流决策支持功能

利用公共信息平台信息量大、综合信息比较集中的优势，通过对信息进行整理挖掘、建立物流业务的数学模型以及统计分析等手段，帮助管理人员鉴别、评估和比较物流战略与策略上的可选方案，为科学决策提供服务。

# 第二节 现代物流信息系统的规划设计

## 一、现代物流信息系统的建设

### (一) 物流系统的特点

物流信息系统是一个涉及不同功能的物流企业以及社会多个不同行业的复杂大系统。在分析物流信息系统建设的特点之前，我们先来分析一下物流系统的一些主要固有特点，表述如下：

1. 大跨度性

主要指时间与空间的跨度，现代物流经常会跨越不同地区，对于国际物流甚至要跨越几个不同的国家。同时，在实现物体的空间跨越时必须经过各种中间环节，因此在时间的跨度上往往也是很大的。

2. 多样性

为适应不同的用户对物流的不同层次需求，现代物流具有明显的多样化特点。既有传统商务下的物流活动，又有现代电子商务条件下的物流配送，各种物流活动具有不同的特征与模式。

3. 动态性

物流系统是一个满足社会需求，适应环境能力的系统，具体的物流流向、流量随不同时间、不同的外界条件变化而变化，因而呈现明显的动态性。

4. 系统参与者的多目标性

一次完整的物流活动涉及从生产者、物流服务供应商、分销商直至最后消费者，而各个参与者从不同的角度，提出不同的目标，而且这些目标具有"交替损益"现象。这使得物流系统必须通过协调各方的矛盾，寻求多目标函数下的优化组合。

5. 功能的扩张性

在供应链一体化过程中，物流管理是最重要的一环，使得物流不仅停留于满足传统的业务，物流的内涵与外延在供应链一体化中也进一步扩张。

### (二) 物流系统对信息的要求

物流是商务的重要环节，也是企业与客户交互的重要窗口，有效的物流管理可以提高客户服务水平。在物流系统中，有些事项必须优先考虑，例如，及时运输、缺货水平、订货状态、运输跟踪、订货方便性、激发客户需求、推迟客户需求等事务。要及时处理这些事情，企业的信息就必须及时、准确，并且建立良好的反馈机制。而一流的物流信息系统有助于实现物流的功能，提高物流的效率与质量，从而提高企业的客户服务水平。

物流信息是随企业的物流活动而同时发生的，是实现物流功能必不可少的条件。物流系统对信息的质量有很高的要求，主要表现在以下三个方面。

1. 信息充足

有效的物流系统需要充足的信息，提供的信息是否充足、是否能满足物流管理的需要至关重要。企业物流经理应了解信息系统，并懂得如何管理物流信息系统。而主管信息系统的管理者如果懂得商业管理、物流管理的需要，就能更好地开展工作，向业务各方提供更有价值的信息。因此，这两个方面的管理者应该扩大知识面，了解对方的工作情况，对对方的需要和能力水平做出迅速的反应。

2. 信息准确

信息必须准确，只有准确的信息才能为物流系统提供帮助。许多企业虽然收集的信息多，但可用信息非常少，并且模棱两可，往往导致物流决策不当。其原因主要是这些企业仍在使用过时的成本会计方法、管理控制系统、数据采集与处理系统等，在当今竞争异常激烈的市场上，这些方法已经不能胜任了。这些老方法严重扭曲了生产成本，提供的信息从数量上、质量上都不能满足物流经理的决策需要。例如，许多物流经理投入大量的资金和设备来提高仓库、运输、库存控制的效率，大大降低这些领域的人力成本。物流经理进行决策的时候，并不考虑沉没成本，只要边际贡献大于零，方案就是可行的。但按照成本会计，成本中却包含了沉没成本，这样，会计提供的信息就不能很好地满足物流经理决策需要。

3. 通信顺畅

管理需要及时准确的信息，就要求企业通信顺畅。通信的方式必须使人容易接收，否则就会产生误解，导致决策失误。人们常常有"选择性接受"的倾向，即事先进行预测，然后按照预测来理解接收的信息，忽略或拒绝接收与预测不一致的信息。信息的发出者应该清楚地知道接收者需要什么样的信息、最适合哪种信息通信方式及信息的用途，做到有的放矢，提高通信的效率与质量。

（三）物流信息系统建设的特点

通过对以上物流系统的特点分析，结合管理信息系统的知识，我们可以看出企业对物流信息系统的建设具有如下明显的特点。

## 移动物流

**1. 跨行业、跨地域甚至是跨国建设**

物流信息是在不同的系统参与者之间进行流动的，因而具有跨行业、跨地域建设的特点，特别是国际物流信息，如海关间的通关管理、跨国公司的全球信息网络建设等，国与国之间的协调具有重要的意义。

**2. 高新技术密集**

现代物流信息是为用户提供高质量服务、为管理者提供高水平管理的基础。为了实现各种功能，必须采用各学科的高新技术成果，如空间定位技术、智能标签技术等。现代物流信息系统可以说是各学科高新技术集中应用的领域之一。

**3. 系统创新**

物流信息系统的建设是高新技术集成应用的结果，具有很强的集成创新性。让各种先进的物流信息处理技术配合使用，做到无缝链接，是物流信息系统成功的基础。

**4. 多学科交叉**

物流系统是涉及多个部门多个学科的知识，物流信息的建设首先要用多学科知识进行功能与需求分析，确定总体体系结构，同时，在建设中必须用到通信技术、智能技术、信息技术等多学科知识。

**5. 多方参与建设**

政府、企业、科研单位及软件开发商参与物流信息系统整个开发、维护及使用过程中，任何一方的单独建设都不可能取得成功。

**6. 系统的可扩充性**

指对原有系统的兼容性及对未来发展的适应性。由于物流信息系统的建设不是在一个完全空白的基础上进行建设，存在着如何与已开发系统进行"无缝链接"的问题，既要充分利用已有的信息资源，同时为适应新的应用功能要求，要在原有的基础上进行改造，甚至是重新开发。另外，由于信息技术变化发展速度极快，在对现有技术进行分析评价、选择时，应当充分考虑到技术进步影响的因素。

**7. 系统的开放性**

由于物流信息系统自身不是一个封闭的系统，必须与企业其他的信息系统进行信息的交流，在系统建设中应充分考虑与外界信息系统信息交换的需求分析，既满足基本功能的需求，又具有与外界系统进行信息交换与处理的能力。

## 二、现代物流信息系统的组成框架设计

物流信息系统的框架涉及多个功能模块，如图6-8所示。而且根据物流业务处理与网络通信的特点，也有一些需要注意的方面。

对一些企业的案例进行分析总结，物流信息系统组成框架主要涵盖以下几个方面的内容：

（1）与用户服务相关的各种功能子系统。
（2）子系统间的信息流与数据接口。
（3）子系统间为实现数据交换的通信需求。
（4）各功能子系统具有开放性、模块化及适应性等特点。
（5）满足各子系统间的数据交换，数据交换的方法必须确保数据的完整性及安全性。
（6）数据交换需通过通用的数据定义、信息格式及通信协议。
（7）具有与现有系统及较新通信技术兼容的特点。
（8）尽可能兼容已有的技术、已开发的系统以及信息资源。

在物流信息技术应用上，让企业在竞争的市场中具有广泛的选择，达到节约高效。

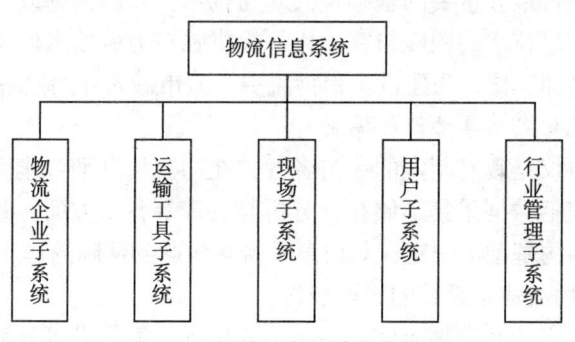

图6-8 物流信息系统总体框架

## 三、现代物流信息系统的建设策略与步骤

### （一）现代物流信息系统的建设策略

通过以上对信息系统开发策略的分析，并根据物流信息化建设与信息网络技术的特点，可以总结出如下的物流信息系统建设策略。

1. 总体规划，分步开发，递进完善

物流信息系统的建设是一个复杂大系统的实施过程，通过信息系统的总体

规划，结合已有系统的改造，采用分步开发，递进完善的策略。通过项目的排序处理，可以优先开发一些对物流发展极其重要的共用的信息基础设施及系统，为企业的参与提供一个基础，然后逐步推进。

2. 以企业需求为导向，通过示范工程（企业）实现信息化宣传功效

企业是物流信息系统中的主要参与者，只有物流企业的积极参与与推广应用，共用信息平台及物流信息的总体建设才有意义。企业的需求是进行物流信息建设最为重要的导向，物流信息系统在建设的初始阶段要通过示范性工程项目起到宣传的作用，积极引导各个企业的积极参与。

3. 优先构筑共用信息平台，推动政府相关系统及企业信息系统的接入策略

优先构筑共用信息平台，通过向企业及政府相关部门提供共用信息，引导政府及相关企业信息系统的接入。

4. 通过技术认证体系，加速物流信息技术提高与发展的进程

在物流信息系统建设的过程中，为了确保信息的安全与通畅，确保物流信息系统框架中各个子系统与总体规划的统一性，对参与接入的物流信息系统必须采用适当的技术认证体系，通过技术认证体系的认证作用，来推动物流信息整体技术的进步。

5. 加强政府在物流信息技术的研究及人才培训工作

物流信息平台最为重要的基础是人才与技术，政府在物流信息建设策略中应加强对物流信息技术的跟踪研究工作，提供强有力的技术保障，加强对物流信息化人才的培训工作，为建设全程物流中心城市做人才的储备与开发工作。

6. 加快物流信息共享协议的编制

共享信息协议是政府制定的参与者各方在物流信息平台建设过程中的责任与权益，其中包括数据采集、储存、分析与共享等各个方面。共享协议是在总体规划的体系结构基础上制定，对信息平台建设起到保障的作用。

（二）现代物流信息系统的建设步骤

采用结构化方法开发物流信息系统，其过程一般来讲可分为四个阶段，即系统分析、系统设计、系统实施、系统评价与系统维护，每个阶段又细分为若干个步骤。

1. 系统分析

系统分析是开发新系统的第一阶段，是新系统开发的基础。所谓系统分析，就是对现行系统运用系统的观点和方法，进行全面的、科学的分析和研究，在一定的限制条件下，优选出可能采取的方案，以达到系统预期的目标。显然，系统分析阶段的基本任务，是彻底搞清用户的要求，详细了解现行系统的状况和存在的问题，在此基础上再进行系统功能、用户需求和限制条件的分

析，综合考虑各种因素，确定一个切实可行的新系统方案。系统分析阶段结束的标志是提交一个经审批通过的《系统分析报告》。

系统分析是系统设计的前提，如果把系统分析和系统设计看成是要完成某项任务，那么系统分析是要解决"做什么"的问题。

系统分析可分为以下几个步骤来进行：

（1）初步调查。初步调查也称可行性调查，初步调查的目的是为可行性分析提供依据。初步调查就是根据用户提出的要求，对用户单位的组织情况、现行系统的情况及其存在的主要问题，进行一次初步的、全面的调查了解，掌握用户单位的组织机构、系统目标、系统边界、系统与环境的关系、可利用的资源、用户对系统开发工作所能提供的支持、用户单位的领导对开发新的管理信息系统的态度，以及用户单位的技术条件和人员素质等与系统开发有关的基本情况。

（2）可行性分析。可行性分析就是在初步调查的基础上，对当前开发新的管理信息系统的条件是否具备、新系统目标实现的可能性和必要性，进行分析和研究。

（3）详细调查。经过初步调查和可行性分析后，如果结论是可行的，并且领导审核、批准了可行性分析报告，就可以开始系统的正式开发工作了。一般来说，一个新的物流信息系统的开发总是建立在现行物流系统的基础上的。因此，为了开发新系统，应对现行系统进行详细调查。详细调查不同于初步调查，初步调查时调查的面广但不深入，是对用户单位及现行系统的概况进行一般性的调查，其目的是为开发新系统的可能性和必要性进行可行性分析提供依据。详细调查是要全面、深入、细致地调查和掌握现行系统的运行情况，为系统功能分析提供素材。调查的重点应该围绕人力、物力、财力和设备等资源的管理过程中，所涉及的各种信息以及信息的流动情况等来进行。

（4）功能分析。现有物流系统有一个系统的总目标，要达到这个总目标，系统应该具有各种功能。对每一个功能来说，它是通过许多处理活动来实现的。要对现行系统进行全面的了解，就必须分析系统的功能。

功能分析就是在详细调查并取得大量资料的基础上，抽象出物流信息系统所应该具有的功能。具体实施中采用结构化的分析方法，即采用自上向下逐层分解的分析方法，使用的工具主要是功能结构图。首先分析体现功能的各组织机构的层次关系，分析各功能、子功能及其活动的层次关系，再进一步深入分析各功能之间的信息联系，然后对各个单个功能、单个活动进行详细分析。

（5）构造新系统方案。新系统的方案，即逻辑模型是在现行系统的基础上提出来的。通过对系统的调查和分析，对现行系统的工作情况、信息特征、处理方法以及存在的问题等已有了深入的了解。这时就可以着手构造新系统方案了，即构造新系统逻辑模型。新系统方案既要解决现行系统存在的问题，又要根据新的要求扩展新的功能。

构造新系统方案，就是系统分析员运用丰富的管理知识和计算机知识，以及系统分析与设计的理论、方法和技术，绘制一组描述新系统总体方案的图表，然后经过与用户反复讨论、研究、比较、分析，经多次修改后，得到一个用户比较满意的总体设计图，即新系统的逻辑模型。

新系统逻辑模型由一组图表工具组成，如数据流程图，它们在逻辑上表示要达到新系统目标所具备的各种功能，同时还表示输入、输出、数据存储、信息流程、系统界限和环境等新系统的概貌。用户可以通过逻辑模型了解未来的新系统，并可提出改进意见和要求。

（6）编写系统分析报告。系统分析报告，也称系统说明书，是系统分析阶段工作的总结，也是进行物流信息系统设计的依据。

### 2. 系统设计

系统设计又称新系统的物理设计，就是根据系统分析报告确定的新系统的逻辑模型建立新系统的物理模型。也就是根据系统分析确定的新系统的逻辑功能的要求，考虑实际条件，进行各种具体设计，确定系统的实施方案，具体解决新系统应该"怎么做"的问题。

系统设计的指导思想是结构化的设计思想，就是用一组标准的准则和图表工具，如模块结构图、IPO图等确定系统有哪些模块，用什么方式联系在一起，从而构成最优的系统结构。在这个基础上再进行各种输入、输出、处理和数据存储等的详细设计。

系统设计可分两步进行，即总体设计和详细设计。

（1）总体设计。系统的总体设计又称概要设计，即根据系统分析报告确定的系统目标、功能和逻辑模型，为系统设计一个基本结构，从总体上解决如何在计算机系统上实现新系统的问题。总体设计不涉及物理设计细节，而是把着眼点放在系统结构和业务流程上。

（2）详细设计。详细设计就是在系统总体设计的基础上，对系统的各个组成部分进行详细的、具体的物理设计，使系统总体设计阶段设计的蓝图逐步具体化，以便付诸实现。

### 3. 系统实施

系统实施就是把系统设计阶段设计的成果系统设计说明书即物流信息系统的物理模型，转化成投入运行的实际系统。系统实施包括：

（1）拟订系统实验方案。系统实施阶段的工作量很大，任务复杂，而且涉及面广，涉及软件、硬件的配置。因此，要全面进行规划，确定实施的方法、步骤和所需的时间、费用。

（2）设备安装调试。根据系统设计阶段提出的设备配置方案，购置物流作业工具如 GPS 终端、POS 机设备等，安装好物理层面的计算机网络系统，进行计算机房设计施工、计算机系统及各种设备的安装、调试等。

（3）程序编码。根据程序设计说明书，进行相关物流各功能模块程序流程的设计和程序的编制。

（4）程序调试和系统测试。在进行程序调试和系统测试前，应从多方面予以考虑，准备好调试和测试所需的数据。程序调试分程序单调、模块分调、子系统调试和系统联调。经过调试成功的系统，在正式运行前，还要进行软硬件各种设备的联合系统测试。所谓系统测试，就是试运行，用以检验系统运行的正确性、可靠性和效率。

（5）系统转换。系统转换就是用新系统代替旧系统。系统转换通常有直接转换、平行转换和逐步转换三种方式。①直接转换就是用新系统直接取代旧系统，中间没有过渡阶段。②平行转换就是新、旧系统同时并行工作一段时间，先以旧系统为作业系统，新系统的处理用以进行校核；过一定阶段时间后，再以新系统作为作业系统，而以旧系统的处理作校核；最后用新系统取代旧系统。③逐步转换就是分阶段、一部分地以新系统取代旧系统。

三种转换方式各有利弊，在实际的转换工作中往往是配合使用，或根据业务性质的特点加以选择，以便于系统的顺利转换。

（6）用户培训。用户培训，包括事务管理人员的培训、系统操作员的培训和系统维护人员的培训。

系统实施阶段的主要成果就是物流信息系统的具体物理实现，以及相关系统使用说明书的编制。

4. 系统评价与系统维护

（1）系统评价。一个新的管理信息系统建立以后，需要对其运用情况进行检查、测试、估计、分析和评审，包括系统目标实现的程度、各种实际指标与计划指标的比较，这就是系统评价。

系统评价应包括以下几个方面：①系统性能评价。评价新系统是否达到系统分析阶段所提出的系统目标和各种功能。例如，评价新系统的平均故障时间，联机响应时间，吞吐量和处理速度，系统资源的利用率；评价系统操作、使用、维护的方便性与灵活性，系统的安全性、保密性，数据的准确性，系统的可扩充性；评价用户以及管理人员对新系统的满意程度；等等。②经济效果评价。具体体现在开发费用和运行费用的评价，投资回收期的估计，系统经济效益（直接的经济效益和间接的经济效益）的评价。

（2）系统维护。系统维护就是在开发的新系统运行和交付使用后，保证持系统能正常工作并达到预期的目标而采取的一切活动，包括系统功能的改进，以及解决系统运行期间发生的一切问题和错误。

物流信息系统是一个生命周期比较长并不断升级的复杂大系统，系统内、外环境的变化，各种人为的、设备的因素，都会影响其使用。例如，来自上级的命令、要求，管理方式、方法及策略的改变，用户提出新的要求，先进技术与工具的出现，硬件设备的故障等，都要求系统不断地修正和完善，使其能够适应这种变化。因此，系统的维护工作是需要始终进行的，直至被更新的系统取代为止。

系统维护的内容如下：①程序的维护：修改程序，以适应新的要求。②数据维护：对数据文件、数据库的修改、删除、更新等。③代码维护：包括制定新的和修改者的代码体系。④硬件设备维护：硬件设备的日常管理、维护和检修。

系统维护工作是物流信息系统使用寿命、尽量保持最佳状态的重要因素。据统计，世界上有90%的技术人员是在维护现存信息系统。因此，物流信息系统像一般管理信息系统一样，是在不断维护活动中得以生存的。

## 第三节 移动物流信息化

### 一、移动物流信息化趋势

#### （一）信息化

现代社会已步入了信息时代，物流信息化是社会信息化的必然要求和重要组成部分。物流信息化表现在：物流信息的商品化，物流信息收集的代码化和商业智能化，物流信息处理的电子化和计算机化，物流信息传递的标准化和实时化，物流信息存储的数字化和物流业务数据的共享化等。它是现代物流发展的基础，没有信息化，任何先进的技术装备都无法顺畅地使用，信息技术的应用将会彻底改变世界物流的面貌，更多新的信息技术在未来物流作业中将得到普遍采用。

信息化促进了物流功能的改变，使得那些在工业社会里的产品生产中心、商业贸易中心发挥的主导功能发生了转变，传统的物流业以物为对象，聚散的是物；信息社会是以信息为对象，物流不仅传输产品，同时也传输信息，例如物流中心的聚散功能除针对实物之外，还要完成对各种信息的采集和传输，各种信息被聚集在那里，经过加工、处理、使用，再传播出去供社会使用。总之，信息社会使物流的功能更强大，并形成一个社会经济的综合服务中心。

### （二）网络化

网络化是指物流系统的组织网络和信息网络体系。从组织上来讲，它是供应链成员间的物理联系和业务体系，国际电信联盟（ITU）将射频识别技术（RFID）、传感器技术、纳米技术、智能嵌入技术等列为物联网的关键技术，这种过程需要有高效的物流网络支持。而信息网络是供应链上企业之间的业务运作通过互联网实现信息的传递和共享，并运用电子方式完成操作。例如，配送中心向供应商发放订单就可以利用网上的电子订货系统通过互联网来实现，对下游分销商的送货通知也可通过网上的分销系统甚至是移动手持设备来实现等。

### （三）自动化

物流自动化的基础是信息化，核心是机电一体化，其外在表现是无人化，效果是省力化。此外，它还能扩大物流能力、提高劳动生产率、减少物流作业的差错等。物流自动化的技术很多，如射频自动识别、自动化立体仓库、自动存取、自动分拣、自动导向和自动定位、货物自动跟踪等技术。这些技术在经济发达国家已普遍用于物流作业中，在我国，虽然某些技术已被采用，但达到普遍应用还需要相当长的时间。

### （四）移动化

移动化是指物流业务的信息与业务的处理移动化。它是现代移动信息技术发展的必然选择。由于物流作业更多地体现在载体与载物的移动，除了暂时静态的存储环节外全都处于移动状态，因此移动化对物流业具有更加重要和深远的意义。应用现代移动信息技术（通信、计算机、互联网、GPS、GIS、RFID、传感、智能等技术）能够在物流作业中实现移动数据采集、移动信息传输、移动办公、移动跟踪、移动查询、移动业务处理、移动沟通、移动导航控制、移动检测、移动支付、移动服务等，并将这些业务与物体形成闭环的网络系统，在真正意义上实现物联网。它不仅使物流作业降低成本、加速响应、提高效率、增加盈利，而且使其更加环保、节能和安全。

### （五）标准化

标准化是现代物流技术的一个显著特征和发展趋势，也是实现现代物流的根本保证。货物的运输配送、存储保管、装卸搬运、分类包装、流通加工等作业与信息技术的应用，都要求有科学的标准。例如，物流设施、设备及商品包装、信息传输等的标准化等。只有实现了物流系统各个环节的标准化，才能真正实现物流技术的信息化、自动化、网络化、智能化等。特别是在经济贸易全球化的21世纪中，如果没有标准化，就无法实现高效的全球化物流运作，这将阻碍经济全球化的发展进程。

### （六）全球化

为了实现资源和商品在国际间的高效流动与交换，促进区域经济的发展和全球资源优化配置的要求，物流运作必须要向全球化的方向发展。在全球化趋势下，物流目标是为国际贸易和跨国经营提供服务，选择最佳的方式与路径，以最低的费用和最小的风险，保质、保量、准时地将货物从某国的供方运到另一国的需方，使各国物流系统相互"接轨"，它代表物流发展的更高阶段。

我国企业正面临着国内、国际市场更加激烈的竞争，面对资源在全球范围内的流动和配置大大加强，越来越多的外国公司加速进入中国市场，同时一大批中国企业也将真正融入全球产业链中，这将加剧中国企业在本土和国际范围内与外商的竞争，这都将对我国的物流业提出更高的要求。在新的环境下，我国的企业必须把握好现代物流的发展趋势，运用先进的管理技术和信息技术，提高物流作业的管理能力和创新能力，提升自己的竞争力。

## 二、企业物流的信息化建设

### （一）我国物流信息化建设的问题和困难

#### 1. 业务尚未定型，信息化标准缺乏

大多数物流企业都是在自己传统优势业务的基础上开展信息化建设，缺乏规范的物流流程和信息化标准。物流信息系统的标准较为混乱，不成体系，难以互联互通、实现信息共享。这也就导致了中国物流企业信息技术投入的资源浪费情况严重，由此产生信息交换断层，从而制约了整个物流产业竞争力的提升。有鉴于此，众多物流企业均呼吁国家出台规范的物流流程和信息化标准，以降低企业开发软件的投入成本。

#### 2. 物流企业的信息化意识薄弱

随着信息化在企业管理中的作用日益提高，需要有独立的IT部门来负责有关工作，尤其是高层领导直接主抓。然而大多数物流企业的信息化建设没有经过规划与设计，没有独立的IT部门。这一方面说明与企业信息化人才的缺乏有关，另一方面也说明，在现阶段信息化在物流企业管理中作用有限。

3. 物流企业的信息化能力不够

企业决策层在推进信息化进程时仍处于摸索阶段，缺乏成熟有效的方法论指导。企业领导对自身信息化需求说不清楚，缺乏明确的总体设计、规划思路和策略。另外，信息化人才缺乏，尤其是既懂业务、又懂技术的人才十分匮乏。这导致信息化的实施与推进困难。

4. 基础信息和公共服务平台发展缓慢

（二）我国企业物流信息化建设的优化途径

以上分析表明，我国物流信息化建设发展快，但总体水平较低，物流信息化落后不仅影响我国物流市场规模的扩大，而且影响物流企业的生存和发展。物流信息化已经成为制约我国物流产业发展的一大瓶颈。建议从以下方面进行优化。

1. 发挥政府在物流信息化基础建设中的主导作用

首先，政府应大力建设物流信息化基础环境，这包括制定全国性物流信息化发展规划、建立统一的政策法规体系、开展物流关键技术的研发和应用模式的探索，以及通信、网络等基础设施建设。其次，政府应促进物流公共信息平台建设。最后，促进物流信息的标准化和规范化建设。

2. 充分调动企业在物流信息化建设中的积极性

首先，企业应转变观念，充分认识到信息化对于物流建设的重要性。其次，应重点抓好几个大型企业的物流信息化建设，这既包括物流企业，也包括生产制造和商业批发企业。再次，企业进行物流信息化建设需要立足于高科技。最后，企业还应做好物流信息化人力资源规划。

3. 发挥行业协会在物流信息化中的作用

在美国物流信息化过程中，行业协会在物流标准的制定方面发挥了重要作用。美国物流行业协会在条码、信息交换接口等方面建立了一套比较实用的标准，使物流企业与客户、分包方、供应商更便于沟通和服务，为企业物流信息系统的建设创造了良好的环境。行业协会对我国物流信息化发展也发挥了重要作用。我国已经成立了物流和物流信息化的技术标准委员会，一些物流相关的行业协会在物流信息化方面做了大量基础性工作，如在宣传促进、交流沟通、基础统计、标准制定、人才培训等方面。除了通过制定物流业行业标准来规范物流企业行为外，物流行业协会还必须在公平、公正的基础上协调行业内各企业之间的利益、各企业与行业发展的整体利益之间的关系，使物流信息化在给各企业带来短期效益的同时，朝着有利于行业长远发展的方向前进。

## 三、物流公共信息平台建设

在经济全球化、区域经济一体化背景下，区域内部及区域之间的经济联系大为增强，这在很大程度上改变了物流活动的环境条件，区域物流成为区域经济活动中的重要组成部分。其主要功能是实现该区域产业组织内部和产业组织之间物流活动的整体性、一致性和协调性，以提高区域产业组织的效率和效益，进而增强区域经济的综合实力。随着区域物流业和信息技术的发展，越来越多的城市提出构建区域物流公共信息平台的规划和实施要求。区域物流公共信息平台可以支撑区域内物流企业发展对信息的综合要求，发挥信息技术和电子商务在物流企业中的作用，促进信息流与物流的结合，整合物流资源，强化政府对市场的宏观管理与调控能力，支撑物流市场的规范化管理，提供多样化的物流信息服务。

### 1. 区域物流公共信息平台的建设意义

由于互联网的发展以及物流信息技术运用的成熟，物流信息平台已成为物流行业发展的一大趋势。信息系统是构建现代物流的中枢神经，通过信息在物流系统中快速、准确和实时地流动，可以使企业能动地对市场做出积极的反应，并指导企业调整经营活动。但是作为一个传统的物流企业，自行建立一个物流信息系统所耗费的资源是巨大的、昂贵的，区域物流企业迫切需要一个物流公共信息平台的支持，通过这个平台整合行业已有资源，实现行业资源共享，发挥区域物流的整体优势，将会从根本上改善物流行业分散运作的现状。区域物流公共信息平台是通过对区域物流的共用信息（如交通流背景资料、物流枢纽货物跟踪信息、政府部门间共用信息）进行收集、分析及处理，对区域物流企业信息系统完成各类功能（如车辆调度、货物跟踪及运输计划制订等）提供支撑功能；为政府相关部门的信息沟通提供信息枢纽作用；为政府提供宏观决策支持系统。区域物流公共信息平台的本质在于为物流企业提供单个物流企业无法完成的基础资料收集，并对其进行加工处理；为区域各级政府部门共用信息的流动提供支撑环境。

### 2. 区域物流公共信息平台的需求分析

物流系统中不同层次的参与者，对信息需求具有明显的不同。在进行区域物流公共信息平台建设时，要充分分析各参与主体的需求状况，以此来最终确定信息平台所应具有的功能。如政府部门应关注物流发展的宏观信息及总量信息，以制定合理的行业发展规划与政策；物流企业则需要物流需求信息和货物跟踪信息；一般工商企业更关注物流供给信息；等等。

3. 区域物流公共信息平台结构分析

区域物流公共信息平台的结构自下而上划分为基础层、服务层、管理层三个层次。

## 第四节　物流信息系统教学模拟实验

### 一、物流信息系统的模拟实验环境

第三方物流管理模拟系统是根据现代物流，特别是第三方物流的业务模型和管理理念设计开发的。同时结合了物流教学的特征，在第三方物流企业及应用的基础上增加了教学管理和教学实验环境等功能，起到教师教学的辅助作用；同时，学生可以以实验的方式切身体会企业第三方物流的管理思想和业务流程。下面具体阐述第三方物流教学实验模拟系统总体设计思路。

1. 开发内容

北京网络畅想科技发展有限公司为高等院校开发了一套第三方物流教学实验模拟系统，高校可以将该系统安装在自己的网络平台上，便捷直观地用于教学和学生实验。该系统自 2009 年起，作为高等教育自学考试《物流管理软件操作》的指定考试系统。

2. 系统实现的目标

（1）满足课堂网络化教学需要，能够根据物流管理专业教学计划，实行授课和网上实验相结合。

（2）满足学生实验的需要，通过上网实验了解第三方物流所涉及全过程的各个环节，掌握第三方物流基本的理论知识和操作技能，系统地掌握第三方物流管理与运作的知识和技能。

（3）满足学生进行模拟化的第三方物流运行的组织与管理。

（4）能够对学生实习进行联机考评测验。

3. 局域网运行环境要求

（1）需建立第三方物流教学实验局域网，包括教学实验和专用服务器平台终端用户群。局域网与校园网互联互通，可通过校园网而连接互联网。

（2）局域网的软件环境为 Win 2000、SQLsever 2000。

（3）硬件：服务器端对硬件的最低要求为 PⅢ700 以上机型，128M 内存，10G 硬盘。客户端为 IE 5.0 以上浏览器。

4. 学生实验操作与信息维护

(1) 系统支持学生可自行制作网页,并上传上网。
(2) 系统支持学生以买卖双方进行行为的模拟性操作。
(3) 系统支持学生参与信息维护和网站维护。
(4) 整个系统留有后台数据库维护,信息维护,交互功能管理的操作系统。教师教学、学生实验,模拟运作时能够上网操作,但同时要采用密码管理方式以保证系统的安全性。

本系统与相应的《第三方物流教学实验指导书》配套使用。

## 二、模拟实验系统概述

### 1. 系统简介

第三方物流管理系统平台是以 Intranet/Extranet/Internet 为运行平台的,以客户为中心的,以提高物流效率为目的,集物流作业、物流服务、物流管理以及电子商务于一体的大型综合物流管理系统平台。该平台可根据客户的具体物流业务量身定做,可满足小型、中型、大型跨地域的货代公司、储运公司、专业运输公司、仓储企业、物流中心、配送中心、新型第三方物流公司的信息化需求。

### 2. 系统平台的主要特征

设计/开发的开放性和标准化。为保证各供应商产品的协同运作,同时考虑到投资者的长远利益,本系统平台具有很好的开放性,并结合了相关的国际标准与工业标准;第三方物流管理系统平台的开发应该是根据国家质量检验检疫总局、中国物品编码中心和国际物流相关标准组织颁发的已有的物流技术标准进行开发设计,通过集成条形码、GPS/GSM、GIS 等物流技术,实现物流作业、管理、决策的信息化。

满足 B2B 电子商务中对物流管理的需求,采用 B/S 系统构架,为客户提供基于互联网方式的网上下单、货物状态查询等全面的物流服务。考虑到客户的切实需求,物流管理系统为客户提供在线方式监控订单的执行过程、货品的运送情况以及订单情况,最大程度地满足客户的需求。另外,第三方物流管理系统平台采用互联网和互联网网络技术代替传真、电话、长途通信等传统的交流方式,不仅提高了速度而且降低了费用的支出。

### 3. 系统平台的建立

决策与管理的智能化表现在通过第三方物流管理系统平台,用户企业的管理者可实时了解各部门的运行情况,调集相应数据的统计和分析报表,为决策分析提供参考依据,为业务规模的拓展奠定基础。系统平台中采用多种数学模型的计算方法,不仅可以对仓储与配送进行智能化管理,还可以结合 GIS、

GPS 的数据，对运输路线、最佳运力组配等进行智能调度。

第三方物流管理系统平台集成了无线网络接收设备、条形码读取设备、磁卡、IC 卡等数据采集器，以便准确、及时地获取现场数据，适应物流数据大量产生和高速传输的要求，大幅度提高物流效率。既可以满足在线式数据采集设备的需要，还可以满足便携式数据采集器、无线数据采集设备的需要，适用范围广阔。

第三方物流管理系统平台包含系统集成技术、窗口技术、打包技术、组件技术，包含 CRM（客户关系管理）、GIS（地理信息系统）、GPS（全球定位系统）、BI（商业智能）等先进功能；第三方物流管理系统平台采用 J2EE 标准，使用 EJB 开发工具，管理系统与货主、配送、运输、仓储等应用系统，既可相互独立使用，又可联合使用。

第三方物流管理系统平台采用模块化设计方式，每一个模块完成单一功能，根据企业业务模式和客户需求的分析汇总，由多个单一模块灵活组建成不同功能的子系统，满足不同用户需求。系统可以整体升级，子系统也可以单独升级。

### 4. 第三方物流的解决方案

系统平台的建设目的是提供一个切实可行的第三方物流解决方案，我们将这个第三方物流解决方案中的核心企业称为物流中心。物流中心的业务特点是仓储和运输，为传统生产企业提供储运服务。也就是说，生产企业只负责生产，产品的运输、仓储、配送由物流中心负责。这样使生产企业不用涉足物流领域，专心搞好生产，可以降低运营成本；而物流中心充分利用自己在物流领域的优势，包括管理、资源、设备等，专业从事物流生产，提高商品生产的社会化程度，降低社会商品总成本，而且可以提高社会的生产效率。

第三方物流解决方案如图 6-9 所示。

通过建立第三方物流管理系统平台，解决了技术实现问题。在具体实现过程中，首先要解决物流标准化问题。以往，物流企业各自为战，推出的多是企业级系统。作为物流网络系统中的三个基本单位：物流客户、物流中心、物流企业，都没有考虑"大系统"的信息编码标准要求。物流客户以自己为核心，让物流中心按照自己的标准行事；物流中心制定自己的标准，要求客户和物流企业遵循；物流企业自己制定标准，或者同时执行几套客户和物流中心的标准。国内物流领域由于没有公共数据的接口行业或国家编码标准，造成了电子化的物流网络相互不能兼容、数据不能交换、信息不能共享的局面。

电子商务环境下实现网络化物流的目标就是把电子化的物流网络和实体化的物流网络融为一体，形成真正的物流网络。

图 6-9　第三方物流解决方案

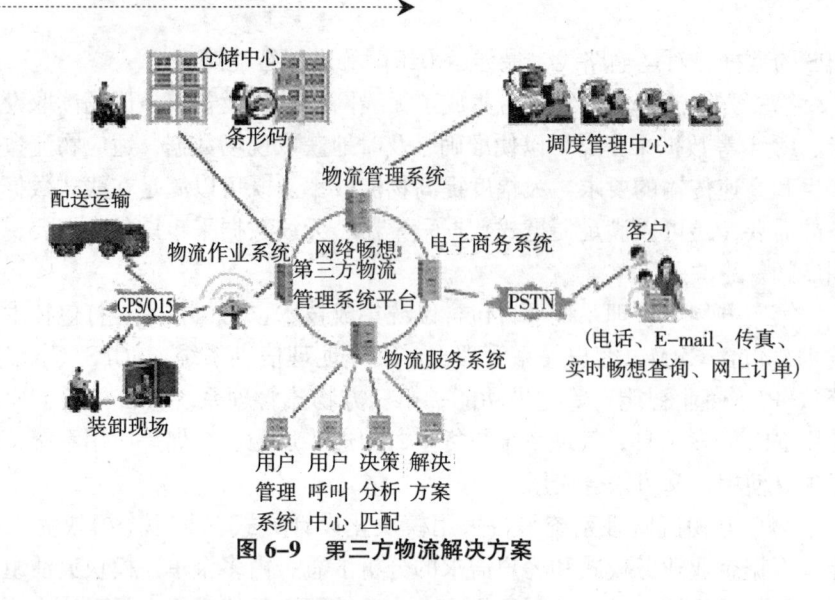

## 三、第三方物流管理模拟实验指导

这套第三方物流管理模拟系统，是根据国内物流专家提出的第三方物流配送中心管理原型（见图 6-10），经过模块化设计开发而成。

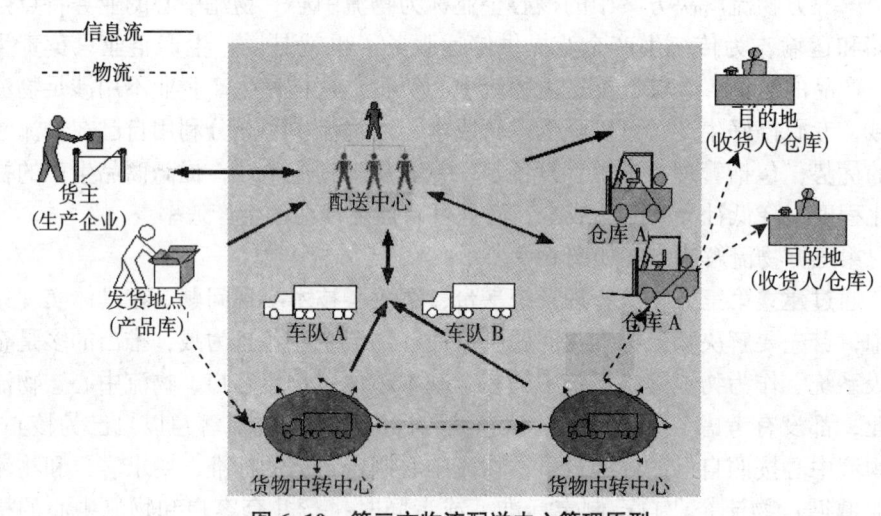

图 6-10　第三方物流配送中心管理原型

在 3PLSoftv2.0 第三方物流管理模拟系统中，即采用了上述的模块化设计。

### 1. 第三方物流管理模拟系统流程

第三方物流管理系统的实际业务流程体现为以下 28 个关键步骤，见表 6-2。

表 6-2　第三方物流管理系统的实际业务流程

| 1. 厂家填写发货单 | 新发货单 |
| --- | --- |
| 2. 厂家发送发货单到商场 | 已发送（商场） |
| 3. 商场确认发货单 | 已确认（商场） |
| 4. 商场发送发货单给厂家 | 已发送（厂家） |
| 5. 厂家将通过的发货单给物流中心 | 已发送（调度） |
| 6. 物流中心审核发货单 | 已确认（调度） |
| 7. 物流中心将通过的发货单给商场 | 已发送（商场） |
| 8. 商场确认并发送发货单给物流中心 | 已确认（商场） |
| 9. 物流中心进行运输处理 | 运输处理 |
| 10. 运输单位进行派车处理 | 待审核 |
| 11. 物流中心确认车队的运输单 | 待出库 |
| 12. 物流中心发送单据给发货仓库 | 待入库 |
| 13. 物流中心发送单据给收货仓库 | 待出库 |
| 14. 发货仓库填写出库单 | 办理出库 |
| 15. 发货仓库进行发货确认 | 已出库 |
| 16. 收货仓库进行到货确认 | 已到货 |
| 17. 收货仓库填写入库单 | 办理入库 |
| 18. 车队进行到货确认 | 运输完成 |
| 19. 商场进行到货确认 | 已到货 |
| 20. 厂家进行到货确认 | 已到货 |
| 21. 物流中心填写结算单（厂家） | 新结算单 |
| 22. 物流中心发送结算单给厂家 | 已发送 |
| 23. 厂家进行结算单支付确认 | 已支付 |
| 24. 物流中心进行结算单完成确认 | 已完成 |
| 25. 物流中心填写结算单（车队） | 新结算单 |
| 26. 物流中心发送结算单（车队） | 已发送 |
| 27. 车队进行结算单收入确认 | 已收款 |
| 28. 物流中心进行结算单完成确认 | 已完成 |

在本系统中学生可以担任一个或者六个角色，即生产厂家、商场、物流中心、运输车队、发货仓库以及收货仓库。

**2. 注册、登录、账号查询**

第三方物流管理模拟系统见图 6-11。

登录需要输入学生账号与密码，并且选择类型，即是学生或者老师，见图 6-12。

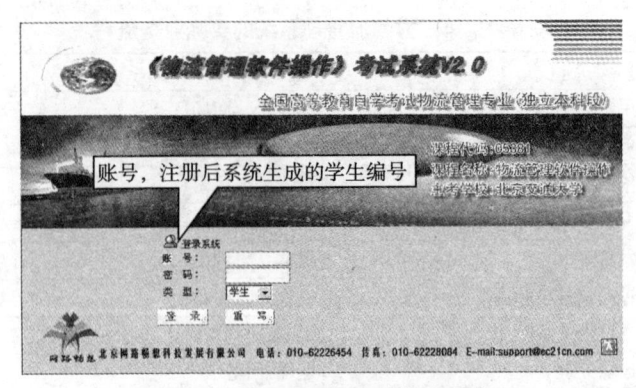

图 6-11　第三方物流管理模拟系统 a

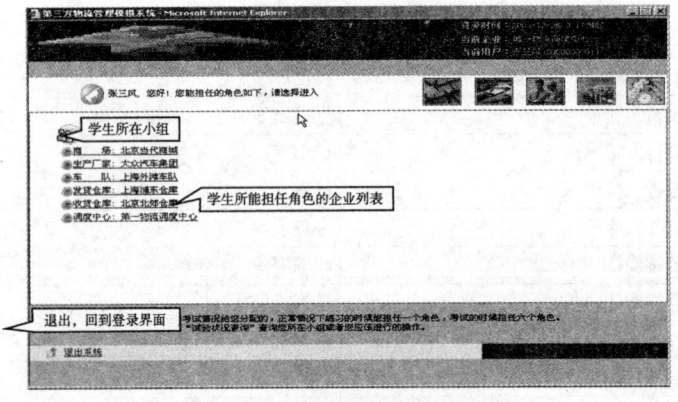

图 6-12　第三方物流管理模拟系统 b

成功登录后，进入一个角色列表界面，就是该学生在某一个试验或者考试中所担任的角色列表，单击列表中的企业名称便能进入该企业的管理页面，如图 6-12 所示。在练习中一般一个学生担任一个角色，而在考试时一个学生担任 6 个角色，即生产厂家、商场、物流中心、运输车队、发货仓库以及收货仓库。

3. 生产厂家作业系统

生产厂家登录后的页面，最上面一栏是提示栏，包括登录时间、登录企业以及目前学生的真实姓名和账号。接下来的是菜单导航栏，包括系统、单据管理、费用结算等。再下面的是该角色的一些介绍页面，包括一些快捷方式和操作步骤。

4. 商场作业系统

单击菜单栏中的"系统"，出现如表 6-3 所示菜单：包括小组进行状态查询、注销以及退出系统三个操作。

小组进行状态查询在练习的时候是整个小组共同的业务操作步骤进行状态，在考试的时候就是个人的操作步骤进行状态。

**表6-3　试验小组进行状态查询**

| 当前位置：试验小组进行状况查询 | | | | |
|---|---|---|---|---|
| 第1组 | | | | |
| 商场：北京当代商城 | | 张三风（S000000001） | | |
| 厂　家：大众汽车集团 | | 张三风（S000000001） | | |
| 运输单位：上海外滩车队 | | 张三风（S000000001） | | |
| 发货仓库：上海浦东仓库 | | 张三风（S000000001） | | |
| 收货仓库：北京北郊仓库 | | 张三风（S000000001） | | |
| 物流中心：第一物流调度中心 | | 张三风（S000000001） | | |
| 操作步骤 | 单据编号 | 操作者 | 发生时间 | 备注 |
| 1. 厂家填写发货单 | | | | |
| 2. 厂家发送发货单到商场 | | | | |
| 3. 商场确认发货单 | | | | |
| 4. 商场发送发货单给厂家 | | | | |
| 5. 厂家发送发货单给物流中心 | | | | |
| 6. 物流中心审核发货单 | | | | |
| 7. 物流中心发送发货单给商场 | | | | |
| 8. 商场确认并发送发货单给物流中心 | | | | |
| 9. 物流中心进行运输处理 | | | | |
| 10. 运输单位进行派车处理 | | | | |
| 11. 物流中心审核运输单 | | | | |
| 12. 物流中心发送单据到发货仓库 | | | | |
| 13. 物流中心发送单据到收货仓库 | | | | |
| 14. 发货仓库填写出库单 | | | | |
| 15. 发货仓库进行发货确认 | | | | |
| 16. 收货仓库进行到货确认 | | | | |
| 17. 收货仓库填写入库单 | | | | |
| 18. 车队进行到货确认 | | | | |
| 19. 商场进行到货确认 | | | | |
| 20. 厂家进行到货确认 | | | | |
| 21. 物流中心填写厂家结算单 | | | | |
| 22. 物流中心发送结算单给厂家 | | | | |
| 23. 厂家进行结算单的支付确认 | | | | |
| 24. 厂家结算单的完成确认 | | | | |
| 25. 物流中心填写车队结算单 | | | | |
| 26. 物流中心发送结算单给车队 | | | | |

在练习的时候，可以通过不断地刷新，可以随时查看同组其他成员进行的状态以确定自己应该进行的操作。例如看到"运输单位进行派车处理"操作已经完成，而您的角色是发货仓库，则您应该进行"发货仓库填写出库单"操作。

5. 物流中心作业系统

单击菜单栏中的"系统"，所示菜单：包括小组进行状态查询、注销以及退出系统三个操作。

在练习的时候，可以通过不断地刷新，可以随时查看同组其他成员进行的状态以确定自己应该进行的操作。例如，看到"运输单位进行派车处理"操作已经完成，而您的角色是发货仓库，则您应该进行"发货仓库填写出库单"操作。

6. 车队作业系统

在练习的时候，可以通过不断地刷新，可以随时查看同组其他成员进行的状态以确定自己应该进行的操作。例如，看到"运输单位进行派车处理"操作已经完成，而您的角色是发货仓库，则您应该进行"发货仓库填写出库单"操作。

点击司机管理中的司机目录管理即进入如图6-13界面。左边是目录树，右边是目录列表。

图 6-13 司机管理

目录分为末级目录和非末级目录。非末级目录下面可以继续增加目录，而末级目录下面只能添加信息。目录的管理包括目录的增加、删除、修改以及察看。单击"增加"按钮就进入目录内容录入页面。

7. 仓库作业系统

在练习的时候，可以通过不断地刷新，可以随时查看同组其他成员进行的状态以确定自己应该进行的操作。

点击菜单中的"单据管理"，再点击"发货单管理"就进入发货单管理系统。发货单管理包括发货单发货确认、发货单到货确认、发货单查询（发货）、发货单查询（收货）。仓库是作为发货或者收货两个角色。仓库对一个发货单的操作包括四个步骤：根据发货单填写出库单、进行发货确认、进行到货确认、根据发货单填写入库单。这四个步骤前两个属于发货仓库，后两个属于收货仓库。

8. 实验安排与操作技巧

第三方物流管理系统模拟了实际流程中的 28 个关键步骤。

在实验安排上，如果一个学生独立完成所有角色的 28 个步骤，则需要分别以 6 种角色进行操作。每进行一步，实验者都必须从原角色中注销出来（单击菜单中的系统，再选择注销），在角色列表页面中选择另一个角色进入。要求实验者对整个流程非常清楚。

如果一个实验由 6 个学生共同完成，则每个学生仅完成自己角色的功能操作，这时实验者应该清楚自己所扮角色在流程中的位置和作用。要求实验者不仅清楚整个流程，还要具有协同商务的能力。

## 四、畅想供应链模拟实验指导

北京网路畅想科技发展有限公司根据多年在电子商务和现代物流管理领域的研究和实验室建设经验，在 2008 年提出建设"畅想供应链实验平台"的完整解决方案，并付诸实施。

目前，国内电子商务和物流管理专业的实验教学方式主要以情景教学、软件操作为主，引进企业实际应用、教学模拟系统、视频课件、沙盘教具，且结合自动识别技术相关设备辅助进行实验。

虽然通过相关教学软件及设备可以进行实验操作，但软件种类繁多，每年教学经费投入较多（其中有一部分为重复投入），造成极大的浪费，且系统间不能够相互结合应用。一方面，无法体现各企业及管理系统的紧密结合，不能够提供给学生真实的企业运营环境；另一方面，各系统间不能相互辅助，使学生在信息管理、实验课程安排、系统维护等教学过程中，给学校的专业建设及管理来了极大的不便。

该解决方案的推出将弥补这一不足，建设开放式管理体系架构的实验体系系统势在必行。

该解决方案可满足电子商务专业、工商管理专业、物流管理、国际贸易、金融等专业不同领域的需要，还可满足学校、培训机构等不同用户的需要。

畅想供应链实验平台（见图 6-14）是基于供应链管理模型，以先进的计算技术和实验教学方法，结合 EDI 数据接口技术，连接具有在线学习、在线考试、在线题库多功能的远程教育平台；其中的实验平台包括具有实验教学教务管理功能的电子商务模拟系统、综合物流管理模拟系统、国际贸易模拟系统等教学软件；在实践平台中，集成了企业实际应用的生产企业 ERP 系统、商业企业 POS 系统以及供应链管理系统，实现了在物流一体化管理系统下将运输、仓储、配送等企业级软件的应用；演示平台可以连接物流视频课件，展示了 RFID 配送中心、未来商店等演示系统。基于这个完整的供应链实验解决方案，学校还可根据教学需求灵活扩充不同模块的软件系统，实现了系统即插即用的工作方式。

图 6-14 供应链实验平台系统选择主页面

目前，随着我国计算机网络的全面应用和技术的不断发展，比较普遍的网络框架形式为 C/S、B/S 形式，从网络的软件延续和发展角度，CX-SCMS 平台采取基于两者相结合的网络体系结构。

此平台的主要模式是 B/S 结构，其中具体的自动识别设备应用如条码扫描和 RFID 射频技术则采用了 CS 结构。

"畅想供应链实验平台"通过学生、教师和系统管理员三个权限登录。学生可使用一个 ID 访问"畅想供应链实验平台"下所有的系统，并可下载、浏览教学辅导资料和操作演示系统。教师可以进行班级管理、学生账号管理、实验分配管理、实验进程查询、课程上传、网络课程管理、试题管理、与学生的交互功能管理等功能。管理员可以进行数据库维护、信息发布、教学资料维护、教师权限管理等。

# 移动物流

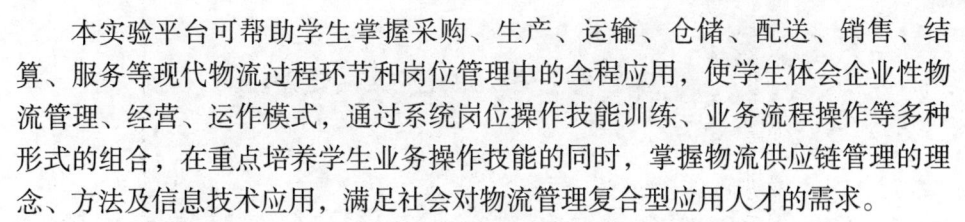

本实验平台可帮助学生掌握采购、生产、运输、仓储、配送、销售、结算、服务等现代物流过程环节和岗位管理中的全程应用，使学生体会企业性物流管理、经营、运作模式，通过系统岗位操作技能训练、业务流程操作等多种形式的组合，在重点培养学生业务操作技能的同时，掌握物流供应链管理的理念、方法及信息技术应用，满足社会对物流管理复合型应用人才的需求。

## （一）教学平台

教学平台是一款Web网站结构的远程教育运营平台。它可以支持学校教学模式的网络化，实现学生与教师以及学校间类似实际教学模式的运营，方便远程教育机构或相关学校等提供符合普通教学模式和流程的教学。该系统对电子教学课件进行了集中管理，方便对课程的及时更新和学生网上学习，另外系统中还集成了学生模拟考试和正规考试系统，可自定义考试模式和考试课程解决了教师组卷的烦琐工作，并且可以对最终学生成绩和模拟考试成绩做随时汇总。

## （二）实验平台

通过实验部分的教学模拟软件的应用，使学生掌握物流供应链过程中具有流程性质的核心活动，同时配合物流管理理论，学习物流作业原则、管理方法、实验操作规范等，也可与条码、RFID、GPS/GIS、无线移动等自动识别技术装备结合使用。

供学生实验用的模拟软件包括：畅想综合物流管理系统、畅想电子商务模拟系统、国际贸易等国内主流的模拟软件，并提供健全的实验流程和评判流程，使教师对学生的操作管理更加方便，也让学生能够在模拟的实验流程中更多地发现真实流程中出现的错误，并得以正确的解决，提高学生对书本知识的正确认识。

## （三）实践平台

体现商业流通企业管理系统、生产企业ERP管理系统与供应链管理系统无缝链接，在采购、生产、运输、仓储、配送、销售、结算、服务等现代物流过程环节和管理中多生产企业、多销售企业、多物流企业应用提供全程模拟，构成完整物流供应链信息系统。同时，配合物流管理理论，学习物流作业原则、管理方法、实验操作规范等，让学生真正体验物流各个环节的运作模式，达到最终的学习效果，见图6-15。

## （四）演示平台

该平台以多媒体展示及演示操作为教学手段，由企业实际运作实景的视频课件及RFID未来商店演示系统、畅想仓储演示系统、畅想汽车调度RFID演示系统和条码自动识别知识竞赛系统等构成，使学生通过感性认知加深对理论知识的理解，见图6-16。

图 6-15 实践平台主页面

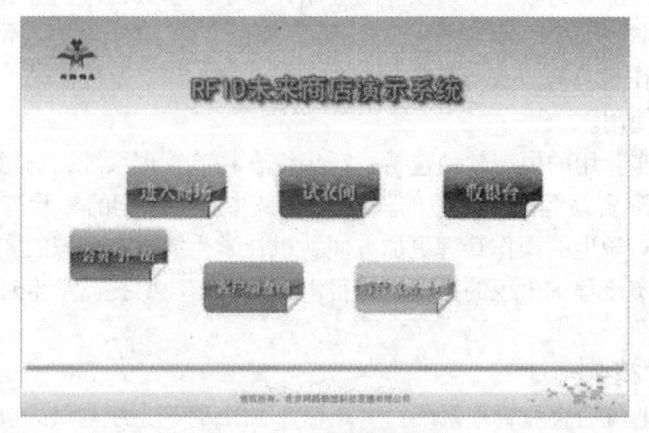

图 6-16 RFID 演示系统

### 本章案例

#### 联想物流信息化建设分析

在中国 IT 业，联想是当之无愧的龙头企业。自 1996 年以来，联想计算机一直位居国内市场销量第一。2000 年，联想计算机整体销量达到 260 万台，销售额 284 亿元。IT 行业特点及联想的快速发展，促使联想加强与完善信息系统建设，以信息流带动物流。高效的物流系统不仅为联想带来实际效益，更成为

## 移动物流

同类企业学习效仿的典范。

### 一、高效率的供应链管理

提起联想物流的整体架构，联想集团高级副总裁乔松借助联想供应链管理（SCM）系统框架图，向我们做了详细介绍。联想的客户，包括代理商、分销商、专卖店、大客户及散户，通过电子商务网站下订单，联想将订单交由综合计划系统处理。该系统首先把整机拆散成零件，计算出完成此订单所需的零件总数，然后再到 ERP 系统中去查找数据，看使用库存零件能否生产出客户需要的产品。如果能，综合计划系统就向制造系统下单生产，并把交货日期反馈给客户；如果找不到生产所需要的全部原材料，综合计划系统就会生成采购订单，通过采购协同网站向联想的供应商要货。采购协同网站根据供应商反馈回来的送货时间，算出交货时间（可能会比希望交货的时间有所延长），并将该时间通过综合计划系统反馈到电子商务网站。供应商按订单备好货后直接将货送到工厂，此前综合计划系统会向工厂发出通知，哪个供应商将在什么时间送来什么货。工厂接货后，按排单生产出产品，再交由运输供应商完成运输配送任务。运输供应商也有网站与联想的电子商务网站连通，给哪个客户发了什么货、装在哪辆车上、何时出发、何时送达等信息，客户都可以在电子商务网站上查到。客户接到货后，这笔订单业务才算完成。从上述介绍中可以了解到，在原材料采购生产制造产品配送的整个物流过程中，信息流贯穿始终，带动物流运作，物流系统构建在信息系统之上，物流的每个环节都在信息系统的掌控之下。信息流与物流紧密结合是联想物流系统的最大特点，也是物流系统高效运作的前提条件。

经过多年努力，联想企业信息化建设不断趋于完善，目前已用信息技术手段实现了全面企业管理。联想率先实现了办公自动化，之后成功实施了 ERP 系统，使整个公司所有不同地点的产、供、销的财务信息在同一个数据平台上统一和集成。2010 年 5 月，联想开始实施 SCM 系统，并与 ERP 系统进行集成。从企业信息化系统结构图中可以看出，基础网络设施将联想所有的办事处，包括海外的发货仓库、配送中心等，都连接在一起，物流系统就构建在这一网络之上。与物流相关的是 ERP 与 SCM 这两部分，而 ERP 与 SCM 系统又与后端的研发系统（PLM）和前端的客户关系管理系统（CRM）连通。例如，研发的每种产品都会生成物料需求清单，物料需求清单是 SCM 与 CRM 系统运行的前提之一：客户订单来了，ERP 系统根据物料需求清单进行拆分备货，SCM 系统同时将信息传递给 CRM 系统，告诉它哪个订户何时订了什么货、数量多少、按什么折扣交货、交货是早了还是晚了等。系统集成运作的核心是，用科学的手段把企业内部各方面资源和流程集中起来，让其发挥出最高效率。

这是联想信息化建设的成功之处。

## 二、信息流带动下的物流系统

借助联想的 ERP 系统与高效率的供应链管理系统，利用自动化仓储设备、柔性自动化生产线等设施，联想在采购、生产、成品配送等环节实现了物流与信息流实时互动与无缝对接。联想北京生产厂自动化立体库计算机零部件自动入库系统。供应商按联想综合计划系统提出的要货计划备好货后，送到联想生产厂自动化立体库，立体库自动收货、入库、上架。

联想集团北京生产厂生产线管理控制室，控制室的控制系统对联想计算机生产线的流程进行控制，并根据生产情况及时向供货商或生产厂的自动化立体库发布物料需求计划。

联想集团北京生产厂自动化立体库物料出货区、自动化立体库控制系统与联想计算机生产线系统集成并共享信息，当自动化立体库接收到生产计划要货指令后，即发布出货分拣作业指令，立体库按照要求进行分拣出货作业。

## 三、联想计算机生产流水线，计算机零部件

按照物料需求计划从立体库或储存区供应给生产线，生产线按照生产计划运转。生产线装配工人正在组装计算机，并根据组装的情况，监测、控制上方计算机显示屏的"拉动看板"，及时将组装信息及物料需求信息反馈到企业生产控制系统中。上述流程说明，联想集团通过高效率的信息管理系统与自动化的仓储设施，实现了在信息流带动下的高效率的物流作业。

## 四、快速反应与柔性生产

过去，企业先要做计划，再按计划生产，这是典型的推动型生产模式。现在，按订单生产的拉动型模式已被许多企业所采用。联想的所有代理商的订单都是通过网络传递到联想的。只有接到订单后，联想才会上线生产，2~3 天生产出产品，交给代理商。与其他企业不同的是，联想在向拉动型模式转化的过程中，并没有100%采用拉动型，而是对其加以改造，形成"快速反应库存模式"下的拉动型生产。

通过常年对市场的观察，联想清楚地知道每种每一型号产品自己的出货量，据此，联想对最好卖的产品留出 1~2 天的库存，谓之常备库存。如果订单正好指向常备库存产品，就无须让用户等一个生产周期，可以直接交货，大大缩短了交货日期；如果常备库存与客户所订货物不吻合，再安排上线生产。在每天生产任务结束时，计算第二天产量，都要先将常备库存补齐。

联想的快速反应库存模式成功与否，关键在于库存预测是否准确。联想从经营意识到方法都非常贴近客户、贴近市场，通过常年经验积累，摸索出一套行之有效的预测方法，使联想的预测与实际需求往往非常接近；而且每当出现

偏差时，联想都要及时进行经验总结，避免同样的问题重复出现。

目前，联想已经实现了从大规模生产千篇一律的标准化产品向生产客户定制产品的转变。在柔性化生产线上，产品配置可以随用户需要进行调整，不同的 CPU、硬盘、内存、软件系统等都可以按客户定制配装。2000 年投入使用的位于海淀区上地信息产业基地的北京新厂，有一半生产线是按照柔性生产设计的。联想的 Cell 生产模式，无论是在生产、效率上还是在产品质量上，都已经超过了传统流水线制造模式。

**五、协同工作，实现共赢**

在供应链中，各个供应商就像安装在大链条上运作的每个小齿轮，只要其中一个齿轮脱节，就会影响整个供应链的工作效率。一条富有竞争力的供应链要求组成供应链的各个成员都具有较强的竞争力。基于此管理思想，联想致力于与供应商协同工作，达到双赢。

联想参照国际企业的做法对供应商提要求，并使之不断系统化、科学化。一般联想每周或每两周为供应商提供未来 12~16 周的滚动要货计划，协助供应商按此计划备货。联想已从过去只关心自己的库存、材料和成品的自我控制，转向现在的供应链控制、协同工作，关心上下游，如代理商的库存与销售情况、供应商的库存变化等，并通过信息技术手段得到详尽的数据，这使联想能够敏感地掌握上下游的变化，提前准确地预测到市场的波动。

众所周知，电子产品的价格下降速度非常快，一个月前采购的价格与一周前的价格有很大差别。如何使供应商的供货及时而价格合理呢？联想采用严格的供应商考评法，除了产品质量、价格、交货弹性等指标外，供应商对技术趋势、产品趋势和价格变化是否能够及时、准确地通报给联想，也是极其重要的考评项目。联想定期给供应商打分，该得分轻则决定其供货比例，重则影响到供应商的"死活"。但是，联想对产品价格下降是否正常有自己的分析。联想追求的是系统最优，即成本与风险平衡。联想从系统最优的角度控制采购，不会因为图一时之便宜而导致供不上货。联想认为，市场占有率与产品销售带来的利润价值远远大于在原材料供应上的节省。

资料来源：中国电子商务研究中心. 详解联想物流信息化建设案例分析 [J/OL]. http://www.ooec.cn，2010—09—01.

**问题讨论：**

1. 联想物流信息化建设取得了哪些成果？
2. 供应链管理主要提高了哪些方面的工作效率？

## 本章小结

现代物流信息在物流活动中起着神经系统的管理系统。物流信息管理作为一个动态的发展的概念，其内涵和外延不断随着物流实践的深化和物流管理的发展而发展。

伴随着物流行业的发展壮大，对物流进行信息化管理并建设功能强大的物流信息系统，正为从业者、物流设备生产商、信息系统解决方案提供商所日益重视。

## 本章复习题

1. 简述信息系统的概念。
2. 物流信息系统的定义与作用分别是什么？
3. 现代物流信息系统的建设策略与步骤是什么？
4. 物流教学实验模拟系统与物流应用系统的区别是什么？

# 第七章 移动物流发展

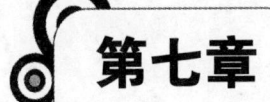

## 学习目的

**知识要求** 通过本章的学习,掌握:

- 物流市场细分的作用
- 实施 ECR 的原则
- EOS 给零售业带来了哪些好处
- 协同商务的定义

**技能要求** 通过本章的学习,能够:

- 了解三种物流服务模式的内容
- 了解实施 ECR 的四大要素
- 掌握现代 EOS 与早期 EOS 的差异
- 掌握移动协同商务模式的应用

## 学习指导

1. 本章内容包括:物流服务与物流服务市场;有效客户反应(ECR);电子订货系统(EOS);协同商务。

2. 学习方法:结合案例了解在物流服务市场中移动物流与 ECR、EOS、协同商务的关系和作用。

3. 建议学时:6 学时。

# 移动物流

## 引导案例

### 移动信息技术在国内物流业中的应用

"国内的移动通信运营商已经开始朝着将 RFID 整合为通信、身份识别、电子支付'三合一'的方向发展"。中国移动相关人士表示，移动已开始加强 RFID 技术的研究和跟踪，推动手机商品防伪、门禁、公交车识别方面的发展，努力实现"打造手机媒体，创造手机多用化"。

（1）借助思科的无线网络，海尔物流信息系统的成功实施和完善，理顺了海尔物流流程，为海尔集团带来了显著的经济效益：仓储面积减少一半，库存资金周转日期从 30 天降低到了 10 天以下。这顺畅的流程背后是一个先进的信息网络平台体系在支撑，成功的物流链流程改造使海尔提升了企业的核心竞争力。海尔在物流方面所做的探讨与成功，尤其是采用国际先进的思科无线网络提升了海尔在新经济时代的核心竞争力，提高了海尔的国际竞争力，给国内其他企业带来了新的启示。

（2）在天津，物流被列为五大支柱产业之一。因此天津移动在建设物流行业应用基地时，把大量的移动通信业务和产品应用到物流行业的主体之中，设计出多方位、多层次的解决方案。并面向企业物流、物流企业和物流中心三大类型客户，针对不同需求特点有计划地进行市场开发，从移动信息化需求与移动通信结合的特点入手，在物流系统各个环节以及它们与政府物流主管部门之间，构建起一个完整的天津现代物流移动信息管理平台。

在具体的推进过程中，天津移动注重利用集团 V 网、会议电话、集团短信、随 e 行、专网直联等综合业务全面覆盖物流行业内的集团客户，同时利用移动网络现有的 SMS、GPRS 数据通信平台，结合 GPS、LBS 定位技术，无线 POS 机等产品在订单处理、库存管理、仓储管理、配送调度、运输管理、货物追踪、资金结算等子系统的数据传输环节实现深层次结合，从而实现物流企业 MIS、OA、ERP 等应用系统的平台拓展，实现移动性管理。目前天津移动物流信息化已深入到各大物流相关企业，重点项目有天津港、安达集团 GPS 定位、可口可乐公司短信 ERP、天津海关短信报关、天津烟草配送无线 POS 机应用等。随着各项工作的不断深入，天津移动物流基地将逐渐成为中国移动集团在物流行业市场的开发中心、示范中心、交流中心和培训中心，成为"数字天津"的一个窗口。

资料来源：陈玉兰，张学兵.论移动信息技术在物流业中的应用 [J].商业经济，2009（20）.

→ 问题：

移动信息技术主要应用领域有哪些？

# 第一节　物流服务市场的划分

## 一、主要的物流服务模式

物流服务是指为满足客户需求所实施的一系列物流活动产生的结果。物流服务首先属于产品，并且是无形产品，因此具有无形产品的特征，它并不改变货物本身的性质，只是以货物为媒介，通过对货物实施储存、运输等功能实现其时间和空间价值。物流服务产品的生产和销售具有一致性和不可储存性，同时，由于物流服务产品质量好坏与客户的主观感受有关，很难进行完全客观定量化的评价，因此，对不同的客户以及不同的产品，需要根据具体的情况采取不同的服务模式以满足不同客户的不同需求。

按照物流服务需求分为单功能服务、多功能服务及一体化服务需求三大类，并以此为依据，将物流服务模式分为单功能物流服务模式、多功能物流服务模式和一体化物流服务模式三种。

1. 单功能物流服务模式

目前，我国有许多物流企业是由传统的运输、仓储企业（或部门）转型（或分离）而来的，这些企业以运输或仓储为主业，在物流市场中占很大的比例。单功能物流服务模式的提出就在于指导这类企业的发展。

单功能物流服务模式是具有相应物流设施与设备的物流企业为社会提供单一功能（如运输、仓储、配送等）物流服务的一种服务模式。由于运输和仓储是物流系统最强大和最主要的功能，单功能物流服务模式又可以分为运输主导型物流服务模式和仓储主导型物流服务模式。

（1）运输主导型物流服务模式。运输主导型物流服务模式是拥有适当的运输设备（火车、轮船、飞机等）、运输设施（货运站、港口、机场）、必要的装卸设备等的物流企业为社会提供专业运输服务的物流服务模式。运输主导型物流服务模式的内容既包括点到点的货物运输，也包括多式联运（物流企业在多式联运中发挥主导作用），还包括物流企业根据客户需求所进行的 JIT 运输等，在服务实际操作过程中，物流企业可以联合其他物流企业共同完成运输任务。我国目前已经有部分物流企业向该方向发展，如常州交运集团有限公司、上海佳宇物流有限公司、渤海石油运输公司、汕头市水运总公司、芜湖县弋江航运公司等。

（2）仓储主导型物流服务模式。仓储主导型物流服务模式是拥有适当的仓储设备（货架）、仓储设施（仓库）以及必要的装卸和拣选设备等的物流企业为社会提供专业仓储服务的物流服务模式。仓储主导型物流服务模式的服务内容既包括货物的保管服务，也包括适当的加工包装以及流通服务。以仓储服务作为切入点进入物流市场也是许多物流企业的选择，如广东鱼珠物流基地有限公司、浙江元通物流有限公司、湖州华盛达仓储物流有限公司等。

### 2. 多功能物流服务模式

在外包物流服务中，企业对包含多种物流服务的综合物流服务需求呈上升趋势，如生产制造企业的第三方物流服务中，希望提供三种以上物流服务的企业需求比例高达70%以上。针对这种需求现状，多功能物流服务模式是指物流服务企业为需求方提供两种或两种以上的物流服务内容的一种服务模式。多功能物流服务模式企业应把握好的发展要领主要有：

（1）要有相对丰富的服务内容。与单功能物流服务模式相比，多功能物流服务模式的核心竞争力就是能提供相对丰富的服务内容，因此，多功能物流服务企业需要至少提供运输、仓储、配送、包装、流通加工等两种或两种以上的服务内容。

（2）要有较强的技术性。物流服务的技术性既包括物流服务实际操作的技术性，也包括对物流服务内容管理、组织协调的技术能力，通过较强的技术能力，可以实现相对现代化的服务内容，并做好物流服务内容之间的互相协调，提高物流运作效率降低成本。

（3）要有实现物流系统局部优化的能力。实现物流系统局部优化是多功能物流服务模式相对单功能服务模式的另一大优势，虽然企业还不能做到物流系统整体优化，但通过多功能物流服务已经可以做到相对较优。因此，多功能物流服务企业需要具有一定的整合、组织能力，使所负责的物流部分实现局部优化。

### 3. 一体化物流服务模式[①]

随着制造、零售企业专业化程度的不断提高，更多的企业（尤其是大型企业）期望物流企业为其提供包括方案设计和物流实际运作在内的一体化物流服

---

① 吴群琪. 物流服务模式分类新探. http://www.studa.net，2008-09-16.

务。一体化物流服务模式是物流企业为客户提供两种或两种以上物流服务，并将这些服务一体化的一种服务模式。一体化物流服务模式是许多大型物流企业发展的方向和目标，如中国远洋物流有限公司、中海集团物流有限公司、中国外运股份有限公司等。一体化物流服务模式企业应把握好的发展要领主要有：

（1）要有一体化服务的策划能力，寻求到一体化服务的利润空间，并据之明确一体化服务的内容及方式。一体化物流服务不是单纯提供运输、仓储、配送等多个功能性物流服务的组合，扮演物流参与者角色，而是需要将多个物流功能视为一个整体，考虑各个物流环节的衔接，然后进行整合，对客户物流运作进行总体设计和管理，实现物流系统的整体最优，扮演的是物流责任人角色。因此，企业必须具备一体化服务的策划能力才能为需求方提供一体化物流服务。

（2）要有很强的管理组织能力和资源整合能力，能按上述确定的服务内容和方式提供一体化物流服务。一体化物流的服务难度很大，需要企业有很强的管理组织能力和资源整合能力，充分利用企业内部和外部资源，将所提供的各服务环节整合成一个整体来进行管理，目标是实现物流系统的整体最优。

（3）要能与物流需求方长期合作结成战略联盟。一体化物流服务模式企业需要新建专门的物流设施，购置专门的物流设备，深入分析需求方企业物流过程，为需求方企业提供一体化的物流服务。这使供需双方的风险都很大，所以双方应建立长期合作的战略联盟关系来降低供需双方的风险。

（4）要有很高的信息化水平。一体化物流服务模式下供需双方之间的关系十分密切，是一种战略同盟的关系，双方之间的交流非常频繁，只有通过全面、系统、深入的信息交换，物流企业才能为需求方适时提供一体化物流服务。

## 二、物流服务提供商的层次细分

物流公司分为传统物流公司与现代物流公司。传统物流公司一般是指在提供单一的物流环节服务公司，如各种运输方式的运输公司，为商业、外贸等部门服务的各种储运公司。现代物流公司是指已经具有现代物流服务理念，可提供整合多个物流环节服务，并能提供个性化服务的公司。物流服务公司在制定战略时，需要对企业进行市场定位，市场定位是以市场细分为基础的。

### （一）物流市场细分的概念

物流市场细分是指根据物流需求者的不同需求和特点，将物流市场分割成若干个不同的小市场的分类过程。通过物流市场细分，物流市场将区分为不同的子市场，每个子市场的物流需求者都有类似的消费需求、消费模式等，而不同子市场的需求者则存在需求和特点的明显差异。

### (二) 物流市场细分的原因

(1) 通过市场细分使物流企业能够识别有相似需求的客户群体，分析这些群体的特征和购买行为，有效地提供专业的物流服务。

(2) 市场细分可以为物流企业提供信息以帮助它们准确地寻求物流客户，制定符合一个或多个目标市场的特征和需求的营销组合。

(3) 市场细分与营销的目的一致，都是在实现盈利的同时满足客户的需求。

一般来说，市场细分计划形成的市场细分规模必须足够大，以保证发展和维持专门的营销组合，即要拥有较多的潜在客户和最大化利用物流资源。

市场细分是一个有力的营销工具，在营销策略中起着关键的作用，市场细分可以准确地定义客户的物流服务需要和需求，帮助决策者更准确地制定营销目标，更好地分配物流资源。物流企业按照一定的分类标志将整个物流服务市场划分成若干个细分的市场以后，再根据自身的条件与外部环境、细分市场的规模和竞争情况，以及细分市场客户的服务需求、偏好与特点等各种要素确定出企业主攻的细分市场，并努力开拓和占领这一细分市场的营销策略。由于在当前和今后一段时间内，中国物流市场的需求在地区和行业上存在着差别，因此物流市场细分可以根据地区和行业来进行细分，对不同地区和不同行业的市场又可根据产品的时效性要求、企业接受服务价格的能力和客户在供应链中所处的地位等因素进一步划分市场。

### (三) 物流市场细分的作用

企业可针对不同的细分市场，采取相应的市场营销战略，使物流企业的产品（服务）更符合各种不同特点的客户需要，从而在各个细分市场上扩大市场占有率，提高产量和服务的竞争能力，通过市场细分对物流企业的生产、营销起着极其重要的作用。

(1) 有利于物流企业抓住市场机会。

(2) 有利于选择目标市场和制定市场营销策略。

(3) 有利于物流企业占领自己的目标市场。

### (四) 物流市场细分的分类

根据物流市场的特点，物流企业可按照客户行业、地理区域、物品属性、客户规模、关联程度、时间长短、服务方式和利润回报等对物流市场进行细分。

(1) 客户所属的行业性质：可将物流市场细分为农业、制造业、商贸业等。

(2) 地理区域：可将物流市场细分为区域物流、跨区域物流和国际物流。

(3) 物品属性：可将物流市场细分为投资品市场和消费品市场。

（4）客户规模：可将物流市场细分为大客户、中等客户和小客户。
（5）时间长短：可将顾客细分为长期客户、中期客户和短期客户。
（6）利润回报：可将物流市场细分为高利润产品（服务）市场和低利润产品（服务）市场。

### 三、移动商务下物流服务的路径选择

移动商务是一场商业领域的根本性革命，核心内容是商品交易，而商品交易涉及四个方面：商品所有权的转移、货币的支付、有关信息的获取与应用、商品本身的转交，即商流、资金流、信息流、物流。

在移动商务环境下，这四个方面都与传统情况有所不同。商流、资金流与信息流这三种流的处理都可以通过计算机和网络通信设备实现。物流作为四流中最特殊的一种，是指物质实体的流动过程，具体指运输、储存、配送、装卸、保管、物流信息管理等各种活动。对于大多数商品和服务来说，物流仍要经由物理方式传输，因此物流对移动商务的实现很重要。

移动商务对于商流、资金流、信息流的准确性和及时性有着超高的要求，物流信息化水平的提高必不可少。这就给物流信息化提出了更高的要求。由于移动商务与物流间密切的关系，移动商务这场革命必然对物流产生极大的影响。这种影响是全方位的，从物流业的地位到物流组织模式，再到物流各作业、功能环节，都将在移动商务的影响下发生巨大的变化。原有的信息化"马甲"已经完全不能适应移动商务时代的物流企业。

随着物流业地位的大大提高，物流企业会越来越强化。在物流企业的移动商务信息化必须承担更重要的社会责任：成为社会生产链条的领导者和协调者，为社会提供全方位的物流服务。物流企业的移动商务把物流业提升到了前所未有的高度，为其提供了空前发展的机遇。

## 第二节 有效客户响应（ECR）

### 一、ECR 的概念

ECR（Efficient Consumer Response）即"有效客户响应"，它是在食品杂货分销系统中，分销商和供应商为消除系统中不必要的成本和费用，给客户带来更大效益而进行密切合作的一种供应链管理方法。

ECR的最终目标是建立一个具有高效反应能力和以客户需求为基础的系统，使零售商及供应商以业务伙伴方式合作，提高整个食品杂货供应链的效率，而不是单个环节的效率，从而大大降低整个系统的成本、库存和物资储备，同时为客户提供更好的服务。

要实施高效消费者响应，首先，应联合整个供应链所涉及的供应商、分销商以及零售商，改善供应链中的业务流程，使其最合理有效；其次，以较低的成本使这些业务流程自动化，以进一步降低供应链的成本和时间。具体地说，实施ECR需要将条形码、扫描技术、POS系统和EDI集成起来，在供应链（由生产线直至付款柜台）之间建立一个无纸系统（见图7-1），以确保产品能不间断地由供应商流向最终客户，同时，信息流能够在开放的供应链中循环流动。这样，才能满足客户对产品和信息的需求，即给客户提供最优质的产品和适时准确的信息。

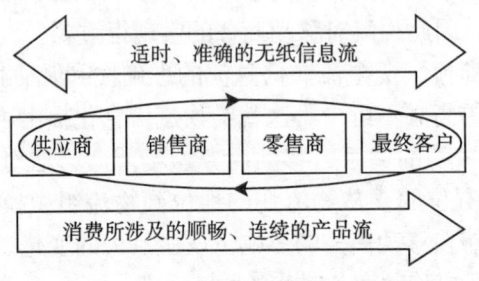

图7-1 ECR系统

有效客户响应是一种运用于工商业的策略，供应商和零售商通过共同合作（如建立供应商/分销商/零售商联盟），改善其在货物补充过程中的全球性效率，而不是以单方面不协调的行动来提高生产力，这样能节省由生产到最后销售的贸易周期的成本。

通过ECR，如计算机辅助订货技术，零售商无须签发订购单，即可实现订货；供应商则可利用ECR的连续补货技术，随时满足客户的补货需求，使零售商的存货保持在最优水平，从而提供高水平的客户服务，并进一步加强与客户的关系。同时，供应商也可从商店的销售点数据中获得新的市场信息，改变销售策略；对于分销商来说，ECR可使其快速分拣运输包装，加快订购货物的流动速度，进而使消费者享用更新鲜的物品，增加购物的便利和选择，并加强消费者对特定物品的偏好。

20世纪60~70年代，美国日杂百货业的竞争主要是在生产厂商之间展开。竞争的重心是品牌、商品、经销渠道和大量的广告和促销，在零售商和生产厂家的交易关系中生产厂家占支配地位。进入 20 世纪 80 年代特别是到了 20 世纪 90 年代以后，在零售商和生产厂家的交易关系中，零售商开始占据主导地位，竞争的重心转向流通中心、商家自有品牌（PB）、供应链效率和 POS 系统。同时在供应链内部，零售商和生产厂家之间为取得供应链主导权的控制，同时为商家品牌（PB）和厂家品牌（NB）占据零售店铺货架空间的份额展开了激烈的竞争，这种竞争使在供应链的各个环节间的成本不断转移，导致供应链整体的成本上升，而且容易牺牲力量较弱一方的利益。

在这期间，从零售商的角度来看，随着新的零售业态如仓储商店、折扣店的大量涌现，使它们能以相当低的价格销售商品，从而使日杂百货业的竞争更趋激烈。在这种状况下，许多传统超市业者开始寻找对应这种竞争方式的新管理方法。从生产厂家的角度来看，由于日杂百货商品的技术含量不高，大量无实质性差别的新商品被投入市场，使生产厂家之间的竞争趋同化。生产厂家为了获得销售渠道，通常采用直接或间接的降价方式作为向零售商促销的主要手段，这种方式往往会大量牺牲厂家自身的利益。所以，如果生产商能与供应链中的零售商结成更为紧密的联盟，将不仅有利于零售业的发展，同时也符合生产厂家自身的利益。另外，从消费者的角度来看，过度竞争往往会使企业在竞争时忽视消费者的需求。通常消费者要求的是商品的高质量、新鲜、服务好和在合理价格基础上的多种选择。然而，许多企业往往不是通过提高商品质量、服务好和在合理价格基础上的多种选择来满足消费者，而是通过大量的诱导型广告和广泛的促销活动来吸引消费者转换品牌，同时通过提供大量非实质性变化的商品供消费者选择。这样，消费者不能得到他们需要的商品和服务，他们得到的往往是高价、不甚满意的商品。对应于这种状况，客观上要求企业从消费者的需求出发，提供能满足消费者需求的商品和服务。

在上述背景下，美国食品市场营销协会（UC Food Marketing Institute，FMI）联合包括 COCA-COLA、P&G、Safeway Store 等 6 家企业与流通咨询企业 Kurt Salmon Associates 公司一起组成研究小组，对食品业的供应链进行调查、总结、分析，于 1993 年 1 月提出了改进该行业供应链管理的详细报告。在该报告中系统地提出有效客户响应（ECR）的概念体系。经过美国食品市场营销协会的大力宣传，ECR 概念被零售商和制造商接纳并被广泛地应用于实践。

## 二、实施 ECR 的原则与要素

### （一）实施 ECR 的原则

（1）以较少的成本，不断致力于向食品杂货供应链客户提供更优的产品、更高的质量、更好的分类、更好的库存服务以及更多的便利服务。

（2）ECR必须由相关的商业带头人启动。该商业带头人应决心通过代表共同利益的商业联盟取代旧式的贸易关系，而达到获利的目的。

（3）必须利用准确、适时的信息以支持有效的市场、生产及后勤决策。这些信息将以EDI的方式在贸易伙伴间自由流动，它将影响以计算机信息为基础的系统信息的有效利用。

（4）产品必须随其不断增值的过程，从生产至包装，直至流动至最终客户的购物篮中，以确保客户能随时获得所需产品。

（5）必须采用通用一致的工作措施和回报系统。该系统注重整个系统的有效性（通过降低成本与库存以及更好的资产利用，实现更优价值），清晰地标识出潜在的回报（增加的总值和利润），促进对回报的公平分享。

### （二）实施ECR的四大要素

这四大要素是：高效产品引进（Efficient Product Introductions）、高效商店品种（Efficient Store Assortment）、高效促销（Efficient Promotion）以及高效补货（Efficient Replenishment）（见表7-1和图7-2）。

表7-1　ECR四大要素的内容

| | |
|---|---|
| 高效产品引进 | 通过采集和分享供应链伙伴间时效性强的更加准确的购买数据，提高新产品的成功率 |
| 高效商店品种 | 通过有效地利用店铺的空间和店内布局，来最大限度地提高商品的获利能力。如建立空间管理系统，有效的商品品种等 |
| 高效促销 | 通过简化分销商和供应商的贸易关系，使贸易和促销的系统效率最高，如消费者广告（优惠券、货架上标明促销）、贸易促销（远期购买、转移购买） |
| 高效补货 | 从生产线到收款台，通过EDI，以需求为导向的自动连续补货和计算机辅助订货等技术手段，使补货系统的时间和成本最优化，从而降低商品的售价 |

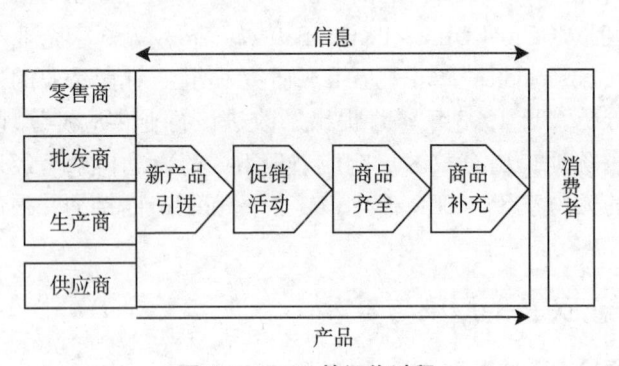

图7-2　ECR的运作过程

## 三、ECR 的实施方法和效益

### （一）ECR 的实施方法

1. 为实施 ECR 创造氛围

对大多数组织来说，改变对供应商或客户的内部认知过程，即从敌对态度转变为将其视为同盟的过程，将比 ECR 的其他相关步骤更困难，时间花费更长。创造 ECR 的最佳氛围首先需要进行内部教育以及通信技术和设施的改善，同时也需要采取新的工作措施和回报系统。但公司或组织必须首先具备一贯言行一致的强有力的高层组织领导。

2. 选择初期 ECR 同盟伙伴

对于大多数刚刚实施 ECR 的公司来说，建议成立 2~4 个初期同盟。每个同盟都应首先召开一次会议，来自各个职能区域的高级同盟代表将对 ECR 及怎样启动 ECR 进行讨论。成立 2~3 个联合任务组，专门致力于已证明可取得巨大效益的项目，如提高货车的装卸效率、减少损毁、由卖方控制的连续补库等。

以上计划的成功将增强公司的信誉和信心。经验证明：往往要花上 9~12 个月的努力，才能赢得足够的信任和信心，才能在开放的非敌对的环境中探讨许多重要问题。

3. 开发信息技术投资项目，支持 ECR

虽然在信息技术投资不大的情况下就可获得 ECR 的许多利益，但是具有很强的信息技术能力的公司要比其他公司更具竞争优势。

那些作为 ECR 先导的公司预测：在五年内，连接它们及其业务伙伴之间的将是一个无纸的、完全整合的商业信息系统。该系统将具有许多补充功能，既可降低成本，又可使人们专注于其他管理以及产品、服务和系统的创造性开发。

### （二）ECR 的实施效益

根据欧洲供应链管理委员会的调查报告，接受调查的 392 家公司，其中制造商实施 ECR 后，预期销售额增加 5.3%，制造费用减少 2.3%，销售费用减少 1.1%，货仓费用减少 1.3% 及总盈利增加 5.5%。而批发商及零售商也有相似的获益：销售额增加 5.4%，毛利增加 3.4%，货仓费用减少 5.9%，货仓存货量减少 13.1% 及每平方米的销售额增加 5.3%。由于在流通环节中缩减了不必要的成本，零售商和批发商之间的价格差异也随之降低，这些节约了的成本最终将使消费者受益，各贸易商也将在激烈的市场竞争中赢得一定的市场份额。

对客户、分销商和供应商来说，除这些有形的利益以外，ECR 还有着重要的不可量化的无形利益（见表 7-2）。

表 7-2　ECR 的无形利益

| 客户 | 增加选择和购物便利，减少无库存货品，货品更新鲜 |
|---|---|
| 分销商 | 提高信誉，更加了解客户情况，改善与供应商的关系 |
| 供应商 | 减少缺货现象，加强品牌的完整性，改善与分销商的关系 |

### 四、移动物流与 ECR 推广

目前，更多的中国零售业关注的仅是自身的内部信息化建设，如电子商务、BI、ERP 等，而很少关注外部，即整个供应链的联合和 ECR 所倡导的协作理念。中国零售业亟须"内外兼修"，借鉴国外一些先进的管理经验，特别是建立以信息技术为核心的经营管理模式，加强与上下游的供应链建设。

中国知名家电连锁卖场，如苏宁、国美等均与供应商签订了 ECR 计划。在中国，ECR 理念最具代表性的实践者就是家电业。2007 年，苏宁电器与其销量最大的合作品牌海尔开展了 ECR 合作模式。双方依托数字化平台，将顾客的需求通过苏宁信息系统第一时间传递到海尔信息系统，海尔的产品研发部根据这一信息第一时间研制出适合消费者的新产品，并供货给苏宁电器。海尔与苏宁进行直连后，苏宁的采购订单能直接成为海尔的销售订单，海尔的发货能触发苏宁的收货，苏宁的收货能同时触发苏宁的付款与海尔的收款，极大地降低了成本，提高了效率。

移动物流基于无线网络技术在此物流业迅速发展的同时，也大大提高了 ECR 的反应速度。第一，信息传输速度方式更加方便和变通。第二，货物运输反应速度的改进。

物流企业也面临激烈的市场竞争，运期延误、空载率高、服务投诉等都是物流企业最为头疼的问题，在这种背景下，推广 ECR 的广泛应用，可以实现供应链的高效运行，确保移动物流的快捷准确。

## 第三节　电子订货系统（EOS）

EOS（Electronic Ordering System）即电子订货系统，是指将批发、零售商场所发生的订货数据输入计算机，即刻通过计算机通信网络连接的方式将资料传送至总公司、批发业、商品供货商或制造商处。因此，EOS 能处理从新商品资料的说明直到会计结算等所有商品交易过程中的作业，可以说 EOS 涵盖了整个商流。在寸土寸金的情况下，零售业已没有多少空间用于存放货物，在要求供货商及时补足售出商品的数量且不能有缺货的前提下，更须采用 EOS 系统。EDI/EOS 因蕴涵了许多先进的管理手段，因此在国际上使用非常广泛，并且越来越受到商业界的青睐。

## 一、EOS 流程

### （一）EOS 流程

EOS 系统并非单个的零售店与单个的批发商组成的系统，而是许多零售店和许多批发商组成的大系统的整体运作方式。EOS 系统基本上是在零售店的终端利用条形码阅读器获取准备采购的商品条码，并在终端机上输入订货材料；利用通信网络传送到批发商的计算机系统中；批发商开出提货传票，并根据传票，同时开出拣货单，实施拣货，然后依据送货传票进行商品发货；送货传票上的资料便成为零售商的应付账款资料及批发商的应收账款资料，并接到应收账款的系统中去；零售商对送到的货物进行检验后，便可以陈列与销售了。EOS 系统流程见图 7-3，EOS 系统构成见图 7-4。

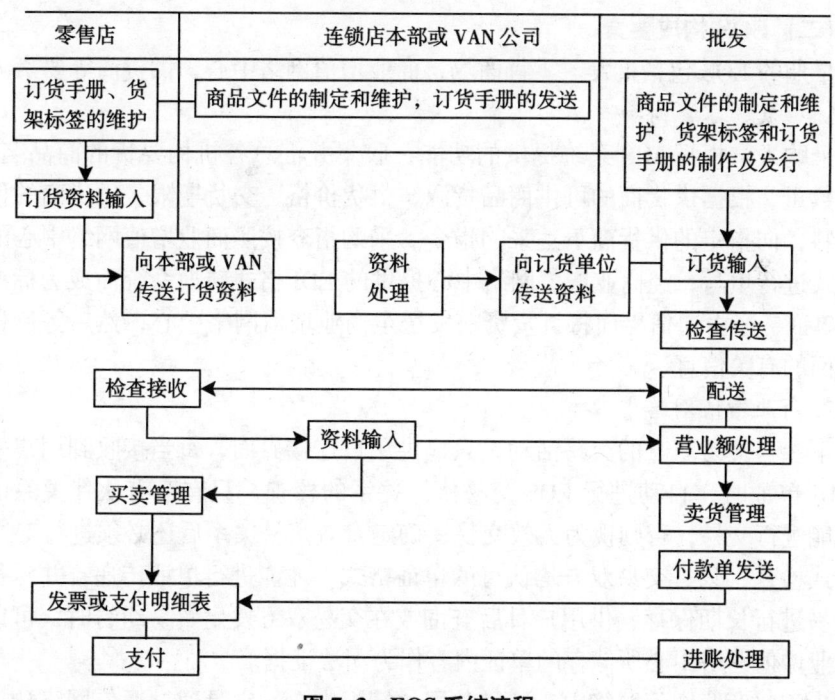

图 7-3 EOS 系统流程

移动物流

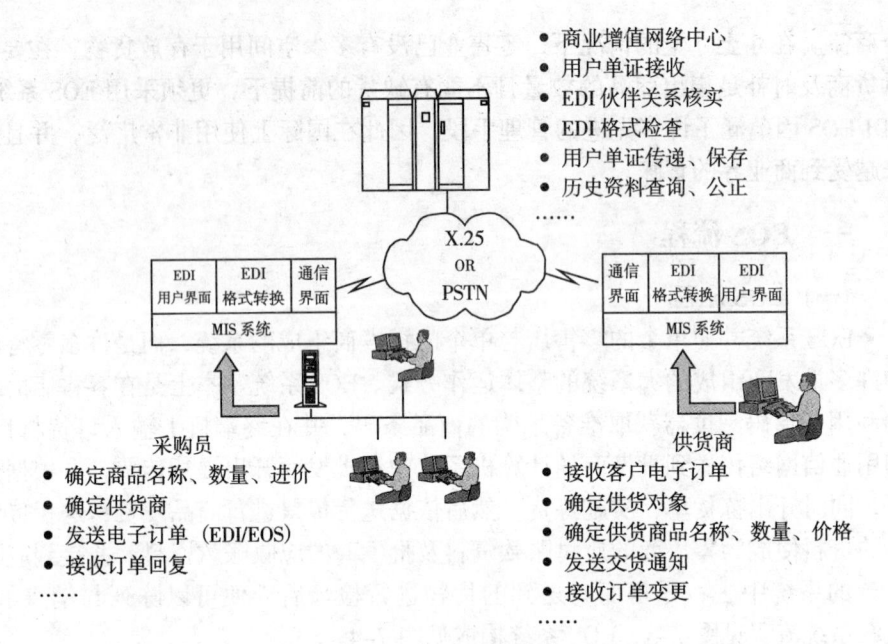

- 商业增值网络中心
- 用户单证接收
- EDI 伙伴关系核实
- EDI 格式检查
- 用户单证传递、保存
- 历史资料查询、公正

采购员
- 确定商品名称、数量、进价
- 确定供货商
- 发送电子订单（EDI/EOS）
- 接收订单回复
……

供货商
- 接收客户电子订单
- 确定供货对象
- 确定供货商品名称、数量、价格
- 发送交货通知
- 接收订单变更
……

图 7-4　EOS 系统构成

### （二）EOS 构成要素

早期的 EOS 包括批发、零售商场，商业增值网络中心，供货商等要素。

#### 1. 批发、零售商场

采购人员根据 MIS 系统提供的功能，收集并汇总各机构要货的商品名称、要货数量，根据供货商的可供商品货源、供货价格、交货期限、供货商的信誉等资料，向指定的供货商下达采购指令。采购指令按照商业增值网络中心的标准格式进行填写，经商业增值网络中心提供的 EDI 格式转换系统而成为标准的 EDI 单证，经由通信界面将订货资料发送至商业增值网络中心，然后等待供货商发回的有关信息。

#### 2. 商业增值网络中心

不参与交易双方的交易活动，只提供用户连接界面，每当接收到用户发来的 EDI 单证时，自动进行 EOS 交易伙伴关系的核查，只有互有伙伴关系的双方才能进行交易，否则视为无效交易；确定有效交易关系后还必须进行 EDI 单证格式检查，只有交易双方均认可的单证格式，才能进行单证传递；并对每一笔交易进行长期保存，供用户日后查询或在交易双方发生贸易纠纷时，可以根据商业增值网络中心所储存的单证内容作为司法证据。

VAN（商业增值网络中心）是共同的情报中心，它是通过通信网络让不同的机种的计算机或各种连线终端相通，促进情报的收发更加便利的一种共同情报中心。实际在这个流通网络中，VAN 也发挥了莫大的功能。VAN 不仅仅是负责资料或情报的转换工作，也可与国内外其他地域的 VAN 相连并交换情报，从而扩大了客户资料交换的范围。

3. 供货商

根据商业增值网络中心转来的 EDI 单证，经商业增值网络中心提供的通信界面和 EDI 格式转换系统而成为一张标准的商品订单，根据订单内容和供货商的 MIS 系统提供的相关信息，供货商可及时安排出货，并将出货信息通过 EDI 传递给相应的批发、零售商场，从而完成一次基本的订货作业。

当然，交易双方交换的信息不仅是订单和交货通知，还包括订单更改、订单回复、变价通知、提单、对账通知、发票、退换货等许多信息。

近年来，随着互联网的广泛应用，现代 EOS 中的 VAN 已经逐步由互联网取代，商业增值网络中心逐渐演变为电子商务服务平台，EDI 单证也开始向 XML 过渡。

## 二、EOS 业务流程

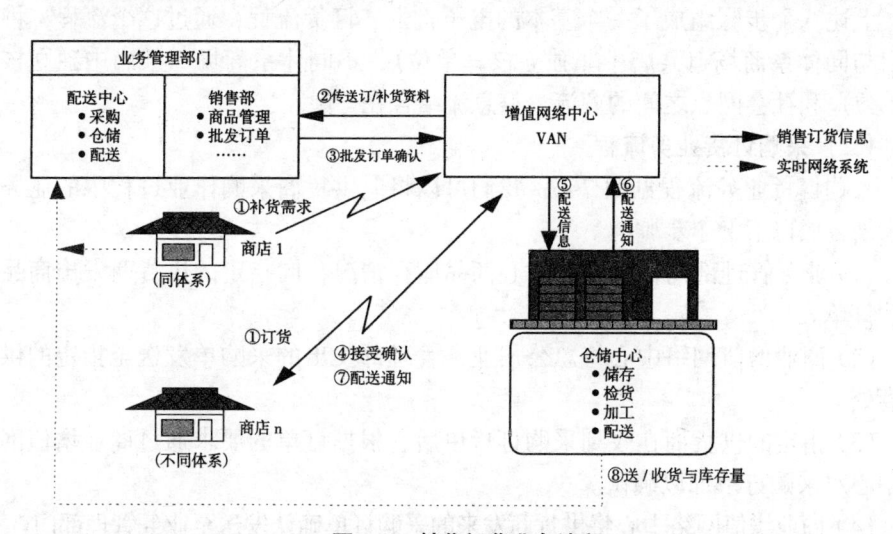

### （一）销售订货业务流程

销售订货业务流程见图 7-5，我们可以将基本的批发、订货作业过程中的业务往来划分成以下八个步骤：

图 7-5 销售订货业务流程

（1）各批发、零售商场或社会网点根据自己的销售情况，确定所需货物的品种、数量，按照同体系商场根据实际网络情况补货需求或通过增值网络中心或通过实时网络系统发送给总公司业务部门；不同体系商场或社会网点通过商业增值网络中心发出 EOS 订货需求。

(2) 商业增值网络中心将收到的补货、订货需求资料发送至总公司业务管理部门。

(3) 业务管理部门对收到的数据汇总处理后，通过商业增值网络中心向不同体系的商场或社会网点发送批发订单确认。

(4) 不同体系的商场或社会网点从商业增值网络中心接收到批发订单确认信息。

(5) 业务管理部门根据库存情况通过商业增值网络中心或实时网络系统向仓储中心发出配送通知。

(6) 仓储中心根据接收到的配送通知安排商品配送，并将配送通知通过商业增值网络中心传送到客户。

(7) 不同体系的商场或社会网点从商业增值网络中心接收到仓储中心对批发订单的配送通知。

(8) 各批发、零售商场、仓储中心根据实际网络情况将每天进出货物的情况通过增值网络中心或通过实时网络系统，报送总公司业务管理部门，让业务部及时掌握商品库存数量，以达到合理库存；并根据商品流转情况，合理商品结构等工作。

上述八个步骤组成了一个基本的电子批发、订货流程，通过这个流程，将某店与同体系商场（某店中非独立核算单位）、不同体系商场（某店中独立核算单位）和社会网点之间的商流、信息流结合在一起。

**(二) 采购订货业务流程**

采购订货业务流程见图 7-6，我们可以将向供货商采购作业过程中的业务往来划分成以下七个步骤：

(1) 业务管理部门根据仓储中心商品库存情况，向指定的供货商发出商品采购订单。

(2) 商业增值网络中心将总公司业务管理部发出的采购单发送至指定的供货商处。

(3) 指定的供货商在收到采购订货单后，根据订单的要求通过商业增值网络中心对采购订单加以确认。

(4) 商业增值网络中心将供货商发来的采购订单确认发送至业务管理部门。

(5) 业务管理部门根据供货商发来的采购订单确认，向仓储中心发送订货信息，以便仓储中心安排检验和仓储空间。

(6) 供货商根据采购单的要求，安排发运货物，并在向总公司交运货物之

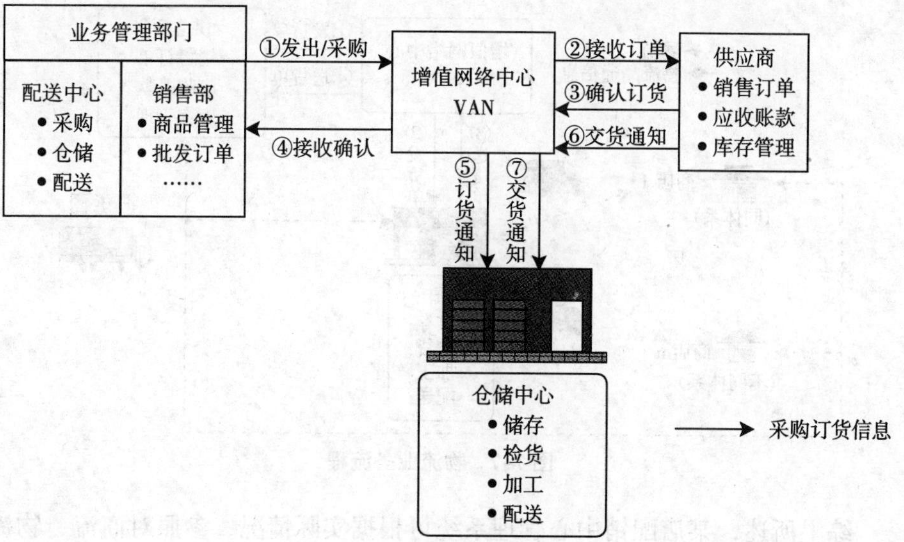

图 7-6 采购订货业务流程

前,通过商业增值网络中心向仓储中心发送交货通知。

(7) 仓储中心根据供货商发来的交货通知安排商品检验并安排仓库、库位或根据配送要求进行备货。

上述七个步骤组成了一个基本的采购订货流程,通过这个流程,将某店供货商之间的商流、信息流结合在一起。

## 三、EOS 与物流管理

### (一) 物流业务流程

物流业务流程见图 7-7。将供货商发运作业过程中的业务往来划分成以下四个步骤:

(1) 供货商根据采购合同要求将发货单通过商业增值网络中心发给仓储中心。

(2) 仓储中心对接收到的商业增值网络中心传来的发货单进行综合处理,或要求供货商送货至仓储中心或发送至各批发、零售商场。

(3) 仓储中心将送货要求发送给供货商。

(4) 供货商根据接收到的送货要求进行综合处理,然后根据送货要求将货物送至指定地点。

上述四个步骤完成了一个基本的物流作业流程,通过这个流程,将物流与信息流牢牢地结合在一起。

图 7-7 物流业务流程

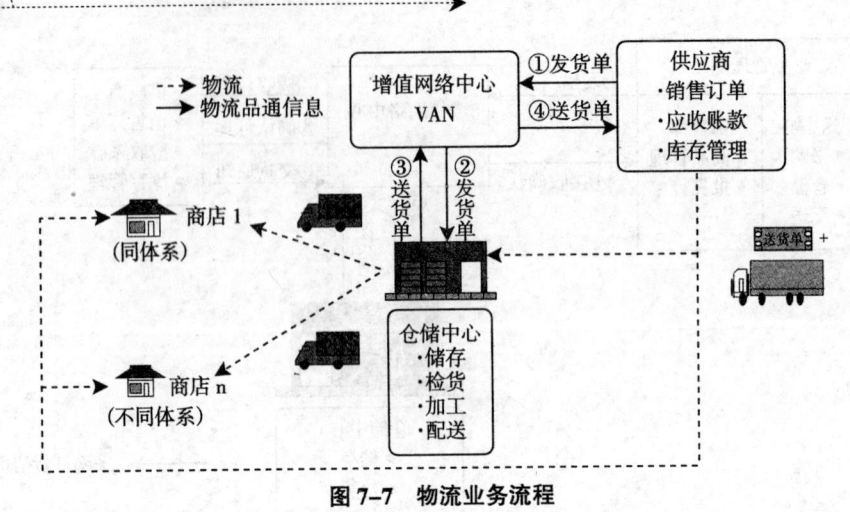

综上所述，某店配销中心管理系统可根据实际情况，参照对商流、物流、信息流的流程分析，并掌握住资金流，组合成一个完整并强有力的配销管理系统。常说商场如战场，只有牢牢控制住商业四大流之间的关系，才能牢牢地把握住商机，从而在商战中赢得胜利。但是某店若急于一步到位，便可能会因为没有积累正确的经验而最终导致失败，因此必须明确地定出应用目的，分阶段来进行。此外完全由自己公司的人力和成本来进行也非良策，不如多加利用外面的专门机构，通过商业增值网络进行资料传送、分析、加工，处理成有用的数据资料再回馈到公司，待基础管理扎实之后再全面展开才是明智之举。

(二) 仓储作业流程

公司（采购部）向供应商发出订购单，供应商接单后按订购单上商品和数量组织货品，并按订购单指定地点送货，可以向多个仓库送货，也可直接送到指定的商店。下面分析供应商把商品送到某一仓库后发生的商品流动全过程。商品送到某仓库（送/收货单）后，一般卸在指定的进货区，在进货区对新进入的商品进行商品验收手续，验收合格的商品办入库手续，填写收/验/入库单（商品名、数量、存放位置等信息），然后送入指定的正品存放区的库位中，正品存放区的商品是可供配送的，这时总库存量增加。对验收不合格的商品，填写退货单，并记录在册，另行暂时存放，适时退供货商调换合格商品。调换回的商品同样有收/验/入库的过程。

当仓库收到配货中心配货清单后，按清单要求（商品名、数量、库位等）备货，验证正确出库待送。若是本地批发，按销货单配货发送，配送信息要及时反馈给配货中心，这时配货中心的总库存量减少，商品送交客户后，也有客户对商品验收过程。当客户发现商品包装破损、商品保质期已到、送交的商品与要求的商品不符等情况时，客户会退货（退货单），客户退货后配货中心要补货给客户，对退回的商品暂存待处理区，经检验后再作处理，如完好的商品（错配退回）送回正品存放区（移转单），对质量和包装有问题的商品归还给供应商（退货单），过期和损坏的商品作报废处理（报废单）等，这些商品处理的流动过程也影响到总库存量的变化，掌握和控制这些商品的流转过程也就有效地控制和掌握了总库存量。

在库存的管理中也会发现某些商品因储运、移位而发生损伤，有些商品因周转慢使保质期即将到期等情况，这时应及时对这些商品作转移处理，移至待处理区（移转单），然后作相应的退货、报废、削价等处理，商品在此流动过程中也会使仓库的总库存量发生变化，因此这些流动过程也必须在配货中心的掌握和控制之中。

配货中心掌握了逻辑上的商品总库存量和物理上的分库商品库存量，在配货过程中如果发现因配货的不平衡引起某仓库某商品库存告急，而另一仓库此商品仍有较大库存量时，配货中心可用库间商品调拨的方式（调拨单）来调节各分库的商品库存量，满足各分库对商品的需求，增加各库配货能力，但并不增加总库存量，从而提高仓库空间和资金的利用率。

配货中心通过增值网还可掌握本系统中各主体商场、连锁超市的进销调存的商业动态信息。由于商场架构不同、所处区域不同，面对的消费对象也不同，因此各商场调销的商品结构也不同。配货中心的计算机系统会对各商场的商品结构作动态的调整（内部调拨），从而达到降低销售库存、加速商品的流通、加快资金流转的目的，以较低的投入获得最高的收益。

在某店的配货中心系统中，商品的选配应是自动化和智能化的。这样便可降低配货过程中的工作量，提高配货效率，提高正确配货率，合理配货的数量，减少商品库存数和库存资金，达到资源优化配置和资产存量盘活的目的。

## 四、移动物流与 EOS 推广

EOS 的效益可以从给零售业和批发业带来的好处中明显看出。

### （一）EOS 给零售业带来的好处

1. 压低库存量

零售业可以通过 EOS 系统将商店所陈列的商品数量缩小到最小的限度，以便使有限的空间能陈列更多种类的商品，即使是销量较大的商品也无须很大库房存放，可降低库存量，甚至做到无库存。商店工作人员在固定时间去巡视陈列架，将需补足的商品以最小的数量订购，在当天或隔天即可到货，不必一次订购很多。

## 2. 减少交货失误

EOS 系统订货是根据通用商品条码来订货的，可做到准确无误。批发商将详细的订购资料用计算机处理，可以减少交货失误，迅速补充库存，若能避免交错商品或数量不足，那么，把对商品的检验由交货者来完成是十分可取的，零售商店只作抽样检验即可。

## 3. 改善订货业务

由于实施 EOS 系统，操作十分方便，任何人都可正确迅速地完成订货业务，并根据 EOS 系统可获得大量的有用信息。如订购的控制；批发订购的趋势；紧俏商品的趋势；其他信息；等等。若能将订货业务管理规范化，再根据 EOS 系统就可更加迅速准确地完成订货业务。

## 4. 建立商店综合管理系统

以 EOS 为中心确立商店的商品文件，商品货架系统管理，商品架位置管理，进货价格管理等，便可实施商店综合管理系统。如将所订购的商品资料存入计算机，再依据交货传票，修正订购与实际交货的出入部分，进行进货管理分析，可确定应付账款的管理系统；而批发业运用零售商店中商品的货架标签来发行，也可据此提供商品咨询；等等，大大改善了交货体系。

## （二）EOS 系统给批发业带来的好处

### 1. 提高服务质量

EOS 系统满足了顾客对某种商品少量、多次的要求，缩短交货时间，能迅速、准确和廉价的出货、交货。EOS 系统提供准确无误的订货，因此减少了交错商品、减少了退货量。计算机的库存管理系统可以正确、及时地将订单输入，并因出货资料的输入而达到正确的管理从而减少了缺货现象的出现，增加商品品种，为顾客提供商品咨询，共同使用 EOS 系统，使零售业和批发业建立了良好的关系，做到业务上相互支持、相辅相成。

### 2. 建立高效的物流体系

EOS 系统的责任制避免了退货、缺货现象，缩短了交货时的检验时间，可大幅度提高送货派车的效率，降低物流的成本。同时，可使批发业内部的各种管理系统化、规范化，大幅度降低批发业的成本。

### 3. 提高工作效率

实施 EOS 系统可以减轻体力劳动，减少事务性工作，减少以前专门派人去收订购单、登记、汇总等繁杂的手工劳动，以前 3 小时至半天的手工工作量，在实施 EOS 系统后，十分钟即可完成。通常退货处理要比一般订货处理多花 5 倍的工时，实施 EOS 系统后，避免了退货，减少了繁杂的事务性工作。

### 4. 销售管理系统化

EOS 系统使得销售管理系统化、一体化，大大提高了企业的经济效益。

### （三）EOS 标准化、网络化

要实施 EOS 系统，必须做完一系列的标准化准备工作。以日本 EOS 的发展为例，从 20 世纪 70 年代起即开始了包括对代码、传票、通信及网络传输的标准化研究，如商品的统一代码、企业的统一代码、传票的标准格式，通信程序的标准格式以及网络资料交换的标准格式等。

在贸易流通中，常常是按商品的性质划分专业的，如食品、医药品、玩具、衣料等，因此形成了各个不同的专业。利用地区网、专业网的 EOS 系统工作形式如图 7-8 所示。

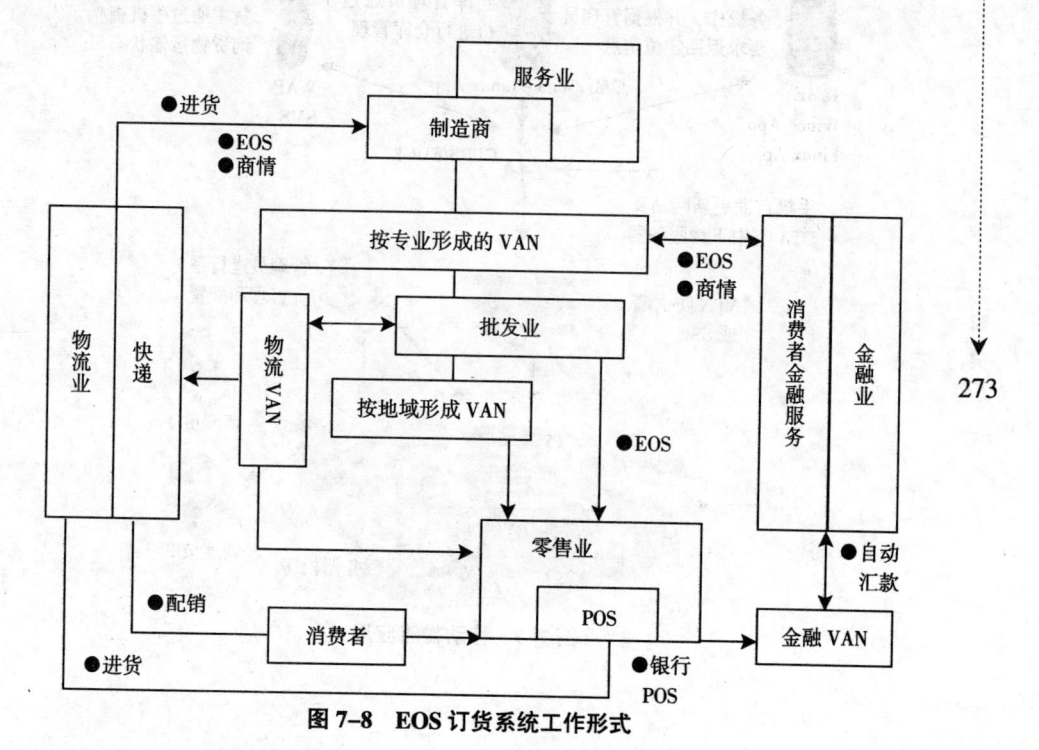

图 7-8　EOS 订货系统工作形式

### （四）EOS 与移动物流

在电子商务环境下，供应链实现了一体化，供应商与零售商、消费者三方通过互联网连在了一起，通过 POS、EOS 等供应商可以及时且准确地掌握产品销售信息和顾客信息。

移动物流采用高科技平板电脑作为信息终端，通过装载在上面的一系列应用就可以与远端的物流公司数据中心系统服务器进行通信，实现事务处理、信

## 移动物流

息搜索、联络沟通等多种功能,具有传统的物流管理方式无法比拟的优异特性。"移动物流"实现了物流信息系统的移动化,使得物流从业人员突破了时间限制和空间限制,提升了工作质量,增强了各环节的沟通协作,拓展了工作范围,增强了工作人员的快速应对能力,解决了物流信息数据的"孤岛"问题,实现了物流公司几乎所有流程环节的畅通,彻底解放了物流行业的生产力。

EOS中的供应商和零售商可以借助移动终端,通过移动网络实现实时移动通信,使EOS的效率更高、速度更快。特别是近年来,智能手机的广泛应用,更促进了EOS的快速发展。其具体应用见图7-9。

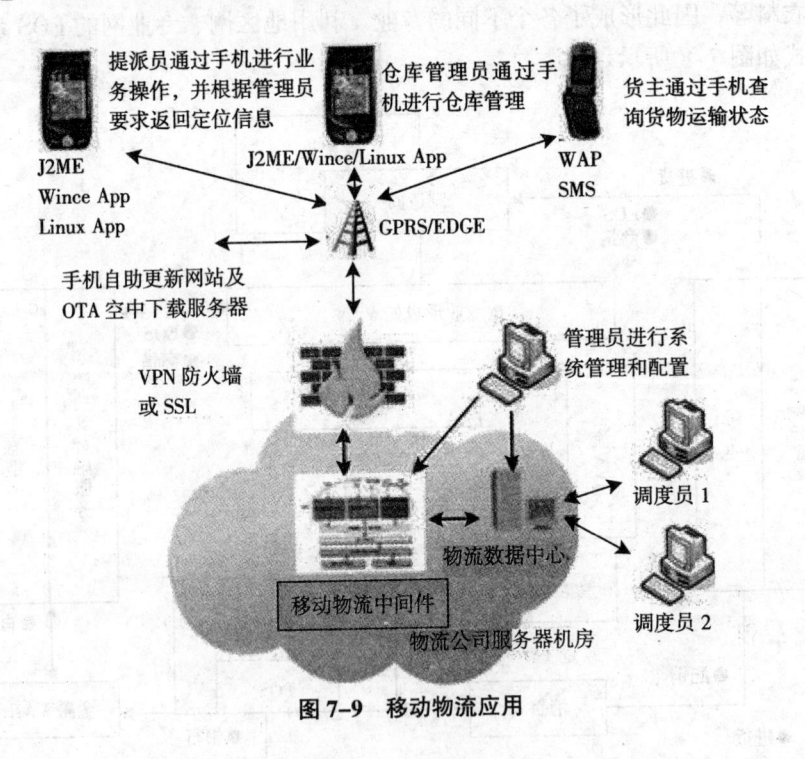

图 7-9 移动物流应用

## 第四节 协同商务（CC）

### 一、协同商务的由来与内涵

协同商务（Collabortive Commerce,CC）被誉为下一代的电子商务系统,其基本思想最早是由 Gartner Group 在 1999 年提出的，Gartner Group 对协同商务的定义是：将具有共同商业利益的合作伙伴整合起来，通过对整个商业周期中的信息共享，实现和满足不断增长的客户需求，同时也满足企业自己的发展需求，共同创造和获取最大的商业价值以及提供获利能力。

就协同商务概念而言，企业信息化建设目的不仅是管理企业内部的资源，还需要建立一个统一的平台，将客户、供应商、代理分销商和其他合作伙伴也纳入企业信息化管理系统中，实行信息的高效共享和业务的一系列连接。

"协同"有两层含义：一层含义是指企业内部资源的协同，有各部门之间的业务协同、不同的业务指标和目标之间的协同以及各种资源约束的协同。如库存、生产、销售、财务间的协同，这些都需要一些工具来进行协调和统一。另一层含义是指企业内外资源的协同，也即整个供应链的协同，如客户的需求、供应、生产、采购、交易间的协同。

协同商务的理论产生的背景原型主要来源于 20 世纪末期的"虚拟企业"。虚拟企业理论主要是指，将企业的各个商务处理过程进行电子化，用信息技术来搭建一个全新的企业组织，这个组织不但将企业内部的资源进行有效的整合，而且实现一个跨企业的合作，实现一个动态的企业运行模式。

## 二、协同商务国外发展现状及趋势分析

技术、功能、应用、服务……经济的全球化，竞争的激烈化，使企业逐渐走向双赢的合作。一个企业依靠自己的能力很难在各个方面与竞争对手抗衡。从宏观上来看，竞争已不仅简单存在于企业之间，而且扩展到供应链与供应链，甚至是价值链与价值链之间。在网络和协同技术迅速发展的时代，企业的合作需要通过互联网来完成协同式的商务。因此企业不仅要考虑内部员工技能和部门资源的集成，还要考虑与其他企业的协作，实现流程的跨组织化，以便共同提高对顾客的响应速度。这就需要利用信息技术，建立企业间的协同环境，扩大企业的接触范围和接入渠道，提高整个供应链的柔性。如何协调企业间众多复杂的业务往来关系，是企业变化管理所面临的新问题。

后 ERP 时代的界定一定要追溯到现代企业管理的两个变革因素：企业环境变化和业务流程变化。这两个因素的强大影响力迫使原有封闭式企业的环境改变为以专业化分工、大规模生产企业为主流的环境；需要企业按照并行工程的概念去设计或调整工作流程，以提高业务处理速度和效率。ERP（企业资源计划）在这种不可逆转的变革中，越来越多地改变了原有的系统模式来适应其发展。

美国 Gartner Group 咨询公司对于信息技术应用的发展与趋势，做出了三个

阶段的划分：

第一阶段，1995年以前，可以说是信息技术应用的第一阶段。

在这一阶段中，信息技术的应用，主要是以ERP为代表的单个企业内部的应用。ERP是面向交易的管理系统，通过重组企业业务流程，帮助企业实现了管理的规范化和标准化，并且加速了财务统计等业务。但是由于受IT技术发展的限制，原本是解决企业的供应链管理的ERP系统，难以突破不同企业之间的组织边界，企业之间难以通过信息的有效沟通，协同对市场作出快速反应。即使是在跨地区经营的企业内部也往往由于系统运行成本过高而难以建立企业一体化应用。因此，ERP系统不得不退居为一个企业内部管理系统，帮助企业内部实现资金流、物流与信息流的一体化管理。

第二阶段，1995年至今，由于互联网的问世和普及，E-Commerce（电子交易）成为了信息技术的主流应用。

这一阶段的基于Web技术的ERP系统为企业跨越组织边界、跨越地域限制，从而为企业真正实现供应链管理提供了可能。这时的ERP系统主要分两个方向向外扩展：一是基于互联网网络的采购管理，实现企业与供应商之间的网上采购业务管理，包括网上采购、竞购与拍卖和反拍卖等。二是客户关系管理系统CRM，其定位于产成品的整个营销过程的管理，包括市场活动、营销过程与售后服务三大环节管理。

第三阶段，在新"新经济"时代，企业界和IT界已寻求到一种比B2B更好的运作模式——协同商务。

Gartner Group咨询公司甚至将协同商务确定为21世纪第一个五年中发达国家的信息技术的主流应用。究其原因，协同商务能确保企业决策的准确性和整体运作的高效率，尤其适用于合作制造环境。例如，在合作制造环境中，产品的设计可能是来自专业设计机构，而制造任务将会由几家制造商来承担，相关采购可能要有几十家乃至上百家供应商来完成。问题是如何去协调设计、制造和采购活动，让各参与商能够协同工作，一个必要的条件就是让他们能够共享信息，能够使有关的业务流程自动连接。这些正是协同商务所关注的问题。

带有"协同商务"鲜明标签的后ERP时代就在众多企业应用者和ERP软件厂商的簇拥下来到了。

这些发展与变化早就得到了国外厂商的注视，并渐渐地在产品储备上予以应对了。自1999年Gartner提出协同商务的概念以后，协同商务迅速成为欧美发达国家研究的热点。许多协同商务的解决方案陆续推出，知名厂商如IBM的Lotussametime、Quickplace结合IB的WebsphereSuite提出的解决方案。SAP提出的协同、集成的、功能强大的 Mysap.com 协同电子商务平台。Oracle 公司基于门户的协同商务系统将与 SAP 进行比拼。JDE 公司提出的 Freedomtochoose Powertoshare 的 ONEWordXE 系统。这些公司虽然界面上与功能上有明显的差别，但是从结构上看，基本上模块划分都是类似的，基本上是以工作流、人力资源管理、知识管理、客户关系管理、资产与产品管理、项目管理与财务分析管理为主。通过这七个模块的组合，集成为一个完整的基于 Web 的企业协同商务的解决方案。协同商务已经成为新的争夺行业资源与行业垄断地位的战场，就像当年的托拉斯或者康采恩对于工业化发展的推动一样。

## 三、协同商务国内发展现状

国内协同商务的发展是从办公自动化（OA）的需求上发展而来的。中国协同商务的雏形应该起源于政府的公文和档案管理。由于计划经济体制的影响，政府对企业的管理除了依靠法律、法规之外，还有大量的行政指令和指示。企业在进行许多决策的时候，也经常需要向主管的政府部门请示汇报。另外，当时的政府官员和企业领导经常是你来我往难以分辨，并且存在着比较严格的对应关系，即企业领导和政府官员行政级别挂钩，因此在企业应用红头文件就比较自然。此时就出现了以办公自动化为代名词的协同商务的雏形阶段。当时的办公自动化系统的特点：以公文处理、档案管理为核心的办公管理系统。其实办公就是办文。

随着企业的介入，协同商务软件（也称 OA）也有一定的发展，加入了很多企业的特性，例如，OA 现在强调的知识管理，强调了业务流程的整合，但是，效果并不是很理想。目前运用的功能大多数是一些简单的功能，主要的是文档的整理工作，报告的审批，物品的管理、文档管理、车辆管理、后勤管理、简单的人事管理等。尽管解决了企业中存在的层级结构，但是企业的审批流程过于复杂与繁复，管理本身存在很多的问题，因此在此种情况下，办公自动化的所有工作不过是将手工工作搬到计算机网络上，并利用了计算机技术的一些先进特点，却没有增加任何先进的管理理念和方法。另外，办公自动化处理的信息范围实在过于有限，仅仅处理一些公文就可以称为办公自动化了吗？因此，办公自动化也是适时地改变它的属性，应该真正地演变成一个对企业有实际价值的协同应用产品。但是目前企业还是没有真正地体会到协同商务的作用，还是在用 OA 的眼光看待这样一个系统，从自身角度也没有抓准需求的重点。协同商务要想在国内得到发展，还需要一定的时间与努力。

## 四、移动物流与协同商务推广

根据 Gartner Group 的研究调查，到 2005 年拥有协同商务能力的供应商和客户，与没有协同商务能力的企业竞争时将能够赢得超过八成的商机。所以协同商务对于企业未来生存和发展具有相当程度的重要性。而且电子商务交易集市（E-Market Place）的未来发展方向也将是协同商务，它通过集成采购商、供应商、后勤作业以及金融服务商等，整合信息，可以提高整个商业价值链的整体运作效率。目前，国内的企业对于协同商务的认识还是不够，目前企业的信息化建设重点还是以 ERP 与 PDM 等为主。

移动协同商务模式是一种新的管理理念，移动协同商务是以无线网络技术进行交易活动的商务模式，交易可以发生在企业内部、企业与业务伙伴之间，或者是商务社区的参与者之间。在移动系统商务中，贸易伙伴沿着整条价值链进行预测或计划的协同，而非传统价值链中末端参与者通过知其贸易伙伴在需要时进行及时沟通的末端驱动方式。它能充分发挥无线网络的强大沟通能力，超越传统供应链和简单的信息共享获得高额回报。移动物流是操作层面的应用，利用无线网络技术对库存管理、仓储管理、运输管理进行优化整合，从而达到协同商务的最终目的。通过移动商务下的物流管理，相信对协同商务会有很大的影响，对整个供应链的信息共享、信息快速反应都起着举足轻重的作用。对于企业内部的无线管理、企业与业务伙伴的商务往来，移动物流将会发挥着它的技术特点，协同整个供应链的信息交互与货物物流交换，实现价值链的价值。

## 本章案例

### 移动"e 物流"

移动"e 物流"，是一个面向企业运输管理的移动信息化解决方案，是中国移动针对物流运输行业推出的集全球卫星定位系统（GPS）、地理信息系统（GIS）、无线通信（GPRS）、短信（SMS）技术于一体的软件、硬件综合信息系统管理平台。该平台以车辆定位业务和条形码扫描业务为两大基础应用，为用户提供实时准确的车辆定位、货况信息、短信通告、运输路径的选择、运输网络的设计与优化等服务，从而实现运输企业高效管理，降低运营成本，提高车辆运输调度与监控管理水平，增强综合竞争能力的目标。

移动"e 物流"网站首页见图 7-10。移动"e 物流"平台架构见图 7-11。

## 移动物流

图 7-10　移动 "e 物流" 网站首页

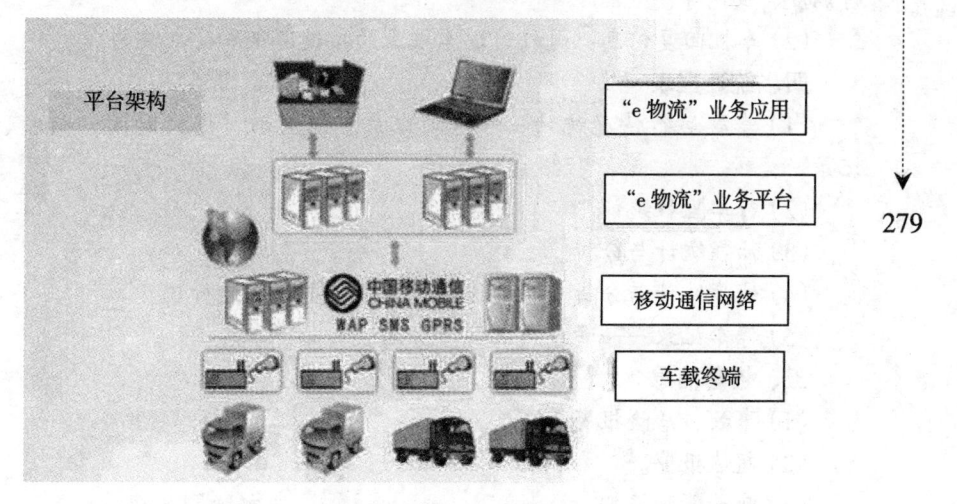

图 7-11　移动 "e 物流" 平台架构

移动 "e 物流" 的主要业务功能介绍如下：

### 一、车辆定位

（1）实时定位：在地图上显示某一辆、某一类或者所有车辆的当前位置。

（2）按车辆类型定位：在地图上显示某一类型车辆的当前位置。

（3）按区域定位：在地图上显示某一区域内车辆的当前位置。

（4）轨迹回放：在地图上回放某一辆车的行驶轨迹。可提前设定行驶路线，通过与行驶轨迹的对比来管理司机，防拉私活。

(5) 文字描述某一车辆的当前位置。

(6) 文字描述某一车辆每隔一段时间的位置。

(7) 手机 WAP 上网查询车辆位置。

具有多种便捷的查询方式。可以通过互联网查询：用户登录"e 物流"平台（http://www.e-wuliu.com）进行查询；用户可以通过手机 WAP 上网方式进行查询；还可通过拨打"e 物流"全国统一客服热线的方式进行查询。

二、货物跟踪

(1) 条形码扫描：采用扫描枪扫描货物托运单和运输状态单，对货物运输状态进行跟踪。

(2) 网站查询：网上实时查询货物的当前运输状态。

(3) WAP 查询：手机 WAP 上网查询货物的当前运输状态。

三、车机信息

(1) 给车机发信息："e 物流"用户可通过该平台给车机发信息，对司机进行调度、询问等。

(2) 车机回复信息：司机通过车机上的按键进行一键式回复。

四、统计报表

(1) 车辆运行情况统计——自动记录车辆启动、熄火时间，行驶、停车记录。

(2) 行车里程统计。

(3) 油耗统计与分析。

(4) 速度统计与分析——超速记录，防止司机超速行驶。

(5) 停车记录——管理司机防疲劳驾驶和防停车怠工。

五、报警信息

(1) 事故、危险报警。

(2) 超速报警。

(3) 疲劳驾驶报警。

(4) 超时停车报警。

(5) 车机异常断电报警。

(6) 异常报警（油量、温度、重量等）。

(7) 电子围栏报警。

(8) 偏航报警。

六、车辆管理

(1) 车辆维修登记。

(2) 车辆保险登记。

(3) 司机资料登记。
(4) 车辆交费信息。
(5) 车辆耗油登记。
(6) 车辆信息登记。
(7) 车辆任务登记。
(8) 车辆缴税登记。

### 七、调度管理

(1) 车辆派遣。
(2) 派车单管理。
(3) 空车派遣。
(4) 车辆排班。

### 八、托运管理

(1) 委托的外部厂商管理。
(2) 托运单跟踪。

### 九、短信通告

(1) 货物状态通告：短信自动通告货物的当前运输状态（已装车、已卸货等）。
(2) 车辆实时位置通告：短信通告车辆的当前位置。
(3) 车辆定时位置通告：系统可以设置在多个时间点给设定的手机号码发送短信息通告车辆的实时位置。
(4) 到达城市短信提醒：车辆到达某城市时，可进行短信通告提醒。

### 十、拍照监控

通过摄像头监控车内状况。

### 十一、油量监控

监控油量异常变化（防偷、漏油）。

移动"e物流"适用于：

物流公司：货运车辆、特种车辆、挂车。
工程公司：代维车辆、抢修车辆、材料供货车辆。
生产企业：生产制造企业用于物流运输的各种车辆。
销售企业：超市/卖场等单位的配送车辆、售后服务车辆。
机械企业：挖掘机、叉车、推土机、其他重型机械。
交通企业：公交车、出租车、长途客车、危险品运输车。
政府机关：公车、监督车辆、执法车辆。
海关外贸：通关车辆。

## 移动物流

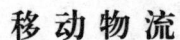

医疗保障：120急救车辆。

保险企业：出险定损车辆。

移动"e物流"的优势如图7-12所示。

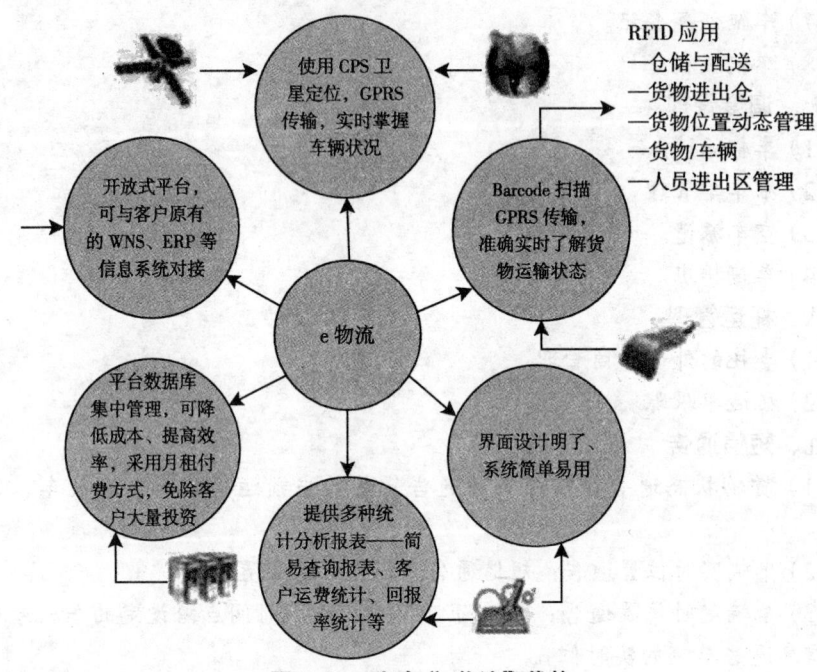

```
使用CPS卫星定位，GPRS传输，实时掌握车辆状况

RFID应用
——仓储与配送
——货物进出仓
——货物位置动态管理
——货物/车辆
——人员进出区管理

开放式平台，可与客户原有的WNS、ERP等信息系统对接

Barcode扫描GPRS传输，准确实时了解货物运输状态

e物流

平台数据库集中管理，可降低成本、提高效率，采用月租付费方式，免除客户大量投资

界面设计明了、系统简单易用

提供多种统计分析报表——简易查询报表、客户运费统计、回报率统计等
```

图7-12 移动"e物流"优势

资料来源：http://www.e-wuliu.com/.

**问题讨论：**

1. 移动"e物流"的主要功能有哪些？
2. 移动"e物流"适用于哪些行业？

## 本章小结

物流业是融合运输业、仓储业、货代业和信息业等的复合型服务产业，是国民经济的重要组成部分，涉及领域广，吸纳就业人数多，促进生产、拉动消费作用大，在促进产业结构调整、转变经济发展方式和增强国民经济竞争力等方面发挥着重要作用。2009年4月24日，国务院正式公布了《物流业调整和振兴规划》，这是十大产业振兴规划中唯一面向服务领域的产业规划。此规划

## 移动物流

对未来物流业的发展方向具有很强的指导意义；规划中明确指出了信息化对于行业发展的重要性，这也是未来物流信息化发展的重要契机。

目前物流企业单业务 IT 应用系统普及程度相对较高，但代表现代物流发展水平的一些深度应用尤其是物流移动化等方面的应用程度仍相对较低，如何加快信息化建设的脚步，是物流行业下一步关注的焦点。

## 本章复习题

1. 什么是物流服务模式？
2. 什么是有效客户响应？
3. 简述 ECR 的四大要素。
4. 简述电子订货系统的构成。
5. 协同商务的内涵是什么？

# 参考文献

［1］中国物品编码中心. 物流标准化［M］. 北京：中国标准出版社，2007.
［2］白世贞. 现代物流管理［M］. 北京：人民交通出版社，2005.
［3］濮小金，司志刚等. 现代物流［M］. 北京：机械工业出版社，2005.
［4］刘凯. 现代物流技术基础［M］. 北京：清华大学出版社，北京交通大学出版社，2005.
［5］吴承建，傅培华，王珊珊. 物流学概论［M］. 杭州：浙江大学出版社，2009.
［6］李咏婵，李安平等. 现代物品信息技术应用指南［M］. 北京：中国标准出版社，2008.
［7］中国物流与采购联合会. http://www.chinawuliu.com.cn.
［8］中国物品编码中心网站. http://www.ancc.org.cn.
［9］中国自动识别技术协会网站. http://www.aimchina.org.cn.
［10］北京华信恒远信息技术研究院网站. http://www.sinotrustinfo.com.
［11］21世纪中国电子商务网校网站. http://www.ec21cn.org.
［12］北京网路畅想科技发展有限公司网站. http://www.ec21cn.com.
［13］中国自动识别技术杂志网站. http://www.autoid-china.com.cn.
［14］中国射频识别网. http://www.rfidofchina.com.